戦う江戸思想

「日本」は江戸時代につくられた

大場一央
Oba Kazuo

ミネルヴァ書房

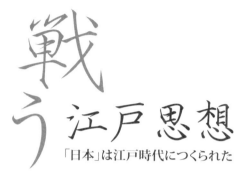

はじめに

「江戸時代」と聞くと、年代によって頭に浮かぶイメージは、かなり異なる。

昭和以前の古い世代は、大小の刀を横一文字に差した武士や、気前よく高級生地を使った羽織に身を包む大商人が威張っていて、中小の商人や職人がペコペコ頭を下げ、百姓はいつもボロを着て、重い米俵を担ぎながら、年貢を納めている暗い時代を想像するかもしれない。時代劇に現れる町はいつも薄暗く、大名屋敷や遊郭だけがきらびやかで、農村に至っては風に土埃が舞っている、西部劇さながらの景色である。

「水戸黄門」や「暴れん坊将軍」といった、時代劇を代表する作品では、悪い武士（京都編では悪い貴族）と商人が結託して人々を苦しめており、そこに黄門様や上様がお忍びで現れて調査し、最後には身分を明かして彼らを捕らえるか、成敗するというお決まりのストーリーがあった。

一番偉い人は正しいけれど、その下で悪さをしている奴がいる。絶対的な身分社会の中で、庶民はいつも理不尽に苦しめられており、いつか「お上」は民衆を救ってくれる。そうした素朴なイメージである。一言で言って江戸時代は息苦しく、嫌なイメージである。

平成以降になると、そうしたイメージは希薄化していく。その代わり、池波正太郎（一九二三〜一九九〇）などに代表される時代小説、杉浦日向子（一九五八〜二〇〇五）などの江戸風俗研究によって、江戸時代のくらしにスポットが当てられると、案外楽しそうに過ごす庶民の日常が見えてきた他、武士や商人、職人や農民たちが入り交じり、互いに普通のやりとりをしながら生きているイメージが浸透してきた。

これに加えて、一九九三年に開館した「江戸東京博物館」では、江戸時代のさまざまな生活文化を視覚的に体験できるようになった他、二〇〇三年には「江戸開府四〇〇年」と銘打って、東京を中心に各種イベントが開催され、江戸時代を懐かしむ雰囲気が自覚的につくられている。それ以外の多種多様な要因によって、江戸時代のイメージ転換が行われてきた。

記憶に新しいところでは、二〇一二年に開業した東京スカイツリーが伝統技法を意識した設計を売りにし、江戸と東京が交錯する空間を目指すとか、二〇二一年に開催された東京オリンピックにおいて、その顔となるエンブレムが江戸時代の一般的な意匠である「市松模様」になったとかいうことは、江戸時代が豊かなイメージになったことを意味する。

これをもう少し大きな視点で見てみると、国家を超えて世界が一つにつながっていく「グローバリゼーション（国際化）」の流れの中で、むしろ日本固有の文化に回帰していこうとする動きにも見える。もっとも、グローバリゼーションが進み、世界中の人やモノが集まる時代だからこそ、かえって伝統文化を際立たせた方が売りになるという理屈があるだろう。だが、それは経済上の理屈であって、一人一人の生活で伝統文化が見直されるということは、そこに魅力を発見したに他ならない。

いったい、グローバリゼーションとは、人、モノ、情報の移動が迅速化し、世界が一つになることを意味する。その発祥は諸説あるものの、古くは一五世紀にはじまった「大航海時代」から起こったとされる。

一九世紀の「産業革命」以降、この流れは加速し、一九九〇年代になって、東西冷戦の終結、非政府組織の発達、多国籍企業の成長、インターネットの拡大などにより、今や世界中の人、モノ、情報が瞬時に移動する時代となった。

政治、経済においてグローバリゼーションを主導してきたのはアメリカ合衆国である。アメリカは国際政治におけるルールづくりのみならず、桁違いの資本を蓄積した大企業が生み出す、製品、サービスを輸出することで、グローバリゼーションを強力に推し進めた。

その結果、世界の食や衣服、娯楽などといった生活必需品からサービスに至るまで、あらゆるものが均質化され、グローバリゼーションとは「アメリカ化」と言われることもある。それは同時に、大規模な資本（カネ）によって製品やサービスを洪水のように流し込み、人やモノの価値を資本によって創造する「資本主義」によってなされていることから、グローバリゼーションとは、徹底した資本主義化とも言える。

グローバリゼーションは生活のみならず、それぞれの国家や民族の持つ、固有の文化にも波及してきた。その結果、二〇世紀中頃までは西洋近代社会をモデルとし、最大の経済的豊かさを実現したアメリカに寄せていくことが求められた。二〇世紀後半から二一世紀になると、当のアメリカ自身で自己批判が起こり、あらゆる規範や伝統を相対化し、国家、地域、民族、人種の差異を解消して、限りなく「個人（あらゆる外的な規制から解放され、自由と欲望を限りなく追求する存在）」の自己実現を求めようとする動きが強まった。その結果、二一世紀には差別や性差の完全解消を求め、既存の価値観にことごとく修正を求めていくようになっている。

グローバリゼーションを嫌がる人々は、これに反発するが、結局のところ、便利で豊かになったと実感する人々が多いから、この流れが続いているのであって、嫌悪感や反発心といった、後ろ暗い情念が時代を動かすことはない。

さて、そんなグローバリゼーションにも弱点がない訳ではない。それは、便利さと豊かさで世界の生活文化を均質化することが、顔も違えば育ちも違う人々の、多様な好みや安定をも脅かす、イデオロギー（ある理論にもとづいて、全ての人に同じ考えと行動を求めるもの）となっていることである。また、規範や伝統からの解放それ自体がイデオロギーとなって、人々の言動を事細かくチェックし、微細にわたって言動を指示してくることも、「グローバリズム」というイデオロギーの支配を感じさせている。

これは抑圧そのものであって、社会の中でまじめにはたらき、生活の工夫を楽しんで上昇志向を持たず、特にこれといった思想信条を持たない人々からすれば、ひっきりなしに提案される「収益モデル」や「ボーダーレス社会」は、ストレスとなるのである。

このストレスがグローバリゼーションとは別のベクトルを生むとき、そこにはじめて伝統文化への回帰がはじまる。それは完全な懐古趣味ではなく、行きすぎた流れに適度な修正を加えることになるだろう。それは生活に取り入れられるだけでなく、その生活に育まれた、国家や地域、民族の感性を掘り起こすことになり、多様性の母胎となるはずだ。

そう考えると、江戸時代のイメージが良くなっているのは、最近流行の近代建築見直しなどと同じく、そこに存在する伝統文化の息づかいから当時の感性を呼び起こし、精神的な安住の地を求めているとも言える。

江戸時代でフォーカスされるのは、食や衣服、調度品といった生活用品から、花見や落語、歌舞伎や大相撲といった娯楽と、目立って視覚的なものが多い。それは現代からすれば懐かしいと同時にどこかファンタジックな異世界でもあって、現代生活と交じり合い、その演出に一役も二役もかっている。

だが、グローバリゼーションに巻き込まれ、日本人としての生活に育まれた、「当たり前」の論理が何やら分かりにくくなり、日本という国は他国と何が違うのか、言い換えれば他国の人々から自分たちの常識に疑問や批判を浴びたとき、何故それが当たり前なのか、堂々と言えるだけの自信をつけるためには、そうした江戸時代の愛好だけでは心許ない。

そこで本書では、日本史の中でもなじみ深い江戸時代が、実は我々の考える「日本」をつくったのだというコンセプトの下、江戸時代に成熟した日本の形と心、政治、経済、教育、思想などについて紹介してみた。

本書を読めば、ぼんやり感じていた「当たり前」が、実は江戸時代に成熟したことを感じ取れるはずである。

また、そうしてつくられた「当たり前」は、何百年もかけた苦労の結果、ようやくできあがったものであり、そして明治維新以降崩れていった様子も描いてみた。この流れを見ることで、「当たり前」は何の苦労もなく続くものではなく、またそれをつくりつづけることで、はじめて「日本」という国がつづき、「日本人」が仕上がって、グローバリゼーションの荒波に向き合えるのだと感じるはずである。

現代社会を生きる大多数の物言わぬ良識人に本書を読んでもらえれば幸いである。

戦う江戸思想——「日本」は江戸時代につくられた　目次

はじめに

第二章　中世のおわりと近世のはじまり……………………39
地方に集約する権力　統一される地方　統一と分断のせめぎ合い　統一日本
上杉謙信「依怙にて弓箭を携へず候。只々筋目を以て何方へも合力致す迄に候」（「佐竹義昭宛書状」）
豊臣秀吉「吾化の及ぶ所は均しく一奨なり。吾奨之を失せば、乃ち復た之を得ん」（『名将言行録』）
第三章　形をつくる……………………56
統一事業はなぜ必要だったのか　天下人の苦悩　最後の総仕上げ
徳川家康「天地を尽しても、武士の有らんかぎりはこの道理すたるまじ」（『本多平八郎聞書』）
本多正信「天道とは、神にもあらず、仏にもあらず、天地のあいだの主にて、しかも躰なし」（『本佐録』）
第四章　心をつくる……………………72
朱子学が求められた訳　朱子学について　日本の心となった朱子学
藤原惺窩「明徳とは人倫のことなり」（「大学逐鹿評」）

林羅山「身に誠あるの楽しみ、あに孝悌忠信の外にあらんや」（『吟風弄月論』）

第五章　政治をつくる……………………………………88
「公器」としての幕府　君主権力の強化と倫理の浸透　合理精神と政治の融合
保科正之「惣じて官庫の貯蓄と云ふものは（中略）士民を安堵せしむる為めにして、国家の大慶とするところなり」（『千載之松』）
新井白石「とかく死し候已後、百年も二百年も後の人々の公論に身を任せ候より外、これなく候」（「佐久間洞巌宛書簡」）

第六章　経済をつくる……………………………………104
改革のはじまり　事務の鬼の経済政策　米将軍の経済政策
現場主義が招いた社会の崩壊　地方から生まれた経済モデル
徳川経済学の誕生
荻生徂徠「その代相応の器量の人なしといふ事は、道理に於てこれなき事也」（『政談』）
上杉鷹山「国家は先祖より子孫へ伝候国家にして、我私すべき物には無之候」（『伝国の辞』）
松平定信「田楽の　串々思ふ　心から　焼いたがうへに　味噌をつけるな」（『甲子夜話』）

第七章　学問をつくる……130
中国における朱子学の登場　日本における朱子学のはたらき
朱子学の純粋化と陽明学の登場　「古学」とは何か
中江藤樹「われ人の身のうちに、至徳要道といへる天下無双の霊宝あり」（『翁問答』）
伊藤仁斎「只、孝弟忠信を言て足れり」（『童子問』）
貝原益軒「大いに疑へば大いに進むべく、小しく疑へば小しく進むべし」（『大疑録』）
第八章　武士をつくる……147
兵法、軍学、儒教　古い武士と新しい武士　武士の美徳あれこれ　緊張と融和
宮本武蔵「我、事においてて後悔をせず」（『独行道』）
山鹿素行「道は人物由りて行くところの名なり」（『中朝事実』）
山本常朝「武士道と云は、死ぬ事と見付たり」（『葉隠』）
第九章　歴史をつくる……164
歴史とは何か　「大義」という物語　「勢」と「義」という物語
徳川光圀「神儒を尊んで神儒を駁し、仏老を崇めて仏老を排す」（『梅里先生墓誌銘』）
安積澹泊「豈に唯だ天のみならんや、亦、人に由るなり」（『大日本史論賛』）

栗山潜鋒「譬へば魚の爛れて、外に未だ見えずして、内に先ず潰るるが如し」(『保建大記』)
三宅観瀾「正統は義にありて器にあらず」(『中興鑑言』)

第一〇章　教育をつくる……182
文武並び立つ教育　実用と生活の教育　私塾という存在
朱子学と教育　学問の自主性と教育爆発
細井平洲「仁とは御身のうへはともかくもになされ候て、人のうへをあはれみ苦世話に持ち給ふことなり」(『嚶鳴館遺草』)
広瀬淡窓「敬天の旨、天命を楽しむを以て主となす」(『約言』)

第Ⅱ部　守成の戦い——西洋化への抵抗

第一一章　西洋と江戸……200
キリスト教と神国思想　朱子学と神国思想　新井白石の文明論
松平定信の国防戦略　会沢正志斎と「国体論」　江戸の思想の総決算
国体論にもとづく戦略構想　尊王攘夷の総力戦体制

序章　江戸時代はどんな時代？

江戸時代を歩いてみよう

漆喰でできた白い壁が太陽光を反射して、幾層幾階を重ねた天守閣は、その実際よりも大きくそびえているように見える。天守閣の近くには、数十の部屋をつなぎ合わせ、贅沢な平屋建築となっている御殿が、名勝に見立てて造営された、山もあり滝もある庭園を借景にしながら、蒼く開けた空を戴いている。ここを本丸と言う。本丸へと続く道は、時に石段となり、時に分厚い櫓門をくぐりながら、高低差をつけて配置された防禦拠点である、二の丸、三の丸を縫うように走る。随所に現れる傾斜には、隙間なく巨石が組み上げられて石垣をつくり、石垣の上には銃眼をくりぬいた塀がびっしりめぐって、ところどころで小さな天守とも言うべき櫓や門と接続される。この要塞を、底の見えない深い堀で囲えば、何人も許可なく立ち入ることのできない城が誕生する。

城の周囲には、重厚な瓦を葺いた武家屋敷が、これまた重厚な長屋門に守られながら、城を取り囲むように何十軒も建てられている。その様子は、大きな城と小さな城で幾重にも守られた城塞都市のようだ。これが武家地である。城や武家地には、政庁や裁判所に該当する機関が存在しており、ここに住まう武士たちの中には、小さな大名を超える家柄や収入を誇る者がいたりする。彼らは政治と軍事を掌握し、多くの従者を引き連れて、威風辺りを払っていることから、打ち鳴らされる太鼓、開閉される門の音とあいまって、常にどこか緊張感をはらんでいる。なかなか近寄りがたい支配者の棲み処である。

武家地の周辺には、いくつかの大きな通りが東西南北を貫いて、日本中のあらゆる街につながっている。この通りは街道と呼ばれた幹線道路とつながっていて、日本中の産物を街に流し込む。通りには二階建ての大きな問屋がずらりと並び、店舗を奥に進むと、そこには贅をつくした母屋と、重厚な石造りの蔵がある。この大店が、流れてくる産物を吸収し、街に供給する。うだつの上がった大きな屋根には、屋号の大書された看板がかけられ、土蔵造りの入口をはさみ、屋根から地面までピンと張られた日よけ暖簾には、商品名や家紋などが鮮やかに染め抜かれていて、これでもかというくらいに商品をアピールしている。こうした大店は、取り扱う商品ごとにまとめられ、「魚町」「青物町」「呉服町」といったエリアに分けられる。

さらに、小売商が並ぶ通りには、酒、飯、調味料、菓子、食器、家具、衣類、雑貨、書籍、おもちゃなどがあふれている。ここでも商店の裏手に母屋があるものの、その規模は大店に比べるべくもない。ただし、人々が気軽に買い物を楽しむことができるエリアであり、現代でいう地元商店街のようなものである。そして、裏通りには板張りの細長い長屋が建てられ、小商人や職人、日雇い労働者が住まい、彼らを相手に手軽な食事を提供する屋台や行商人などが登場する。このようにして形成された商業エリアを町人地という。

町人地には他にも、各種の職人集団が集められ、「大工町」「鍛治屋町」「紺屋町」と呼ばれた職人町などが存在し、通り沿いのあちこちで、製作のリズムを響かせている。

品物が増えれば、それを求める人が集まり、お金が流れる。お金の流れはさらに仕事を生んで人を集め、品物はさまざまな意匠を凝らして洗練される。この好循環によって生活が豊かになり、サービスも増えていく。芝居や音楽などの興業が街をにぎやかし、商売のための手習いを教える教育機関もできる。悪所が生まれて犯罪が増え、不始末による火事が大火を起こすと、それに備えた施設も増える。さらにその外縁には、足軽の住む組屋敷や、寺社が建てられ、都市外周の防衛線を整えた。こうして城下町は誕生し、地域支配の拠点となるのである。

そんな城下町から離れ、通りを延々と歩き進めれば、やがて農村にたどりつく。そこでは、整備された川が水路となって、延々と広がる田畑に水を注ぎ込んでいる。青々とした穂が風を受けて波打つ田畑の先には、大きな茅葺きの屋根を載せた農家がそこここに出現し、生け垣でぐるりと囲まれた庭先には、農機具が並べられ、鶏や犬の鳴き声がこだまする。農家は広い土間に竈や大甕を備えて荒神を祀り、黒々と磨き抜かれた板敷きの勝手には囲炉裏があり、そこから進むと、畳敷きの応接間や部屋、納戸と呼ばれる間取りに続いていく。二階がある家だと、そこで養蚕していることもある。台所にはめいめい膳が積まれ、漆塗りの椀や有田、益子などの陶磁器があり、ハレの日のご馳走を載せる日を待っている。

田畑の他にも農村には、山菜や果樹、木材などを採取するための共有地や、商業用の特産品を栽培するための耕地、あるいは小さな家や神社、寺、商店が点在し、それらが一つの奥行きある景色として、農村を彩っている。ここに住む農民には、かつて鎌倉、室町時代まで地元領主として君臨した武士が、江戸時代になって帰農して武士をやめ、そのまま住み着いている例がままある。彼らの家系をたどれば、大名よりも由緒正しい家柄であったりすることがある。そうした農民は読み書きも達者だから、農村の顔役となって領主からの政令や法令を村民に伝え、また領主に陳情して、自治的に農村を運営しているのだ。

農村には、田畑を持たない農民も存在する。彼らは農繁期の手伝いをしたり、職人として各種の品物を製作したり、時には金貸しなどの金融業や、サービス業をしながら農村を支えており、彼らの仕事が組み合わさることで、農村は一つの完結した共同体として成立している。

漁村はと言えば、家が密集していて、浜には網が敷かれ、船がつなぎとめられ、魚や海苔などが棚に並び、天日を受けている。水揚げされる魚介類、塩田でつくられる塩が大勢の人々に運ばれる熱気は、浜特有の荒々しさに満ちている。漁業はとりわけ自然との戦いだから、神頼みの信仰が厚く、巨大な神社が建立されることが多い。また漁村と農村は地続きなことが多く、やはり共同体として完結している。

街道を辿ってさらに遠出すれば、各地に宿場町が出現する。ここはもともと、公用の人や馬を休息、供給するための街であったが、参勤交代などで移動する大名行列を宿泊させるための本陣、脇本陣、一般人のための旅籠や木賃宿といった宿屋の他、通信に必要な人や馬を備えた問屋場などが道に沿って細長い帯のように並んでいる。ここで一息入れて、また旅は再開されるのである。

江戸の心臓部「三都」

街道の先には、「天下の台所」と言われた大坂、「王城の地」と呼ばれた京が待っている。

大坂には日本中の大名の蔵屋敷が建っている。これは運び込んだ年貢米を、大阪市場で売ることで、資金を調達するための施設である。したがって、その数と大きさたるや、壮観そのものだ。

ここには日本中の年貢米や特産品のほとんどが集まることから、日本最大の米穀市場が設置されている。そこでは、年貢米の委託販売を行う蔵元による、激しい売買が行われ、取引に用いる切手や為替を発行する掛屋をはじめ、金融業も盛んである。また海上交易路によって出船入船ひきもきらず、なだれこんでくる各地の物産が荷揚げされ、大規模な取引の後に、陸路、海路によって各地に売り抜かれていく。轟々たる活気は、無数の問屋、仲買、小売を街に生み出し、お金や人をうねるように激しく動かして、豪華絢爛で野心的な町人文化を華開かせている。ここには時に、大名にすら頭を下げさせた、金力を誇る大商人たちが住んでいる。

京は天皇の住まう御所を中心に、公家が屋敷を構え、仏教各宗派の本山や、大小の寺社であふれている。長い風雨に耐えて侘びた佇まいの塔、鮮やかな朱色の河が続く千本鳥居、朝露を受けて苔むした庭園、空を覆う竹林を縫う竹垣の道は、それを見る人の心を深く深く鎮めていく。

あらかじめ都市設計された街路には、奥ゆかしい居住まいの町屋が櫛比して景観を作り、そこここの行燈に点された灯が風情を醸し出している。物語や和歌によって描き出された旧跡、名所は、平安の昔から今につながる、日本人の営みを思い起こさせ、何とも言えないしみじみとした感情を生む。そして、そこには相変わらず日本の最先端を行く技術集団が住んでおり、料理、菓子、衣料、工芸から、学術、芸術に至るまで、あらゆる最先端の高級品が生産されているのである。ここには日本の全ての階層の人が住んでおり、さながら小さな日本国のようである。

城下町、農村漁村をいくぶん変型させ、鉱山で栄える鉱山町、寺や神社を中心にした門前町や鳥居前町、交易する港町などのような街々を過ぎて、街道を行く人々は、いよいよ江戸に到着する。

広大な湿地帯をならし、海岸を埋め立て埋め立てて広がる江戸は、河川と海、そして水路を縦横にめぐらして、水運による大流通網を構築している。沿岸部にはずらりと蔵が並び、大坂を筆頭として、海運によって到着する物産を貯蔵している。その周囲に広がる商人町は、蔵元はもとより、貨幣の両替や金融を営む両替商、穀物の売買を行う米商、高級品を中心とした着物を扱う呉服商、庶民の衣服を取り扱う木綿問屋、照明の燃料を扱う油問屋、海運業を行う廻船問屋などが果てしなく並ぶ。海だけではない。東北、北陸、甲信、中部へとつながる陸の玄関口には宿場町が設置され、ここに全国からの物資と情報が集積されている。陸と海からやってきた物資は、問屋、仲買、小売の手を経て、江戸中に行き渡っていくのである。

その市中と言えば、地方の城下町が無数に組み合わさったようであり、「八百八町」と呼ばれた規模を誇る。世界最大級の都市であった人口一〇〇万人都市の江戸は、江戸城を中心にして、日本中の大名の出張所たる大名屋敷が、至る所に建てられ、市中の約七〇パーセントを占拠している。大名屋敷は大名の格式に応じて規模や数がさまざまあり、その家臣たちの住居も備えているため、さながら巨大な大使館のようだ。広大な大名屋敷に加えて、江戸の霊的守護を担う寺社は、市中の約一五パーセントを占めており、芸術的な意匠に飾り立てられた社殿や寺院、微に入り細にわたって設計された庭園は、大都市江戸を引き立たせる余白と風韻を与えている。そして、沿岸部を中心に、東部に広がる町人地は、五〇万人の人口を引き受けながら、わずか一五パーセントの土地しかない超高密度地区になってる。ここには商店や工房が立錐の余地なく立ち並び、その裏にはみっちりと長屋が広がっている。また、神田の青物市場、日本橋の魚河岸、人形町の歌舞伎小屋、浅草の吉原遊郭は、庶民の暮らしを一層華やかで活気あるものにしている。

ここは武士の都でありながら、経済、文化の中心であり、人目には粗末な長屋であっても、天下無双の剣豪、世に隠れなき名医、後世まで称賛された名工、時代を動かした学者などが住んでいたりする。

この江戸、京、大坂の「三都」を中心として、さまざまな街が網の目のようにつながり、江戸時代の日本は存在していた。この様子は、時代劇や歴史小説でおなじみの風景だろう。

棲み分けながら役割分担する社会

ここまで書いておいて詐欺のようだが、この風景はほとんどフィクションである。実際には時代による前後や入れ替わりがあり、ある風景が誕生する時には、ある風景はすでに廃れている。したがって、全部の風景を盛り込んだ前述の描写は、現実には存在しない。これは約三〇〇年をかけて、さまざまに展開されてきた風景を、「江戸時代」という一つのイメージに詰め込んだのであって、ある風景が誕生している時には、ある風景は消えているのである。

そこで、今度は江戸時代の政治、経済、文化の流れを、教科書的に追ってみよう。

まず、江戸時代を徳川家康が征夷大将軍に任命された一六〇三年から、徳川慶喜が大政奉還によって将軍を辞任した一八六七年までの、二六四年間とする。その変化を三段階の区分で見てみると、まず、日本を支配した徳川家は、その直轄領として破格の四〇〇万石を領有し、将軍は配下の旗本（一万石以下の所領を持ち、将軍に拝謁できる家臣）、御家人（ほとんどが所領を持たず、米を直接支給される家臣。将軍に拝謁できない）によって守護された。彼らは平時には江戸城内を守護し、また各種役職について政務にあたったが、戦時動員をかけられると、たちどころに「旗本八万騎」と呼ばれる、約七万人の軍隊に変貌した。この圧倒的国力と軍事力を背景に、転封（国替え）や改易（取り潰し）、参勤交代や手伝普請（国家規模の公共事業）を通じて、各地の大名は徹底的に服従させられ、二度と戦争を起こすことがないように統制された。これを「武断政治」と言う。

その結果、大名は御三家（将軍位継承権を持つ一族）、親藩（徳川一門）、譜代（幕府成立前からの臣下）、外様（幕府成立後に服従した大名）の約二六〇家に整理され、家柄や石高（米の収穫高）などで序列が決められた。

大名のみならず、寺社や公家、そして天皇までもが、内部のいざこざなどをきっかけに、幕府による激しい介入を受けた。そうして法度（法令）によってその存在意義と社会的役割を規定され、序列や位階、果ては衣服や行動様式まで規制される。また、農民、漁民、職人、商人といった庶民であっても、それぞれ「寺請制度」によって戸籍登録された上、農村であれば名主、組頭、百姓代からなる「村方三役」と、それ以外の農民からなる「五人組」に分けられ、各種法令によって権利と義務が規定されたように、各種階層で徹底した組織体系の整備と秩序化が施された。

ただ、農村においては「村請制」といって、村方三役を中心に、行政事務や法令周知、水路や橋の管理、年貢の納入などを農民自身の自治に任せ、直接介入を極力避けていたように、各種階層の組織体系が完成すると、極端な法令違反がない限り、基本的に幕府は介入をせず、それぞれの階層が棲み分けながら、社会的な役割を分担する形で、有機的に結合するように誘導した。

「一国一城令」によって城を一つしか持てなくなっていた大名は、こうした幕府の意を受け、城の周囲に商人と職人を集めて、政治、経済の中心地となる城下町を建造する。周辺の農村や漁村に対しては、これも自治的な運営を行わせることで、ゆるやかにつながる領地の形成を行い、政治的、経済的に分断され、独立した共同体が存在することを防いだ。これを「領内一円支配」と言う。

農村の組織体系が整えられると、農民の多くが安定した生活レベルの獲得に成功した。農村には田畑と屋敷を持つ「本百姓」と、土地を持たず、農繁期の手伝いや商工業に従事する「水呑百姓」が存在していたが、その格差はゆるやかなものであり、全体として一つの農村経済を成立させた。

商業においては、年貢米の回漕と委託販売を行う問屋が、各地の希少な高級品を買い取り、不足している土地で売りさばくことで巨利を上げていたが、この頃はまだ一部の商人が豊かになるだけで、後の時代に見えるような、全国を巻き込む大きな動きは見せていなかった。この結果、日本中で均質的な土地や職業の分配が進み、人々はどこへ行っても似たような、のどかな風景の中で生活することとなる。

文化としても、この頃は主に公家や大名の建築、庭園、調度品といったものが多く、一部に限定されている。

この社会構造を維持するために、海外政策は厳格な規制を行うこととなる。キリシタンとなった日本人による、日本人奴隷の海外向け商品化や、寺社への激しい焼き討ち、そしてローマ教皇への所領寄進に危機感を持った幕府は、国内でキリスト教を禁止することはもちろん、これをつないでいるスペイン、ポルトガルに対する警戒を最大限に引き上げ、彼らとの交易を廃止した。唯一の交易相手としてオランダを認めるかわりに海外情報を提供させ、また清国や朝鮮との交易も可能な限り縮小し、海外交易に連動した景気変動を抑制し、金銀の流出を食い止めることで、国内経済の安定を確保した。

明るい農村がリードする社会

一通りの安定が実現して次の段階に入ると、行政事務や経済政策が複雑化し、将軍のサポートを行う官僚的な側近や、学術的な助言を行う学者が活躍する「文治政治」が確立される。また、各種行事に必要な礼儀作法や教養が定められ、武士の価値が学識や事務能力、そして豊かな教養や人間性にあることを知らしめた。

各地の大名もまた、領地の安定経営を行うために、家臣の学識や事務能力を重視し、江戸における外交活動のために、礼儀作法や教養を深める教育に力を入れるようになっていく。これに先んじ、またこれに刺激される格好で、儒教を中心とするさまざまな学派が登場し、はじめは京を中心とする上方（近畿地方）で、やがて江戸をはじめとする各地で、学術レベルが向上する。儒教的教養の普及は、我々が「武士」と聞いてイメージする、学識もあり礼儀正しく、己を厳しく律するような、理想的人物像を設定していった。

経済の興隆は、商業の複雑化をもたらした。街道整備や航路開発が行われたことで、商品作物の大規模輸送がはじまると、商品の大量買付と大量販売が利益を上げるようになる。そこで新興の問屋が現れて、「仲間」という同業者団体を結成し、大量の貨物輸送を開始することで、流通と市場の独占を図ることとなった。この問屋から商品を買いつけて小売に卸す仲買も増殖し、彼らも仲間を結成して市場の独占を狙う。もちろん、彼らから商品を買って消費者に直接販売する小売もまた、その種類と数を増加させた。こうして各種問屋や仲買が各地に支店網を形成し、商業規模はこれまでと比較にならない成長を遂げ、それに伴い貨幣の流通量が、一気に増えることとなった。

貨幣経済の浸透は、金融業の発達を促進し、より複雑な経済構造を生んだ。こうした商業の発展と成熟によって、米価の調整が極めて難しくなり、米を基準とした幕府の経済政策に深刻な影響を及ぼしていく。

これに先んじ、また並行する格好で、農村の形は変化していた。安定的な農村が成立したことで、農業技術が大きく進歩し、多くの種類の農機具が開発され、農業生産力が大幅に向上する。これは漁村も同様で、漁業技術の進歩によって、多様な水産物を生産するようになる。また、大規模な建設ラッシュで好況を示した林業によって、山間部も木工技術の大幅な進歩を遂げていた。

生産が安定すると、やがてそれ以外の生活に必要な作物が栽培される。「四木（桑・漆・茶・楮）三草（麻・藍・紅花）」をはじめとする商品作物は、都市に流れて日本中を豊かにした。これにより、前述のような問屋の商業形態を変化させ、国民生活を均質的に豊かにしたのである。また、商品作物の増産は、問屋の下請けとなって商品を製作する「問屋制家内工業」を産むこととなり、農村に貨幣経済と消費生活を浸透させていく。

しかし、前述の貨幣経済が成立する過程で、消費生活が浸透した農村は少しずつ変質していく。すなわち、田畑を担保にして農民同士で資金を融通しあい、貸借関係のバランスが崩れて、貧富の差が拡大しはじめたのである。これはまだ兆しに過ぎなかったが、江戸時代の後半に進むほど、田畑屋敷を差し押さえられ、本百姓から没落する農民が、豊かな農民に雇用されるという、豪農と小作の関係が生まれ、修復不能な勢いで格差を生んでいくこととなる。

農村を逃げ出す農民も出始め、彼らは三都や城下町に吸収され、日雇い労働者として都市経済を支えることで、都市は好況を迎える。この好景気に呼られる形で、豊かになった大名や上方の大商人に主導された、豪華絢爛な文化が花開くのである。

お金にふりまわされる社会

商業の発達は、米や商品作物、製品のみならず、あらゆるサービスを商品として取引する、商品経済への道を突き進んでいく。三都をはじめとする城下町では、問屋による「工場制手工業」が誕生し、呉服や綿織物、清酒や醤油などの製造において、分業制で効率的に生産する体制が生まれつつあった。

これまで、上方でしか生産されていない、「下りもの」と呼ばれた商品に頼り切りだった、江戸をはじめとする地方都市は、自前で製造を開始し、各地に名物が誕生するようになる。

三都にはさまざまな商品がずらりと並び、庶民料理があふれ、呉服がきらびやかに街を彩った。歌舞伎、浄瑠璃、浮世絵、西洋画、俳諧、川柳、黄表紙などが隆盛を極め、伊勢参りをはじめとする旅行がブームとなる。この文化的爛熟は江戸の町人を中心に生み出された。これは学問も例外ではなく、あちこちで私塾が誕生し、識字率は上昇の一途をたどる。その対象は儒教、国学をはじめ、数学や天文学にまで広がった。武士と町人の区別は限りなく融けていき、彼らは同じ場所に集まって、そうした文化的生活を享受するようになる。

ここで最後の段階が訪れる。商品経済の進展によって、景気変動をコントロールすることが難しくなると、慢性的な不景気や格差の拡大が進行するようになる。大名は米価の下落のあおりを受けて次々と資金難に陥り、商人からの借金が返済不能な状況に陥る。あげく家臣への俸給を前借りと称して削減し、あらゆる税を設定して資金調達を図るも、ほとんど焼け石に水であった。これは幕府も例外ではなく、政治に対する信用が低下する。

経済力の上昇は、町人や農民の文化レベルを向上させると同時に、彼らの政治的な力を底上げしていた。そうした民衆の政治意識が強まるにつれ、政策の失敗は、打ち壊しや一揆といった抗議活動を生むようになってくる。一方で、町人を主体とした文化の爛熟は、政治的権威への批判が嵩じて頽廃、放蕩を良しとするベクトルで動き始め、「宵越しの銭は持たない」式の浪費生活が定着すると、それは武士や他の階層にも伝染し、国民生活が享楽的で不安定なものとなってくる。これを規制するための風俗統制や倹約令を行っても、かえって不満を煽り、政治批判に発展するという、どんづまりの状況が生まれつつあった。

既に豪農と小作の格差が発生していた農村でも、人口の流出がとまらず、農業生産力と都市労働力の需給バランスが危険水域に達し、余剰労働力として放出された無宿人（浮浪者）が治安を悪化させていた。当の農村内では、豪農と小作の対立関係が「村方騒動」と呼ばれる訴訟の頻発を引き起こしていた。

これに度重なる大規模な飢饉や火山噴火が覆いかぶさることで、社会は崩壊寸前の危機に直面するのである。

一向に収まらない極端な景気変動、勃興する町人層の政治意識、都市と農村のバランス崩壊に危機感を強めた幕府は、家柄による役職の固定を緩和し、役職に応じて石高を増やす「足高の制」や、能力判定試験である「筆算吟味」「学問吟味」などを導入するなどして、より流動的な人材登用を推進した。場合によっては、庶民から人材を抜擢することにも躊躇しなかった。

また、譜代から選出される政府首脳、旗本や御家人からなる官僚層、全国の学者に対する諮問を充実させ、機動的な行政能力が強化される。

政策においても、問屋や仲買の仲間を公認して「座」とし、彼らに指示、課税することで、全国の商業活動に介入したり、貨幣発行量によって、物流や生産の安定化を図ったりした。同時に新田開発を行い、人格、見識にすぐれた人材を農村に送り込むことで、「名代官」による農村復興の直接指揮を行った。

全国各地の大名からは「名君」が登場し、商品作物生産の奨励や、倹約をはじめとする財政合理化に取り組み、城下町と農村を結びつけて再構築する動きが活発化した。

この対応が功を奏し、幕府は度重なる難局に立ち向かいながらも、その都度、より洗練された統治体制を築き上げ、時代の変化に柔軟に対処することとなる。

また、天皇の意向を伺うことでその権威を借り、非公式に有力大名の意見を取り入れることで、幕府は徳川家という範囲を超え、日本の中央政府としての色合いを濃くしていった。

だが、西欧列強によるアジア侵略がはじまり、黒船来航と不平等条約締結が引き金となって、海外から流れ込む物資や、流出する金の動きを制御できず、国内経済は大恐慌を迎える。

幕府は外交政策について、広く国内の声を反映させようとしたが、それが政治に関与しつつあった朝廷や、有力大名の政治的野心を強く刺激してしまう。天皇を戴く朝廷が政治的復権を目指して政策決定に介入し、あるいは有力な大名たちが幕府の人事に容喙することで、一気に支配体制が揺らいでいく。これに対して幕府は、「安政の大獄」による強権的な引き締めをはかったものの、それは結局強烈な反発を生み出し、再び融和的な態度をとったことによって、余計に不信感を高める結果となってしまった。そうした混乱は、国政参加を望む地方の下級武士や浪人たちにとって、絶好の機会であった。彼らはそれぞれが仕える大名や、彼らの意見を求める有力な大名、果ては京の公家たちに接近してこれを動かし、ついにクーデターを起こして政権を奪取することに成功する。これに対して幕府は、将軍の職を天皇に返上することで、みずからその歴史に幕を閉じたのであった。

二つの顔を持つ江戸時代

長期にわたる統一政権が登場し、安定した社会から経済の発展が加速して、政治や文化の担い手が、少しずつ庶民に移っていく時代のことを「近世」と言う。これはいわゆる「近代」の準備段階としての扱いであり、近世を経ることで市民社会が生まれ、資本家や知識人による民主的な社会が登場する、という歴史観に基づいている。

中国では九六〇年に誕生した宋王朝によって「唐宋変革」という現象が発生してから近世がはじまり、フランスではブルボン王朝が成立した一五八九年あたりから、近世がはじまったとされている。日本では、徳川幕府の成立によって、本格的に近世がはじまった。

ただ、この歴史観はあくまで西欧の歴史をモデルとして、そのパターンをあてはめているため、西欧によるアジア侵略と、それに伴う西欧型近代への強制的な転換がなかった場合、同じような近代化が起こったかと言われれば、分からないとしか言えない。中国は貴族が表舞台から去っても、官僚層が政治、経済、文化を全て独占して、庶民の政治意識は極端に低かったし、日本は庶民が経済的成果を享受する一方、武士は常に貧困にあえいでいたため、身分制が革命の動機になりにくかったからである。また、西欧の近代化が、人類にとっての唯一の正解であったかと言われれば、それも二〇世紀に入って、当の西欧で深刻な反省が起こっているため、留保が必要である。

ともあれ、近世という区分によって、一つの類似したベクトルで歴史が動いていることを確認した時、そこに現れるのは、日本の独特な世界観であることに注目したい。

徳川幕府は、社会組織の整備によって、全国の共同体を有機的に結びつけ、各種階層に応じた役割分担によって、社会を全体で発展させようとする志向を持っていた。

その反面、大きな流れとしては、経済的、文化的主体が町人層にシフトしていく過程で、そうした有機的結合が崩壊していくこととなる。のどかな農村とにぎやかな都市の風景が両立しないのはそのためで、都市が貨幣経済や商品経済の進展で肥大化し、にぎやかさを増していくほど、農村もまたそこに取り込まれ、せわしなく変化を続けて衰微しているのである。そして、都市の文化が爛熟を極める中で、農村をはじめとする共同体の崩壊とあいまって、倫理的な結合がほどけていき、風紀や治安が悪くなっていくことも、大きな問題として立ちはだかっていた。

だが、徳川幕府は、町人層の勃興をつぶすことなく、むしろうまく対応することで、より発展させる方向を模索した。具体的には、農村を経済的、文化的に整備して復興させ、人や物を都市に供給する体制を作ることで、都市と農村の一体化した発展を図ろうとしたし、商業活動や流通を促進する一方で、それを課税対象として予算に組みこみ、一部の富裕層に集中しやすい利益を、国民各層へと再配分しようとした。また、学問の奨励や風俗統制、人材の流動化を図ることで、風紀の立て直しや治安の向上、国民の倫理的自律も試みている。

幕府によるこのような努力がくりかえされるほど、徳川幕府というものの本質的志向である、社会の有機的結合と役割分担を強く際立たせることとなり、それは同時に、きわめて倫理的な志向の強い体制であったことを印象づけるのである。

この時、我々は素朴なイメージを抱いている江戸時代に、二つの相反する顔を見つけることができる。一つは、社会の有機的結合と役割分担によって、倫理的な社会をつくろうと戦っていた顔であり、もう一つは、経済的繁栄と文化的爛熟を謳歌し、時に放縦ともいえる自由を、庶民が切り開いていった顔である。

近代における江戸時代の評価は、虐げられる農民や町人と、搾取する武士という構図で長らく語られ、陰鬱で停滞したものとして定着していた。それが最近になってようやく、意外にも農民や町人の力が強く、明るくにぎやかな文化があったことに光が当てられ、むしろ江戸時代は、ある部分で現代よりも良い時代であったとすら言われるようになった。

ただ、本書の観点からすれば、それは江戸時代の一つの顔を見つけて、楽観的な懐かしさを感じているだけであり、もう一つの顔を見つけてはいないように思われる。

そこで本書では、徳川幕府に主導され、社会が有機的に結合され、役割分担によって倫理的な社会をつくろうと戦った顔に注目し、その戦いを生きた人物の、人生と思想を紹介していきたいと思う。

本書はいわゆる歴史や思想の専門書ではない。したがって、専門用語や固有名詞、年号の羅列による、網羅的な政治史や経済史、思想史を語るつもりはない。それ以前のこととして、江戸時代につくられた様々なものが、我々自身をつくっていることを再確認することで、歴史や思想に生々しい親しみを持ち、さらに深掘りするきっかけをつくりたい、という意図の下に書かれた読み物である。

したがって、専門的な歴史や思想に触れる機会がなく、何となく興味を持った社会人や学生の方々にご覧頂くために、可能な限り専門用語をときほぐし、かみ砕いて日常語に落とし込んでみた。本書を読み進める内に、江戸時代に映る自分自身の影を感じ取ってもらえれば、これに勝る喜びはない。

第Ⅰ部　創業の戦い——新しい国造り

第一章　それまでの「日本」

地方分権と自由放任主義

近世に入る前を「中世」と言うが、日本では鎌倉時代から室町時代までを指す。要するに、武士が土地を媒介とした主従関係を結び、各地に大小の勢力を築いていた時代である。中世は何故生まれ、どういう意味を持っていたのか、少し時間を遡って見ていこう。

中世よりも前、天皇の率いる貴族たちは、京都に「朝廷」（中央政府）を置き、四〇〇年にわたる平安時代をつくりあげた。朝廷は「律令」という法律を制定し、位階や官職を規定して行政システムをつくり、地方官を全国に派遣して、日本を一元的に統治していた。これを「律令政治」と言う。ここでは全国の土地を国有地とし、全ての国民が戸籍に登録され、一人一人に課税して国家を運営していた。

しかし、行政事務能力が未成熟なために貧富の差が拡大し、国民が各地に逃亡して、土地が荒れ放題となってしまった。そこで、荒廃した土地の再開発や、未開拓地の開墾を大貴族や大寺院に委託することにした。その見返りとして、開発地を私有地として認め、その売買を許し、特権を与えることで、税収の増加を図ったのである。こうして公的に認められた私有地を「荘園」という。

当初の荘園は、人の住まない純粋な私有地であり、周辺の「公領」（国有地）に住む農民を雇用して耕作させ、収入の何割かを特権として得られる程度に過ぎなかった。ところが、その内に公的機関の立ち入りに対する拒否権や、免税特権が与えられるようになり、さらには流浪していた逃亡民を住まわせて、その所有権まで得るようになる。また、荘園の住民が耕作した公領からも、一部の税を回収して拡大をはじめ、後になると、ささやかな工房や、定期開催の市場が建ち、行政事務を行う役所や、荘園内の管理と徴税を請け負う富裕農民まで誕生し、一つの独立した共同体に成長していく。これは律令によって合法的に認められた私有地ではあるものの、もはや朝廷の一元的統治はほとんど及んでいない。

人口の把握をあきらめていた政府は、土地ごとに税をかけていく方式に改め、土地台帳の方式を変えて新規に設定し直し、それを公領のみならず荘園にもあてはめた。また、荘園の激増によって俸給の支払いや各種手当ての発行が不可能になったため、今の都道府県のように分割された「令制国」（武蔵国、相模国など）の地方官である、「国司」の任命権と徴税権を大貴族に与え、収入を現地調達させるようにした。こうして与えられた国を「知行国」と言い、知行国を持つ大貴族を「知行国主」と言う。知行国主は、自分の息のかかった貴族を国司に任命すると、現地の行政を丸投げしたため、国司の権限が強大化して地方行政組織が整備されることとなる。これは、強力な地方分権が行われたと考えれば良い。

ついで、全国各地の富裕農民の中から、自前で開墾を進める者が出始めたが、それだけだと「私領」扱いを受けて没収されてしまう。したがって、これを現地に赴任してきた国司である「受領」の荘園として差し出すことで、その土地の管理人である「荘官」に任命してもらい、公領に編入されずに土地の支配権を獲得する動きが出てくる。この場合、荘園の所有者となった受領は「領家」と呼ばれる。

あるいは、土地を公領として受領に差し出すことで、現地の役人である「在庁官人」に任命されて、実質的な支配権を確保することもあった。

しかし、どちらの場合でも、受領の権力基盤が弱いと何かと難癖をつけられて、土地を没収される危険性が高かったため、受領はさらに、上位の大貴族や大寺院に土地を差し出して上級所有者になってもらい、みずからを下級所有者として保証してもらう。荘園の所有者となった大貴族は「本家」と呼ばれる。

こうして、日本中の土地が細切れにされて、公領と荘園で入り組み、土地、収穫物、住民の所有権が何種類も存在し、かつ何段階にも重なる上、明確な境界線がよく分からない、という、現代人の感覚では訳の分からない、複雑怪奇な状況に突入するのである。

このような統治体系は、律令によって一応は法的に整理されており、かつパターン分類できる規則性や、現実の土地権利関係を秩序化した側面を持っているものの、ひたすら現状を追認しているだけで、自由放任主義が極まったとも言える。

したがって、在庁官人として土地の収益を上げたい者は、周辺の荘園の無効を唱えてこれを自分の管理する公領に接収しようとするし、荘官として土地を拡大したい者は、周辺の公領に進出してこれを実効支配しようとして、土地の奪い合いをはじめる。

さらに、中央で出世の見込みがなくなった貴族や、受領として赴任した貴族の子孫もそのまま地方に土着し、在庁官人や荘官として土地を所有するから、苛烈な競争が各地で発生し、訴訟へと発展する。そして、訴訟で埒が開かなくなると、実力行使を行うために武装し、土地管理のために組織していた部下と主従関係を結んで、軍事組織を形成することとなる。これが「武士」である。

中央政府の崩壊と幕府の誕生

荘園の急増と国司任命権の譲渡は、貴族の力を大きくすると共に、地方行政が実質的な政治の場となることを意味していた。そして、知行国主―受領―在庁官人、本家―領家―荘官、という重層的な土地の支配構造は、土地を媒介とした主従関係を誕生させる流れを作っていた。

そうすると、もしも強力な武士が現れて、各地の武士たちの土地支配を保証し、その見返りとして主従関係を結んだ場合、そこには武士（将軍）―武士（御家人）、という重層的な土地の支配構造が生まれ、「御恩（土地の保証と官位の取得）と奉公（軍事的、経済的奉仕）」という主従関係にもとづいた、鎌倉幕府の統治構造が容易に誕生するのである。そして、地方行政が政治の場である限り、必ずしも京の朝廷にいなくても、地方政権を拡大していくことで、日本の実質的な統治権を手に入れることが可能となる。

つまり、律令政治が衰退して、一元的な統治を放棄した時点で、日本は土地を媒介とした重層的な主従関係をつくる「封建制」へと動いており、それは幕府による武士の時代の到来、すなわち「中世」を予定していたのである。

さて、荘園の誕生や課税方式の転換と軌を一にして、朝廷の様子も変化していく。藤原氏が天皇を補佐する「摂政」「関白」という位を独占していく中で、位階や官職が特定の家柄で固定し、世襲されるようになっていった。貴族たちは政治に対する関心を失い、公領や荘園からの収入によって、享楽的な生活を送るようになる。

この頃は、世界を支える大きな政治行為として、和歌を詠んだり、寺院を建てたりすることが重視された。現代では全く意味不明だが、優れた和歌は、その言葉の力（言霊）によって、目に見えない世界の流れを調和させることができると考えられており、また寺院を建立することで、仏の加護を受けて社会を安定させることができると考えられていたようである。

また、貴族による家柄の固定が進むにつれ、位階や官職の意義、儀礼や衣服の規定などを整理し、古来の前例を体系化することで、「有職故実」の学問が発達し、貴族は権威と権力を独占した。

こうした時代の政治を「摂関政治」と言い、王朝はまさに花盛りといった観を呈したが、これに対して天皇の影は薄くなる一方であった。

これに対し、藤原氏と姻戚関係を持たない天皇は、改革を図って「荘園整理令」を出し、天皇の政治的主導権を取り戻そうとする。また、生前に皇位継承を行って「上皇」となることで、藤原氏の血統が皇室に入るのを退けようと考えた。

こうして上皇が朝廷の外部からにらみをきかし、時に朝廷を牽制する「院政」という政治体制がはじまり、上皇の周囲には中下級貴族が集まって「院近臣」を構成し、さらには「院庁」という私的な政治機関が生まれる。

だが、上皇は朝廷や藤原氏に対抗すべく、積極的に荘園を集めて経済力を増し、やがて武士たちを支配下に組みこむようになった。また、前例をないがしろにし、手続きを守らずに、専制的な命令や人事を行って、朝廷への介入をはじめる。衣服や行動も、流行に合わせて形が崩れ、放縦、淫放な風俗が横行した。皇室の権威を上げるために行ったのは、律令政治からかけ離れた専制政治であり、むしろ摂関政治の方が朝廷の伝統や格式を保存しようとしている点で保守的に見えるという、逆転現象が起こったのである。これは人々に、世界の終わりを予感させた。

かくて、組織統制が乱れた朝廷では、上皇と天皇、摂関家の間で争いが起こり、それぞれが子飼いの武士を引き連れて戦争を起こす。この結果、多くの武士を動員して功績を挙げた、軍事貴族である平氏が異例の出世を果たし、今度はその敵であった源氏が、関東を中心とする武士たちを率いて平氏を打倒し、ついに政治権力を掌握することとなる。

下げ止まらない衰退と混乱

源氏は朝廷とは距離をとり、「征夷大将軍」に就任した。将軍は治安維持のために、支配領域における大権を付与されることから、幕府（行政府）を設置して政治を行うことができる。これを手に入れることで、源氏は関東を拠点として、封建的主従関係にもとづく、中世的な政治体制をつくることができたのである。

鎌倉幕府が開かれると、将軍に直属する御家人（武士）が、守護や地頭として各地に派遣され、各地の掌握につとめた。だが、守護や地頭はあくまで公領や荘園に派遣され、治安維持や徴税の代行を行う存在として規定されたから、公領や荘園の存在を否定し、それを根こそぎ奪うものではなかった。また、平氏のように、朝廷で官位（位階と官職）を上げていく欲求を持たず、御家人が官位を通じて朝廷と結びつくことを嫌ったため、摂関家を頂点とした貴族社会の秩序と共存することが可能であった。

要するに、幕府はあくまで地方政権であって、名目上は朝廷を中央政府と仰ぎながら、武家政権の確立に成功したのである。

この結果、上皇を中心とした専制政治を目指す院政と対立するも、これを打倒して院政を終わらせ、風俗の改善や秩序の回復に取り組み、一〇〇年にわたる統治を実現した。

だが、本来的に正統性をもつ、日本の中央政府が朝廷である限り、その復権を目指す者が現れるのは避けようがなかった。鎌倉幕府の支配が動揺する末期になると、御家人の不満を吸収する形で、再び天皇が政権奪取を目指し、各地の武士に呼び掛けてこれを滅ぼして、「建武の新政」を開始する。

建武の新政は、別名を「建武中興」と言うように、天皇を中心とする一元的な全国支配を復活（中興）させようとした体制であった。しかし、これは院政のような専制支配と似た、天皇の権力が過度に強い体制であって、恣意的な人事や不公平な考査が横行し、かつ摂関政治や院政の空気を引きずった、天皇や貴族、そして僧侶たちによる、贅沢三昧と放縦、淫放な行動によって、あっという間に支持を失った。結果、武士たちの支持を得た足利氏が蜂起し、新たに別の天皇を擁立して征夷大将軍に就任。日本には二つの朝廷が生まれることとなる。いわゆる「南北朝時代」のはじまりである。

皇室が二つに分かれて争う状況は、各地の武士の間にも混乱をもたらした。親兄弟が家督を巡って争い、南北双方の朝廷に所属して身分を保証してもらうことで、お互いを殺し合ったのである。それは将軍家も例外ではなく、足利家もまた二つに分かれて争う。「昨日の友は今日の敵」という状況は、地獄の様相を呈した。

ここにおいて、表面的な権威や権力ではなく、本当の意味で正しい世の中のあり方とはどういうものなのか、真剣に考える人物が登場する。彼らは、日本という国はどのようにして誕生し、何を目指している国なのか、そして、日本人はどのように生きるべきなのかを説き、地獄のような混乱にまで落ち込んでしまった日本を、何とか救いだそうと努力するのである。

度会氏「神は垂るるに祈祷を以て先と為す。冥は加ふるに正直を以て本と為せり」（『倭姫命世記』）

現代まで続く、伊勢神宮を頂点とする神道思想「伊勢神道」は、鎌倉時代に成立したとされる。その思想内容は『神道五部書』（『天照坐伊勢二所皇太神宮御鎮座次第記』『伊勢二所皇太神宮御鎮座伝記』『豊受太神宮御鎮座本紀』『造伊勢二所太神宮宝基本記』『倭姫命世記』）に看て取れる。

これらは、伊勢神宮の祭神である天照大神が、みずからを伊勢に祀るよう神託を下し、神を祀る心得、人の生きるべき道について、さまざまな教えを述べるという体裁をとっている。

神道は元来、「神ながら言挙げせず」として、視野の狭い人間が目先のさかしらな議論で国を乱すことを嫌い、古のままに祭祀を継承することによって、神の加護を祈ってきた。しかし、五部書では天照大神の口を借りて、神道の教理を言挙げしている。この言挙げは、五部書を著したとされる伊勢神宮外宮の神官たち、なかでも度会家行（生没年未詳）を筆頭とする度会氏によって理論化が進められたのだが、彼らは何故このような行為を始めたのか。

伊勢神宮はそもそも、皇室の祖先神にして、八百万の神々の頂点に君臨する「天照大神」を祀る神社であり、皇室の祖廟にして、国民の総氏神という格式を誇っている。その天照大神が鎮座するのが伊勢神宮内宮であり、天照大神の食事を司る「御饌津神」である豊受大御神が鎮座するのが外宮である。伊勢は神宮を中心にして大小無数の神社が存在する神域であり、そこに奉職する神職の数も多数にのぼった。そうしたことから、内宮と外宮の組織も分かれているため、そこには政治的な緊張も生まれやすく、そこに注目して、度会氏が外宮の内宮に対する優位を説くために、五部書を著したとする研究がある。そうした側面も大いにあると思われるが、社会に与えた思想的価値は別にあった。

鎌倉時代、日本民族の正統な統治者である天皇は、院政以来の混乱から立ち直ることができず、親子兄弟の争いによって、みずから皇位継承を決めることすらできなくなり、貴族たちは退廃的な体制を脱却できず、「末代」「末世」になったと嘆いていた。また、そうした朝廷から距離を取った鎌倉幕府でさえも、源家将軍が三代で終わり、摂関家から招いた摂家将軍、皇室から招いた宮将軍のいずれも長続きせず、代わって政権を独占した北条氏が主導する、陰惨な権力争いによって、後ろ暗い翳がつきまとう。

もともと国家鎮護の役割を担っていた仏教は、輪廻転生や来世という世界観で、人間を家族や共同体といった「人倫」から切り離し、その中で悩める「個人」の救済を一手に引き受けていた。また、日本の神々は、仏教を布教するための準備段階として、仏が仮の姿として現れたものであるという、「神仏習合」が喧伝され、神道を取り込みつつ土着化に成功していた。しかし、この頃の仏教は、世界の終わりがはじまるとする「末法思想」を根強く持ち、人々の不安を前提とした教えによって勢力を拡大していた。

また、同じく外来の文物であった漢学も、本来は国家統治システムの中心を担うはずだったが、摂関政治以来、「博士家」とされた貴族の中で保存されるにとどまり、世界を救う思想的メッセージを発することはなかった。

どこを見渡しても先の見えない薄暗さが覆う中、みな孤独で、不安で、そわそわしていた。その姿は現代と変わらない。

ここにおいて、伊勢神道は、日本国民の総氏神である天照大神の教えを示し、日本人を救い出すべく言挙げしたのである。

こうして示された教えは実に単純明快で、「らしくあれ」ということである。

これはどういうことかと言うと、人はそれぞれの場所において、与えられた立場と役割があり、それ「らしく」生きることで、はじめて社会は調和と安定を実現するというものである。何故ならば、人は生まれながらにして、それぞれの社会的な立場や役割を素直に感じ取る、「丹き心」を持っており、また、お互いが立場や役割「らしく」生きることで、お互いに背中を預け合って、安心と幸福を実感できるからである。これはつまり、人間が個人ではなく、人倫（社会関係）の中でしか生きられないことを表している。

しかし、それが身体的な苦楽や利害でしか判断しない「黒き心」によって穢され、それぞれが立場や役割を果たさず、自己主張をぶつけあえば、誰が何を言いだし、何をしだすか分からなくなることで、世の中がおかしくなってくる。たちの悪いことに、そうした黒き心は、それがさも人間の自然な本性であり、立場や役割はその自然を阻害して、個人を組織のために抑圧するものであるかのように錯覚させ、またお互いがお互いの利益や快楽を侵害すると錯覚して敵対し、ますます人の心を苦しめ、社会を乱すのである。

したがって、「黒き心」を神への祈りによって祓い清め、「丹き心」による、立場や役割に徹した生活をすることで、人は人倫の中で役割を果たし、立場という居場所を得た実感によって、本当の安心を得られる。神々はそうした一人一人の生活を通じて国家の安寧を実現する。標題に引いた「神は祈祷によって御姿を顕わし、加護は正直な心に下される」とは、このような主張を含んでいる。この場合、神は神秘的な装いで出現したり、超越的な奇跡を起こしたりする訳ではなく、あくまで祈祷を通じて神に向かい合うことで、「丹き心」の自覚を通して人の心に顕現し、「黒き心」のない正直な心によって、安定した日々の営みを送れる加護を与えるのである。つまり、一人一人の正直な心と、役割分担による生活こそが、「神ながらの道」であり、「日本」の姿であると宣言したのである。

これ以外にも、「左を左にし、右を右にせよ」「元を元にし、本を本にせよ」といった言葉が随所に登場し、立場や役割が強調されているが、これらの言葉の出典は、意外にも儒教経典にあって、必ずしもオリジナルのものではない。ただ、ここにおいて、政治的な議論や宗教的な教説を敢えて排し、一人一人の生活における、素直な心に真実と力を約束する「神道」を見出したことは、まぎれもなくオリジナルな思想であった。この思想を補強すべく、度会家行は『類聚神祇本源』などを著し、和漢の書物をひろく引用しながら、全時空を通じて実現されるべき、日本のあり方と、日本人の生き方を論じている。

役割分担によって人倫の中に生きることが、日本人の本当の生き方であり、一人一人の正しい心によって社会を組み上げていくことが、日本のあり方であるという思想は、近世に入ると儒教の力によってさらに高度に理論化され、日本人の常識になっていく。

このようにして神道は、日本の歴史に一つの大きなベクトルを与えたのである。

北畠親房「大日本者神国也」（『神皇正統記』）

南北朝時代、吉田定房（一二七四～一三三八）、万里小路宣房（一二五八～一三四八）と共に「後の三房」と呼ばれた北畠親房（一二九三～一三五四）は、わずか三二歳で大納言という高位につき、その深い学識と鋭い知性で、後醍醐天皇（一二八八～一三三九）の信頼を得ていた。

皇太子の教育係をつとめていた親房だが、皇太子が夭折すると出家し、政界を引退する。また、後醍醐天皇の専制的政治手法や、鎌倉幕府の打倒には批判的で、距離を保っていた。その後、建武の新政がはじまると、再び政界に呼び戻された親房は、長男の顕家（一三一八～一三三八）と共に義良親王（後の後村上天皇。一三二八～一三六八）を奉じ、陸奥国（東北地方）へと下向する。これは、全国各地に親王を送り込むことで、朝廷の地方支配を強化する狙いがあった。

ただ、新政は後醍醐天皇の理想とは逆に、大混乱をもたらした。政争の挙句、新政の立役者の一人で、鎌倉を本拠とした足利尊氏（一三〇五～一三五八）が挙兵。尊氏が入京すると、後醍醐天皇は京の東北にそびえる比叡山に逃れた。天皇の危機を聞きつけた親房と顕家は、それからわずか二〇日後、東北の武士団を引き連れて京に乗り込み、尊氏を撃破。京を奪還するという離れ業をやってのけた。その後、九州まで逃れた尊氏は、勢力を盛り返して東上。湊川の戦いで勝利した足利方は、新しい天皇を立てて後醍醐天皇に退位を迫るが、それを良しとしない後醍醐天皇は、三種の神器を持って大和国（現・奈良県）の吉野に逃れ、南北朝は分立する。

劣勢はとどまるところを知らず、優れた指揮官に成長していた顕家もまた戦死する。これを挽回すべく、親房は次男の顕信（生没年未詳）と共に関東へと赴き、関東の武士団を糾合して、捲土重来を図る。関東の南朝勢力拡大に尽力したことで、親房は優勢を維持したものの、親房の功績を妬んだ近衛家（藤原氏）が、関東の藤原氏系武士団の支配権を奪ったため、状況は一転。南朝方の指揮系統が混乱し、関東での活躍が困難となった。そこで吉野に帰還すると、後醍醐天皇の崩御をうけて即位した幼帝、後村上天皇を補佐し、実質的な宰相として各地の情報を掌握し、全国の南朝勢力を巧みに指導して、北朝を苦しめた。

足利家の内紛をきっかけとした「観応の擾乱」では、外交力を駆使して北朝側を四分五裂させ、北朝の崇光天皇（一三三四～一三九八）の退位により、皇統を南朝に統一する「正平の一統」を実現させた。また、一時は大宰府を掌握するなど、九州に南朝の一大勢力を築いた征西大将軍、懐良親王（生年未詳～一三八三）や、親王を支えた菊池氏らも、親房から多大な影響を受けている。

このように政戦両略に秀でた親房だが、その力の源は、有職故実や漢籍によって鍛えられた学識にある。その最大の成果が「神国思想の書」として知られる『神皇正統記』である。しかし、本書をひもとくと、親房の筆運びは日本が「日出づる国（日の本）」であるとすることに対して、意外なほどに冷淡なことに驚かされる。

曰く、我が国は山を往来して生活していたため、「やまと」と言ったのであり、それが当て字の都合で「日本」となったに過ぎない。また「大」という字もあってもなくても良い。そしてまた、「神国」も「神の守る国」ではなく、「神の意志に沿わなくてはならない国」だとする。

では、「神の意志」とはどのようなものなのか。

『神皇正統記』では、神代から鎌倉末期までの歴史をつぶさに追っていく。その中で、神は立場や役割を分け合い、それぞれが立場や役割を全うすることで、日本をつくりあげていくことを望んでいると説く。これは親房が師事した度会家行と同じ考え方である。その上で親房は、歴史上の事件をとりあげながら、一人一人の「わがまま心」によって社会が荒廃してきたと説いた。「自分らしくありたい」「功績を認められたい」などの思いが、規範無視や越権行為、あるいは無意味な慣例増大につながる。それが、それぞれの位階や役職に見合った言動を乱し、人々の連携をズタズタにして衰退を招く。これは、社会を役割分担で成長させたいと願う神の心に背いており、そのような国は滅びて当然だと、歴史を援用して証明しようとしているのである。

この主張を貫徹するためには、源頼朝（一一四七〜一一九九）、北条義時（一一六三〜一二二四）ら、本来であれば、朝廷から地方政治の実権を奪った、武家政治家を誉めることも躊躇しない。何故なら彼らは、不要に官位を上げて朝廷の身分秩序を乱すことをせず、あくまでも地方政権という建前を崩さなかったと見なされるからである。

あるいは、天皇であっても、朝廷秩序を乱す場合には、情け容赦なく批判を浴びせかける。その眼差しは皇位継承の手続きにも向けられ、天皇が正しい即位を行ったか、そうでないかが分かる記述となっている。

度会氏が人の心にフォーカスしたのに対し、親房は役割の方に重点を置いた。それは、律令の規定をはじめとする、規範になりきることによって、社会に調和と安定をもたらすという論理になる。つまり、一人一人の国民が、生まれついた位階や与えられた役職に応じて、それになりきることを要求しているのであり、職業倫理を徹底して重視する立場である。

ここからはさらに、国民が国家に献身し、命を捨てたとしても、それによって評価や対価を期待するのは間違いであり、また、君主が国民の献身を当たり前だと思い、公正公平な評価や対価を与えないことも間違いだという議論が出てくる。

この議論を証明するため、親房自身がまず率先してみずからを律し、かつ厳正な判断と行動に徹したが、自己主張に満ちあふれていた時代では、それが際立って高潔で、犯しがたいものに見えた。したがって人々は親房を恐れ、また付き従っていったのである。親房は政治家、戦略家としての活動の他、有職故実について研究した『職原抄』や、神道思想について研究した『元元集』を著し、思想家としても大きな足跡を残した。

「日本は、神の国である」。標題の言葉の本当の意味は、要するに徹底した役割分担への要求に尽きる。役割になりきった人の心は、欲望で目が曇らないだけに惑いがなく、物事の筋道を俯瞰的に見通す強さを持つ。敵をさんざん振り回した親房の知恵は、正に役割になりきって、利害に惑わされないことで発揮された。

親房の思想は、『神皇正統記』を通じて近世に持ち込まれ、今日に至るまで隠然たる影響力を日本に及ぼしている。

第二章　中世のおわりと近世のはじまり

地方に集約する権力

鎌倉幕府の成立によって各地に置かれた守護、地頭は、そもそも幕府が全国の治安を回復するために、武士たちに各地の軍事、警察、徴税を担当させる必要があったことにはじまる。

守護は令制国ごとに置かれ、軍事、警察を担当していたが、同じ令制国を管轄する国司の権限を次第に奪い始め、やがて公領や荘園の台帳を管理するようになり、現地の在庁官人や荘官となっていた地頭たちの土地を保証するかわりに、彼らと主従関係を結ぼうとする。

地頭は、公領や荘園から上がる収入を、領家や本家である貴族たちに納入する義務を負っていたが、次第にそれを滞納、横領するようになった。また、土地内の住民を私物化したり、新たに開発した物産や、勝手に開墾した土地を私有した。そのため、領家や本家との紛争が多発したことに伴って、一定の納税を行う以外は地頭の好きにやらせる「地頭請」や、土地そのものを二つに分割して地頭と分け合う「下地中分」などが行われることとなった。

守護と地頭の力が強まるにつれて、在庁官人や荘官がそちらにつき、知行国主―本家、受領―領家の支配力は低下して、公領や荘園の支配構造が崩れていく。

ただ、鎌倉幕府は公領や荘園を根本的に破壊するつもりはなかったため、貴族や寺院の訴えを受けて、公正な裁判を心掛けた。この場合、裁判は各地の慣習や常識にもとづき、人々の価値観の最大公約数となる、「道理」によって行われたから、守護や地頭であっても、あまりに無理筋な横暴をはたらけば、容赦なく罰を受けた。

だが、鎌倉幕府が滅亡し、南北朝時代に突入すると、公領や荘園の支配体制は急速に瓦解していくこととなる。年がら年中、戦争が起こっている状況下では、もはや武力を持たない貴族に頼ったところで、土地の支配権を維持することが難しくなったからである。また、足利氏による室町幕府が成立すると、守護を通じて公領、荘園の税収の半分を徴収する「半済令」が布告された。さらに守護は税の臨時徴収権や、裁判結果の強制執行権を獲得した他、公領や荘園の徴税を代行する「守護請」を行うことで、次々と現地に部下を送り込んでいき、強大な支配を及ぼしていく。

これと連動して、地頭や荘官をはじめ、それぞれの土地の有力者が自立の動きを見せ、みずからの根拠地の周辺を併合して、一定領域を領地として支配するようになる。これを「国人」と言う。そして、国人たちを取り込んで主従関係を結び、国全体を支配した守護は、独立した「守護大名」に成長した。将軍─御家人の主従関係は、将軍─守護─国人となり、さらに守護─国人となって、各国の独立へと進んだのである。

また、公領や荘園の中に形成された村は、次第に発達して自治的に運営される「惣村」となっていた。そして、もともと公領や荘園内で、耕作や納税のとりまとめを行っていた「名主」や、それらが武装した「地侍」が中心となり、税の減免を求めて「土一揆」と呼ばれる抗議行動をとるようになる。

こうして公領や荘園からの上がりは、ほとんど貴族の懐に入らなくなり、際限なく現地に集約されていく権利関係と、新たに形成される主従関係によって、日本には地域性のより濃厚な封建制が誕生する。これを「守護領国制」という。

統一される地方

強大な守護が現れた背景には、室町幕府の初代将軍となった足利尊氏の存在があった。尊氏は力の原理をよく理解した現実主義者の反面、たびたび引きこもりたがる厭世観を持っていた。この性格が極度に物欲のない政治となって表れると、自分を支えた一族や部下たちを守護に任命し、権限の大盤振る舞いをするという形をとる。こうして室町時代は、守護の力が強大化し、尊氏とは真逆の、権力欲の強い守護たちによって動く体制になったのである。

将軍は守護によって支えられる体制となり、室町幕府は守護の連立政権といった趣を見せるようになった。将軍は守護たちに担ぎ上げられる盟主であって、強力な指導力を持たない。しかも、南北朝の争乱で、京を離れる訳にいかなかった足利氏は、京に幕府を開きつつ、関東支配の拠点として鎌倉に「鎌倉公方」を置き、関東における将軍の役割を担わせていたから、鎌倉公方となった足利一族が天下を狙って幕府に反抗するという、何とも不安定な統治構造をつくっていた。

中には第三代将軍であった足利義満（一三五八〜一四〇八）のように、過剰にエネルギッシュな将軍もいた。彼は南朝から北朝への三種の神器受け渡しを行わせて南北朝を統一し、「金閣」で名高い北山山荘に貴族や武士を集めて文化活動を行い、禅宗寺院の階級制度である「五山制度」を整備して宗教界を支配した。また、各地の守護に難癖をつけて征伐し、京の金融業や海外貿易から莫大な富を獲得し、ついには朝廷の最高官位である「太政大臣」となる。しかし、それは極めて稀な例であった。

ただ、南北朝時代を通じて、室町幕府は全国に武士の支配を及ぼすこととなり、彼らに対する法典である「建武式目」の発布や、守護の任命を通じて、中央政府としての形を備えていたから、将軍の命令という体裁をとれば、守護同士の争いにおいて、圧倒的なアドバンテージを獲得できた。また、守護たちは将軍を補佐するという名目で京に居住することとなっていたため、日本全国のゆくえを決める政治は京で動くこととなる。

既に守護による地域の主従関係が強化され、それぞれの国が守護の持ち物、すなわち「領国」として独立性を強める中、守護が領国を不在にしていることは、権力を維持する上で不安要素を残すこととなる。そのような中、将軍の跡目争いを巡り、京を舞台に守護同士が戦争する「応仁の乱」が勃発し、それが全国に波及して、内戦状態に突入すると、将軍権威は低下の一途をたどり、やがて世は「戦国時代」となる。

領国よりも京を重視した守護は、現地に「守護代」を置いて統治を任せていたが、この守護代が領国を乗っ取り、大名となることがあった。また、国人の中で力を蓄えたものが、他の国人を従属させて大名となることもあり、あるいは全く無関係な第三者がやってきて、力づくで大名となることすらあった。もちろん、領国をしっかり固めた守護の場合、さらに支配体制を強化して君臨した。こうして各地に誕生したのが「戦国大名」であり、従来の身分秩序を覆して領国支配を行うことを「下剋上」と言う。

戦国大名は、守護領国制でもまだ従属させられなかった国人を従わせ、領国の完全支配を推し進めた。彼らは「検地」によって国人たちの領土の収穫高を調査し、それを「知行」として正式に与えることで支配権を保証し、戦時には軍役を課すことで主従関係を結んだ。また、「分国法」と呼ばれる法典を整えて、支配領域の人々をそれに従わせ、道路や宿駅の整備、市場の管理、鉱山や未開拓地の開発を行うことで、領国内に均一な支配を浸透させていった。その結果、地方の独立性は中央の支配力を大きく上回った。

国人たちは長い年月をかけて「家臣団」として編成され、「譜代」「外様」「国衆」などに分類されて、大名を頂点としたピラミッドを形成していく。

統一と分断のせめぎ合い

室町時代の時点で、武士たちには、さまざまな物語が存在していた。公領や荘園時代からの歴史を持つ者、鎌倉以来の守護や地頭としての歴史を持つ者、室町幕府になって守護や守護代に出世した歴史を持つ者などである。それらがあるいは大名となり、あるいは家臣となり、あるいは独立勢力となって、それぞれの歴史が持つ物語に生き、所領の維持と拡大にしのぎを削っていた。

したがって、今でこそ大名ではあるが、鎌倉時代には御家人ですらなかった家の者が、室町幕府に守護となった祖先の物語を思う時、そこに服従している家臣には、かつて鎌倉時代の名門御家人だった家の者がいて、彼は鎌倉時代の祖先の物語を思うから、歴史の浅い主君の家に対して、心からの服従を示すことはない。

こうした時代では、いかに家臣団を編制しても、家臣たちはみな自前の城や館を持ち、その周辺の所領を維持しているため、それ以上、彼らを服属させることはできなかった。室町時代に守護だった歴史を持つ者ですらそうである。まして、下剋上で大名になったものの苦心たるや、想像をはるかに超えるものだったであろう。

庶民もまた、室町時代になると活発に動くようになっている。平安時代末期から少しずつ発展していた商業や工業に従事する者は、生産力の向上に伴って、常設の店舗を設けるようになっており、同業者組合である「座」を結成して、利益の独占を行っていた。また、運送業の発展もめざましく、「問丸」や「馬借」と呼ばれた海上、陸上運送業者は、税の運送や貯蔵を請け負って、商業の活性化を大きく促進した。彼らは大名や貴族、寺院などに利益の納入をすることで営業独占権を獲得し、一方で自治的な街や村の運営を行い、排他的な共同体をつくりあげていた。

さらにこのころは、一向宗（浄土真宗の一派）が急速に勢力を伸ばしていた。寺院が武装することは平安時代から普通に行われていたが、一向宗は信者を動員して各地で「一向一揆」を起こし、その力を背景に中央や地方の政治に介入するようになる。そしてとうとう、守護を殺害して領国を乗っ取り、大名たちと比肩する宗教国家づくりをはじめるのである。

こうした背景もあって、戦国時代にはその身分を問わず、誰も彼もが武装し、至る所に関所が設けられ、みずからの住む場所を囲い込んで、戦いと駆け引きをくり返しながら、生存競争していた。その様子は、日本中のありとあらゆる場所に、小国家が無数に乱立したようであった。

故に戦国大名は、時に彼らの利益を拡大し、時にその権利を剥奪して、一進一退を繰り返しながら、重層的な権利構造を少しずつ吸収して、大名による一元的な秩序をつくりあげていたのである。守護大名が戦国大名に変質していく過程で、領国の一元的支配が進んだ体制を、「大名領国制」と言う。

重層的な歴史や権利が絡み合い、人々や組織が全然違う方向を向いて蠢いている中、それらを巧みに調整しつつ取り込み、大名領国制という時代のルールを几帳面なほどに活かしきって、強大な力を手に入れたのが甲斐（現・山梨県）の武田信玄（一五二一～一五七三）であり、みずからが絶対的な秩序になりきることで、それらをありのまま維持しながらまとめあげ、圧倒的な力を発揮したのが越後（現・新潟県）の上杉謙信（一五三〇～一五七八）である。両者の世界観は、一一年間に五回繰り返されてなお決着がつかなかった「川中島の戦い」という形でぶつかりあった。いずれにせよ、平安時代以来、中央政府がなんのはたらきもせず、放置され、分断され続けた地方は、長い時間をかけて統一と安定を実現しようとしており、一元的な支配による日本の再統一は、もうすぐそこまで迫っていた。

統一日本

こうした流れを一気に推し進めて、地域の独立と分断を破壊し、日本に一元的な統治をもたらそうとしたのが、織田信長（一五三四～一五八二）である。信長は、尾張（現・愛知県）から畿内（近畿地方）へ勢力を広げると、現地の重層的な権力構造を破壊し、直接支配を推し進めていった。それは強制的な課税によって行う場合もあれば、強権的な弾圧によって行う場合もあった。そして、室町幕府の役職から距離を取り、ついには将軍を追放してしまう。

それらは勢力を拡大していく中で、偶発的に起こった出来事ではあったが、貴族、武士、商工業者、農民があちこちで独立し、各種の権力構造がとりわけ入り組んで、岩盤のように固まっていた畿内で勢力を拡大しようとすれば、必然的に採択される行動でもあった。

信長は、支配する領域から関所を撤廃し、各種共同体の垣根を取り払った。そして城の周囲に城下町をつくって経済の中心地をつくり、商業を育成しつつ「楽市楽座」を施行した。これによって、座の特権を廃止し、商工業者を支配下に置こうとしたのである。また、農村では検地を実行して農村の掌握に乗り出し、「刀狩」によって農民から武器を押収した。そして、農民からの徴兵を抑制して、職業軍人を育成する「兵農分離」を行った。これは、農村を根拠地にする国人や地侍を抑え込もうとした政策である。

信長の政策は、それ以前に戦国大名によって試験的に行われており、必ずしもオリジナルなものではない。また、全体的に不徹底であり、必ずしも全面的な破壊とはならなかった。ただ、これを大規模に行おうとした点で、やはり画期的だったのだが、これを継承して完全に遂行したのが豊臣秀吉（一五三七〜一五九八）である。

秀吉は信長の政策を徹底し、日本を一元的に支配しようとした。彼はまず、「太閤検地」を行うことで、一つの土地につき、一人の所有者を定めることで、公領、荘園以来の複雑な権利関係を完全に消滅させた。また、刀狩についても一つの例外も許さず、大名から独立した地侍や国人を片っ端から叩き潰した。そして、土地を広く農民に分け与えるかわりに、その身分を固定して武力を奪い取り、戦国時代までのように、時に農民をしながら、時に商売を行い、時に戦争に参加するといったことができないようにした。

このようにして、大名の領国支配を一元化するかわりに、大名たちには「惣無事令」を発して私戦を禁止し、みずからの家臣団として序列を決めて従属させることで、徹底的に統制を加えた。

これに加えて、みずから関白、のちに「太閤（隠居した関白）」に就任して朝廷の秩序に君臨し、大名たちにも官位を与えることで序列に権威を付与した。こうすることで、天皇の権威を立てながら、貴族、武士、農民、町人の全てに君臨する、日本の一元的支配者としての地位を獲得したのである。さらに貨幣の鋳造権を握って、金貨・銀貨の発行を行うことで、全国の市場を大坂に接続し、地方の独立した経済圏を全国市場に吸収して、地方政権が経済的に独立する道を塞いだのである。

地域の独立した主従関係を認めながらも、経済的、軍事的な実権を奪い、事実上の中央集権を完成した時代こそ「近世」である。中央政府の支配力と日本の統一という観点からすれば、実に数百年ぶりの安定が訪れた訳だが、ここでは中世の混乱を一身に背負った上杉謙信と、近世のはじめを輝かせた豊臣秀吉について、もう少し見てみよう。

上杉謙信「依怙にて弓箭を携へず候。只々筋目を以て何方へも合力致す迄に候」（「佐竹義昭宛書状」）

戦国最強にして「軍神」と謳われた上杉謙信は、元服間もない一五歳でみずから兵を指揮して初陣を勝利し、一九歳で家督を相続。越後国守護代に就任すると、二三歳から四〇歳までの一七年間、相模（現・神奈川県）の北条氏と戦った。二四歳から三五歳の一一年間は甲斐の武田信玄との五度にわたる「川中島の戦い」をくりひろげた。陸奥（現・福島県）の蘆名氏、越中（現・富山県）の神保氏や一向一揆とも戦った。最後は戦国最強と謳われた武田氏を打ち破った織田軍を粉砕し、京に上洛する直前までの勢いを見せる。およそ七〇戦の内、明確な敗戦は二回と、驚異的な強さを誇った。

毘沙門天信仰に篤かった謙信は「毘」の旗を掲げた。謙信は家臣たちの独立性を削ぐことをしなかったため、戦争の際にもそれぞれが自前の軍隊を連れて集まり、編制や統率が取りにくかった。普通であれば、烏合の衆となるところだが、謙信は勢揃いした軍に馬で駆け入って、おかまいなしに分断し、手足のように使えるように編制した。謙信の強さに信頼した家臣たちは、それに文句を言わない。物音一つ立てない、統制のとれた上杉軍は、戦機をつかんだ瞬間に掲げられる、「懸かり乱れ龍」（総員突撃）の軍旗を認めるや、轟轟と雪崩を打って敵を蹂躙する。その様子は「血は馬蹄に蹴掛けられて紅葉の雨にそそぐがごとし」（『日本外史』）と形容される、正に神や仏の怒りを表すような恐ろしさであった。

そのような謙信だが、一度として領土拡張のために戦争をすることはなかったと言われる。いずれの戦いも侵略された土地の人々から救援要請を受けたものであり、勝利後はほとんどの土地を持ち主に返還した。

北条軍の攻撃で陥落間近の唐沢山城に、少数の兵だけを引き連れ、道服に身を包み、槍をさげた謙信が登場。あぜんとする北条勢を尻目に堂々と入城し、籠城戦を指揮して守り抜いた、という伝説じみた逸話も残っている。国人たちが入り組み、南北に長い越後では、義兄の長尾政景らの謀反が頻発したが、謙信は全て平定した上で、ほとんどの帰参を許し、領地を安堵した。

二四歳と三〇歳の二回、上洛して天皇と将軍に拝謁。将軍を脅かす畿内の大名に対し、いつでも上杉軍が将軍を守りに来る、という圧力をかけ、天皇からは御剣と共に「天賜の御旗」を賜った上、「敵を討伐せよ」との勅命を受けた。

こうした謙信の行動は「義」と賞賛される一方で、天下静謐を願掛けした代償として、生涯妻帯しなかったことや、二七歳で突然、高野山に隠遁しようと越後を出奔したことなど、不可解とされることも多い。だが、謙信を奇矯な人物に見なそうとする評価は、義理のためには命を惜しまないという、ウエットで任侠じみた「義」や、仏教信仰などの曖昧な言葉で理解しているに過ぎない。

一連の行動を読み解く鍵は、標題に引いた「筋目」である。謙信は、戦乱の原因は、人々がそれぞれの家の歴史を持ち出して対立し、自分本位な感情や、利権をめぐる対立で、慣例や伝統を破壊することにあると見ていた。筋目とは、人々が役職や規範を守って己を殺すという職業倫理のことで、まずはそれぞれが現状で与えられた立場になりきり、それぞれの役割に安住すれば、波立つ水面が鏡の如く澄み渡るように、人々の対立はゆるやかに調整され、おのずと世は正される。この点で、謙信は北畠親房の後継者となる思想家であった。

言葉に行動が伴わねば、一笑に付される。謙信はもともと「長尾」を名乗っており、長尾氏は平安時代末期の名将で、鎌倉武士の軍神として崇められた、鎌倉景政（生没年未詳）の末裔であった。しかしながら、鎌倉時代に入って没落し、その後は「関東管領」（鎌倉公方の補佐役で、政治全般を司る）となった上杉家の家臣として生き延びたが、関東の武士としての物語は、長尾の方が強かった。したがって、謙信は神仏への願文にたびたび「鎌倉景政の子孫として」と誓いを立てているが、三一歳の時に上杉家に名跡を譲られて後を継ぐと、徹底して関東管領としての役割になりきり、上杉の物語に生きて、関東の秩序維持のために出兵し続けている。

これが謙信の強さであった。

「(儒教の経書『大学』にあるように「理」だけを見つめ)物事に振り回されねば、心は広く、体はゆったりする」(「上杉謙信公家訓」)として、己を殺した謙信の戦術眼は冴えわたっていた。戦争だけではない。謙信は、分国法を定めたりせず、旧来の体制を維持して戦う道を選んだ。

かわりに流通網を整備し、潤沢な資金力を背景に、無制限に戦争を続ける経済力も持っていた。当時の越後は米がとりわけ多くとれるわけでもなかったが、謙信は特産品である青苧栽培と、京への販路拡大とを推し進めた。これが莫大な金を生み、米経済（領土拡大）に依存しないで己の思想を貫く、現実的な裏付けとなったのである。

家臣たちは、現実的な力で己の思想を体現した謙信を畏怖し、精強な上杉軍となった。かくて標題にある「依怙贔屓で弓矢はとらぬ。ひたすら筋目によって、誰であっても力添えしよう」という言葉を言い放つことができたのである。

これは非力な理想論と嘲られがちな思想の、不敵な勝利宣言である。

とはいえ、思想を体現することは孤独な戦いでもあった。突然の引退宣言などは、生身の人間が立場と役割に徹して無我を貫き、神仏のように全ての人間の自己主張を受け止め続けた結果、心が壊れかけたのであろう。独り琵琶を弾きながらの晩酌だけが安らぎであった謙信は、「四十九年一睡の夢、一期の栄華、一杯の酒」（『上杉家御年譜』）という辞世通り、四九歳で脳溢血に斃れた。

謙信は上杉の物語を生ききったことで、かえって長尾の祖、鎌倉景政と等しく軍神と仰がれる存在になったのである。

豊臣秀吉「吾化の及ぶ所は均しく一樊なり。吾樊之を失せば、乃ち復た之を得ん」（『名将言行録』）

立身出世を遂げた人物を「今太閤」と呼ぶように、尾張中村の百姓から、天下人に上り詰めた豊臣秀吉は、日本史上まれに見る立志伝中の人として知られる。

一五歳で家出をして、今川家の家臣である松下之綱に仕えたが、秀吉を妬んだ同僚と諍いになった際、なあなあで済まそうとして秀吉の顔をつぶした松下に失望し出奔。放浪を重ねて一八歳で織田信長に仕える。草履取りから始まり、普請奉行、台所奉行などを経て、織田家の有力武将として出世を重ね、三七歳で近江長浜城主となる。

長篠の戦いあたりからは、織田家中の重臣と比肩するまでになり、中国地方の指揮官として毛利氏と対峙していた。本能寺の変で信長を討った明智光秀と山崎（現・京都府）の天王山で決戦に臨んだのは四六歳。そこで光秀を破ると、天下人への道をまっしぐらに進む。四七歳で賤ケ岳の戦いを制して、織田家中の後継者としての地位を獲得した。四八歳で徳川家康との小牧長久手の戦いに敗れたものの、外交戦で家康を臣従させることに成功し、四九歳で関白に就任。五〇歳で九州征伐、五四歳で小田原征伐に赴いた。かくて天下に惣無事令が布告され、戦国時代に幕が下ろされることとなった。

文禄慶長の役など、その後の秀吉の行動は評価が分かれる。ただ、秀吉最大の功績は「天下統一」そのものにある。

分断された社会でさまざまな共同体が乱立する中、そこで抑圧され、居場所を失った人々は各地を流浪し、野盗や流民として空隙を埋めていた。国家による救済は事実上機能しない。この頃の京を描いた芸術作品に「洛中洛外図屛風」があるが、そこには多種多様な格好をした人々と、それぞれの利害や思惑が入り交じった生活の様子が描かれ、カオスの華やかさを凝縮している。このような世界では、皆がそこにいても、それぞれの常識があまりに違いすぎて、人のことを忖度する余裕などない。要するに生きるも死ぬも勝手次第であった。

秀吉は信長の政策を引き継いで徹底的に推し進め、太閤としての威光の下、全国民に適用される法令で、分断された社会を完全に破壊し、身分を固定して定住させることで、人々に居場所を与え、日本を「統一」したのである。

だが、これまでの極端な自由放任社会から、身分や法令が固定され、均質な社会へと移行していくことは、想像以上に息苦しいものだった。検地や刀狩を命ずる秀吉の文書には、逆らう者は城主であろうと撫で斬りにし、村であれば村ごと皆殺しにしてでも達成せよ、と苛烈な文言が踊っているが、それは、如何に反発が強かったかを物語っている。

また、茶の湯の大成者である千利休（一五二二～一五九一）は、秀吉の理解者であり助言者であったが、いくつかの不遜な言動があるとして、切腹させられている。これは、利休が茶の湯という空間に世俗の身分を持ち込ませず、全ての人間を平等に扱おうとしたことが、秀吉の考える統一に挑戦することだと受け取られたからである。事実、そうした茶の湯において、それを創造した利休は支配者であり、多くの作法や茶道具の価値を決めることで、茶の湯を基礎教養とする大名たちから崇拝される存在となっていたから、彼が何らかの政治的示唆をすれば、そこから統一が崩壊する別世界が生まれていたのである。

この辺りについては、海音寺潮五郎（一九〇一～一九七七）の『茶道太閤記』という小説によって、統一によって万民に安定をもたらしたと感じる秀吉と、それが抑圧だと感じる人々の、不気味なすれ違いがよく描写されている。

このすれ違いは、秀吉の統一事業を表面的にしか理解していない人々の存在を浮き彫りにさせ、もともと人なつっこい秀吉が、皆を喜ばせるためにいくら大規模なイベントを企画しても、それが却って皆には権威の押しつけに見えてしまい、秀吉を深い孤独に追い込むこととなる。その孤独はやがて、子供の頃から育て上げた家臣に対してすら、腹の底では信用しない猜疑心を植えつけた。

しかし、秀吉はそうした薄暗い感情を殺し、まるで空気が読めない人のように、誰彼となく親しげに接し、惜しげもなく大盤振る舞いでもてなしながら、太平の世が来たことを喜び、人々に時代が変わったことを自覚させようとする。その反面、少しでもみずからの統一事業を損なう者がいれば、それがたとえ肉親だとしても、情け容赦なく弾圧して酬いるという、アンビバレントなつきあいを貫き通した。人々が安定して暮らせる世の中を目指す、という無差別の愛情と、そのためにはみずからが完全無欠な権威をもっていなければならない、という危機感が裏表をなして「豊臣秀吉」という人物を作っていることに、果たしてどれだけの人が気づいていたのだろうか。

秀吉が飼っている鶴を、誤って逃がしてしまった番人に対し、標題の言葉「私の政の届くところなら、どこへ行っても手が届く鳥籠のようなものだ。我が鳥籠の中で失ったなら、また手に入るだろう」と笑って許したのは「統一」への秀吉の考えをよく表している。

秀吉は安定した国民生活こそが自分の豊かさであると考え、無制限な公共事業で民をこれでもかと潤した。このような治政は、かつて古代中国の思想家である孟子（前三七二？〜前二八九？）が、国民生活を安定させ、ついで教育レベルをあげることで、愛国心を基盤とした国防力を養うべしと唱えた、

「王道政治」の考え方と似通う。

尾張中村の百姓から太閤まで出世した異端者は、どんな血筋の素晴らしい政治家よりも「王道」を歩んだのである。

第三章　形をつくる

統一事業はなぜ必要だったのか

中世の特徴は、武士による土地を媒介とした主従関係にあったが、これまでの経緯を見ると、それは必ずしも武士が発明したものではなかった。平安時代に荘園が誕生し、朝廷が統治をあきらめ、地方に全てを丸投げした結果、際限なく土地の権利関係が複雑化したことで、あちこちに私的な主従関係のようなものが誕生したのであった。

そうして人々の競争と紛争が激化したことを受けて武士が誕生し、将軍と主従関係を結んで地域を支配し、全国的な秩序を生んだのである。

その後の経過を見ると、鎌倉時代、室町時代を通じて、武士は重層的な土地の支配構造を解体し、さらには乱立する各種の共同体を一つにまとめあげていこうとしている。そしてついに、豊臣秀吉による日本の一元的支配までこぎつけたのである。つまり、武士は国家を解体するベクトルではなく、統一するベクトルで動き続けていたことになる。

日本史をぼんやりと見ていると、何となく朝廷が日本を治めていたところに武士が現れ、武力にものを言わせて土地を奪って主従関係を結び、幕府を開いて政治を行うようになったというイメージを持ってしまう。この場合、武士は国家を解体して地方政権を作り、朝廷をないがしろにする反逆者のように見えるが、それは現実として必ずしも正しいとは言えない。

誤解を恐れずに言えば、この流れは次のように説明できる。

まず、政府が財政難によって国土開発や地方再生をあきらめ、資金力のある代議士や高級官僚、企業に委託し、民営化を推し進める。その対価として、土地や建物、収入に対する免税特権を与える。代議士や高級官僚、企業は、政府に影響力を持っているため、その特権は際限なく増え続け、やがて市町村単位にまで拡大した私有地を完全に私物化して、政府の国勢調査や徴税を否定するようになる。

長期にわたる増税に耐えかねて、一部の国民がその私有地に逃げてくると、代議士や高級官僚、企業は彼らを私有民として登録し、彼らを労働させて税金をとるようになる。財政難が止まらない政府は、各都道府県の知事任命権を彼らに与え、地方税から俸給や対価を支払おうとする。代議士や高級官僚、企業は、そこにみずからの息のかかった陣笠議員や官僚、社員を送り込んで行政を行い、現地に赴任したそれらの人々は、現地の地主や企業からの献金を受ける代わりに、彼らの土地所有権や営業権を保証し、主従関係のようなものを結ぶようになる。

そうすると、中間層に属する大多数の国民は、献金によって保証を受けるほどの資金力がないため、恣意的な行政や司法によって、土地や資産を没収され、彼らの私有民として隷属させられていく。司法や警察が全国共通で機能しなくなり、係争や暴動が起こる。その内に、人々は公的な正義を信じられなくなって、それぞれが武装して土地と資産を守ろうとする。武装した人々の間にも、やがてその力に応じた地域コミュニティができて、主従関係を結ぶようになり、そこにかつての高級警察官僚や幹部自衛官がやって来て、彼らを組織化して軍事政権のようなコミュニティを作っていく。中には暴力団によって組織化されるコミュニティや、産業別の企業組合によって成立したコミュニティ、宗教団体によってつくられるコミュニティも存在し、近隣同士で武力紛争が大規模化していく。

この時点ですでに、日本国民は平等ではなく、あちこちで主従関係ができあがり、各地にゲートが設けられ、それぞれの習慣や独自の法律によって、お互いの常識が通用しない断絶が生まれている。また、人間が人間を所有することが当たり前で、死が今よりももっと身近に存在している。

こうして人々は、法的には各都道府県や、代議士たちの私有地に属しながら、一方で自前のコミュニティを守りつつ、何とか生活を維持しようとする。武力紛争は戦争のプロである幹部自衛官が圧倒的に強く、その内に都道府県単位で独立した軍事コミュニティが誕生し、文官や企業役員は収入の途を絶たれる。

そして最後は、軍事政権によって全国統一が果たされ、日本は一元的な社会を取り戻すのである。

経済がグローバル化し、資源と資金の流通が世界市場と接続している現代では、これと全く同じことが起きる可能性は低いだろうが、話をむりやり現代に置き換えてみると、この歴史がいかに地獄絵図であり、中世を通じてそれを解消していく過程が、いかに切実な動きだったかが分かる。この地獄から抜け出して日本国民をもう一度統合し、国家社会全体を一から改造しようとしたのが近世であった。

天下人の苦悩

豊臣秀吉の統一事業は、秀吉自身がその後すぐに没したことと、統一を急ぐあまりに大大名を残しすぎたことによって、早くも瓦解してしまう。

豊臣政権は、功績のあった豊臣氏の家臣を大名に取り立てることはもちろん、大大名の家臣を引き抜いて大名にしたり、あるいは大名格として分離することで、複数の国を支配する大大名の領地を分割し、一つの国であっても複数の大名が支配する細切れの状態に持って行こうとしていた。

ただ、天下統一を急いだ秀吉は、全国に割拠する大大名を早期に降伏させ、その領国支配を保証した上で、彼らを閣僚に任命することによって、全国政権を築いていた。

したがって、秀吉亡き後は求心力が著しく低下し、秀吉側近が求心力を高めようとした結果、豊臣系大名同士の紛争が発生してしまい、もともと燻っていた大大名との緊張関係が高まって「関ヶ原の戦い」が起きる。こうして政権を掌握したのが徳川家康（一五四二～一六一六）であった。

家康は豊臣政権の中で政治運営を行うものの、豊臣氏には既に求心力を確保する人材が枯渇していたため、最終的にみずからが征夷大将軍に就任し、江戸に幕府を開くこととなった。これに反発する豊臣氏は、最終的に「大坂の陣」で滅亡することとなる。

壊れかけた統一事業を継承した家康だが、やはり秀吉と同じ苦悩があった。それは、関ヶ原の戦いで、圧倒的な徳川軍による殲滅戦を展開して発言権を掌握し、大大名を可能な限り取り潰すつもりだったのに、徳川別動隊が決戦に遅れたために、豊臣系の大名のはたらきが大きくなってしまい、当初の目的を達成できなかったことである。

秀吉と家康がここまで大大名の取り潰しに執着したのは、何も権力欲が人並み外れて強かったからではない。確かに戦国大名は、地方の統一を推し進め、日本の一元化を引き寄せる存在であった。しかし、天下統一がなった暁には、それはむしろ、地方に強大な権力を持ち、中央をおびやかす分断の母胎になってしまっていたのである。秀吉は彼らを臣従させ、中央政治に組み込むことで処理しようとしたが、他ならぬ家康自身がそうであったように、結局は政争が起これば、その支配権をかけて大規模な軍事紛争を起こしてしまうのである。

したがって、家康がまず取り組むべきは、これら大名の統制であった。家康は「武家諸法度」を発布して、大名が新しく城を建てることを禁止し、旧来の城を修繕する場合でも、幕府に届け出るようにした。これは、同時に出された「一国一城令」とリンクしており、その目的は、大名の領国防衛網を破壊することを主目的としている。

また、徳川氏の家臣を大名に取り立て、全国各地に入れることで、大名の支配領域はさらに細切れになるが、たとえ徳川系大名であっても、大きくなった者を閣僚に入れれば、そこから崩れる危険性がある。

そこで家康は、幕府を構成する閣僚を、中小の徳川系大名に限定し、かつて功績があった徳川系大名であっても、情け容赦なく幕府から遠ざけ、場合によっては取り潰す姿勢を見せた。

これだけでは、まだ大名の脅威を削ぐには足りない。

このため、家康から第二代将軍であった徳川秀忠（一五七九〜一六三二）、第三代将軍であった徳川家光（一六〇四〜一六五一）を通じ、武家諸法度に抵触した大名や、死亡時に跡継ぎを決めていなかった大名は、次々に取り潰しや領地削減が行われた他、手伝普請に参加させられ、さらに参勤交代が義務づけられる。

こうして三代の内に取り潰された大名は一〇〇を超え、大名たちは徳川家に絶対服従することとなる。こうした一連の大名統制を「武断政治」と言う。

最後の総仕上げ

一国一城令は、各地に城館を築いて地元に根づいていた、独立性の強い家臣や国人も含めた、全ての武士を城下町に集結させて土地や領民と切り離し、その支配を大名に一元化させることにもつながった。

家臣たちは地縁もなく、いくつかの飛び地からできている領地をあてがわれ、そこから収入を得る「地方知行制」に組みこまれた。それすらも主君から直接給与を受け取る「俸禄制」に切り替えられることで、家臣と土地は完全に分離された。これは大名自身が幕府から国替えを命じられ、地縁のない領国へと移ることでより徹底され、大名と領民の結合も断ち切ることとなった。

土地と切り離されることが嫌な武士たちは、そのまま帰農し、以降は農民として生きていくこととなる。また、相次ぐ取り潰しによって浪人となった武士たちも、帰農することとなる。

この結果、大名として君臨する武士たちが、戦国時代になって台頭した新興の家柄を多く含むのに対し、帰農した武士たちには、鎌倉時代以来の名家が多く存在するという、ある種の革命的な身分流動が起こった。したがって、農村の教育レベルが底上げされ、自律した共同体として成立することを可能とした。

武断政治によって大名が統制され、これまでの刀狩や兵農分離が進んだ結果、日本の人口比は農民が八五パーセントとなり、農村が日本を支える基本単位となる。

中世までの重層的な権利構造では、統治者が土地を結びついて農民を直接支配しており、公領や荘園単位で彼らを集め、集約的に労働させていた他、農民の内部でも貧富の差に応じて主従関係のようなものが発生しており、人間が人間を所有するという、隷属関係が存在していた。しかし、これが徳川幕府によって武士と切り離され、農民は一人一人に土地と屋敷が与えられ、自立した本百姓となり、農村は「村切り」と言って、農村自身が機能的に自活できるように分割された。一人の農民、一つの農村が、社会を支える基礎単位になることが期待されたのである。

ただ、序章でも述べた通り、農民の中にも田畑や屋敷を持たない「水呑百姓」が存在していたが、彼らもまた農業や商工業を生業とすることで、農村経済を成立させていた。

日本は確実に平和になり、人々の暮らしは安定した。そのことを裏付けるように、この頃から人口増加が急速に進み、おおよそ一〇〇〇万だった人口が、江戸時代を通じて三〇〇〇万に増加する。また、農村では生活の安定と農地の拡大によって、大家族制が解体され、核家族化が進行する。これは、一人一人の生活水準が上昇し、生産の余力が発生したことで、農民が成長していったことを意味する。農業生産力の上昇は、商品作物の誕生を喚起し、農民の教育レベルを底上げする余地を生んでいった。

ここまでは秀吉から続く事業の総仕上げであったが、最後に家康ならではの、そして最も重要な仕事を行うこととなる。それは武士の改造であった。既に政治家、軍人としての経験値を積み、支配者としての力を備えていたが、彼らにとって土地や農民はあくまでも私有物であった。また、中世的な主従関係は、主君と家臣の私情に支えられており、人々の上に立つ者として、あまりに公共意識が不足していた。

そこで家康は、武士の存在意義を、政治的、倫理的に優れ、人々の模範となることに定め、倹約、勤勉、学問を奨励する。これは、次の文治政治を通じて具現化され、日本人の模範となり、人々を守護し牽引していく「武士」を生むこととなる。

こうして日本は、統一国家として成熟する基盤を整えた。つまり徳川家の「葵三代」は、統一国家の基本的な社会構造を整え、「日本の形」をつくったのである。

統一に対する辛く険しい道を確認したところで、徳川家康と、彼の思想を完璧に理解した補佐役である本多正信（一五三八～一六一六）について、その人生と生涯を見てみよう。

徳川家康「天地を尽しても、武士の有らんかぎりはこの道理すたるまじ」（『本多平八郎聞書』）

三河国（現・愛知県）岡崎に生まれた家康は、もとの名字を「松平」と言い、松平氏は国人から大名になった家であった。三河の両隣には、駿河（現・静岡県）遠江（同上）を支配した今川氏、そして尾張の支配を推し進めていた織田氏がおり、それぞれ強大な力を持っていたから、絶望的に不安定な状況下にあった。

織田氏には拉致同然で人質にされ、ついで駿河の今川氏の人質となって過ごしたが、今川氏の家臣に侮辱され、飼っていた鷹を虐待されるなど屈辱を味わった。それでも義元のブレーンであった太原雪斎（一四九六〜一五五五）に教育を受け、じっと堪えて学問に励んだ。父の死後も駿河にとどめられた家康は、岡崎城を今川家に支配され、家臣たちは百姓に混じって農作業をしなければ、生きていけない状況まで虐げられた。

一八歳の時、「桶狭間の戦い」で義元が死去。岡崎城に入って今川家から独立し、翌年には織田氏と同盟を結ぶ。ようやく大名として自立できたかに思えた矢先、親今川派の国人たちが挙兵し、さらに家中を二分する三河一向一揆で多くの家臣と対立。今川氏も三河に侵攻の気配を示す。この絶望的な状況の中、家康は苦闘の末、これを押さえ込み、今川氏の勢力を排除して、五年がかりでようやく三河を平定した。

戦国大名として一元的な支配を確立しつつ、家康は朝廷に奏請して「徳川」に改名し、「三河守」となる。

その後は三河の統治に尽力しつつ、遠江にも侵攻を開始し、また幾内で勢力を拡大する信長の援軍として、「姉川の戦い」などに参加している。

着々と力をつけた家康だが、今度は東から戦国最強と言われる、武田信玄が攻め寄せてきた。武田氏との「三方ヶ原の戦い」で大敗北を喫し、その圧迫をしのぐ日々の中、既に幾内に絶大な勢力を築いていた織田信長は、半ば家康を臣下のように扱っていた。嫡子の信康（一五五九〜一五七九）と結婚していた信長の娘が、信康とその母を誹謗すると、信長は信康を切腹させ、母を斬るよう命じた。これに逆らえない家康は、再び苦しい日々を過ごすこととなる。

「長篠の戦い」と、その後の「甲州征伐」でようやく武田氏は滅びたが、直後の「本能寺の変」で信長が殺されると、たまたま堺（現・大阪府）を訪れていた家康も、変の首謀者である明智光秀から追われ、命からがら三河へ脱出。信長亡き後、空白地となっていた甲斐、信濃両国を平定し、光秀討伐に乗り出したが、その時には既に豊臣秀吉が明智光秀を破り、信長の後継者としての道を歩み始めていた。

秀吉の台頭を面白く思わない信長の次男、信雄（一五五八〜一六三〇）が立ち上がり、秀吉討伐の軍を起こすと、家康もこれに参加することとなる。かくて起こった「小牧長久手の戦い」では、豊臣秀吉を始終圧倒したにもかかわらず、信雄の背信的講和によって信長の後継者となる大義名分を失い、戦略的勝利を失って臣従を余儀なくされる。

家康はこの時点で三河、遠江、駿河、信濃、甲斐を治める大大名に成長していたが、秀吉に臣従することで、豊臣政権の閣僚に就任することとなる。だが、秀吉による家臣の引き抜きや、関東への国替えなどを受け、ここでもなお屈辱を味わうこととなった。

秀吉の死後、側近であった石田三成（一五六〇～一六〇〇）は、豊臣氏の求心力低下と家康の台頭に脅威を感じ、家康を排除しようとした結果、「関ヶ原の戦い」が起こる。これに勝利した家康は「征夷大将軍」として幕府を開くこととなるが、前述の通り完全勝利とはならなかった。家康は将軍位をすぐに息子の秀忠に譲り、「大御所」として君臨することで、徳川氏の支配が永続することを示しつつ、統一事業を推し進めた。「大坂の陣」で豊臣氏を滅ぼし、武家諸法度などを発布して日本の形を整え、駿府に帰って一息ついたところで死去する。そんな家康の七五年の人生を特徴づけるのは、徹底した不遇である。

家康は個人として優秀であり、勤勉でもあったから、常に着々と力をつけて事業を拡大していく。しかし、軌道に乗ったのを待ち受けるかのように、嫌がらせのような不運が襲ってくる。

もともと何でもやってみなければ気が済まない、フットワークの軽さと凝り性な気質があった家康は、辛抱の連続に間欠的な短気を起こした。時に血が出るまで親指の爪をかみ、時に目の前の旗本が差している旗をいきなり斬り落とし、時にぐずぐずしている味方に鉄砲を撃ちかけるよう指示することがあったが、その怒りをぐっと飲み込みつづける。次第に口数が少なくなり、何を考えているのか分からないと言われるようになった。ただ、与えられた役割に徹して隙がなかった。家康は「狸親父」と呼ばれたが、これは史料によれば、仕事を黙々とこなし、終わったら、さも当然との顔で引き下がる、つきあいの悪さに対する「なめている」人々の中傷であった。

そんな家康であったが、「本当に人を好きになった時に、酸いも甘いも味わうように、人を思いやる誠があれば、信用は自然と養われるものだ」と言い、不遇に腐らず、人や物事をまるごと受け止める、本当の強さがあった。

家康は、かつての敵である今川氏、武田氏、北条氏の旧臣たちを次々と召し抱え、彼らから強国の学ぶべき点を吸収し、力を蓄えていった。それればかりか、僧侶や学者、商人や大工、はては外国人まで側近として周囲に置き、彼らと打ち解けて話し、じっくり話を聞きながら政治を進めた。大名の子とはいえ、あらゆる屈辱と苦労を味わった家康ならではの強さである。

三河以来の古参の家臣たちは、家康の統一事業を理解していないから、これが面白くない。家康への愛情と、徳川氏への勲功とをないまぜにし、なかば嫉妬深く新しい人材を排除しようとした。

しかし家康は、彼らを遠ざけてでも、人材の流動化と拡大とを推し進めた。それは人材に適正に役割分担する「公器」をつくる作業であった。そのためには、これまでの思い出や情を殺し、家康が率先して役割に徹しなくてはならない。役割に徹する「個」としての強さがなければ、本当の愛情は成立しないのである。

天下をとった家康は、戦の世が終わった武士たちに、自分のような強さを求めていく。

この当時、世界を司り、人々を見守る存在として「天道」（お天道様）が信じられていたが、家康は、人は祖先以来、天道から代々お役目を与えられており、それを皆が受け継いで果たしていくことで、世の中は進歩していくとした。ただ、お役目と言ったところで、武士は戦争がなければ役に立たない。しかも戦の世は「押し取り御免」の言葉の通り、勝てば略奪でもなんでもして、道義的な責任は問われなかった。このままでは武士は不要どころか害悪である。

そこで『孟子』が愛読書であった家康は、武士に儒教を学ばせ、「道理」で貫かれた倫理的人物に育てることで、武士に国民の守護者、模範的人物としての「お役目」を与えようとした。その思いを象徴的に示す言葉が、標題に引いた「世界が滅んだとしても、武士がいる限り、道理が廃れることはない」である。家康が将軍となった後、家臣の本多忠勝（一五四八〜一六一〇）に残したとされる言葉だが、これには藤原惺窩（第四章参照）の手が入っており、武士と儒教の融合がはじまった様子が伺える。

秀吉が開いた統一の道に、倫理的人物としての武士を据えることで、日本の形を完成させた家康の仕事は、北畠親房が示した、役割分担によって自分の存在意義を確認するという、「神国」のあり方とも合致した。

明治以降、家康は秀吉が成し遂げた統一をかすめ取った、という誤解が、なかば確信犯的に流布されたが、統一事業は家康なくして成し遂げられなかったと言って良い。要するに死んでまで不遇にある訳だが、そんな家康を理解する人々は、彼を東から日本を守護する神、「東照神君」として今もなお敬仰している。

本多正信「天道とは、神にもあらず、仏にもあらず、天地のあいだの主にて、しかも躰なし」（『本佐録』）

本多正信は、影の参謀役といったイメージが強い。もともと家康の家臣だったが、二六歳の時に起こった三河一向一揆では、弟と共に一揆方について出奔。長い放浪を経て帰参した。

その後は武田の旧臣を徳川家に取り込むことに尽力し、徳川家の軍事力を強化することに成功した。また、家康が関東に国替えとなって江戸に入ると、湿地帯で未開拓だった江戸の建設事業を指揮し、五二歳にして玉縄（現・神奈川県）一万石を与えられ、後に二万石に加増されている。

家康の征夷大将軍就任に際しては朝廷との折衝を担当し、また、長年の懸案であった一向宗の対策として、教団の最高指導者である「法主」の身内争いを利用して、教団そのものを分裂させ、弱体化と従属化に成功した。

家康が悩んでいるのを察して、それとなく進言したり、家康の暴言を訓令に潤色して、家臣の面目を守るなど、逸話は数多く、家康は正信を「友」と呼んだという。

帰参組の正信を快く思わない家臣は多く、「帰り新参」と呼ばれ、「徳川四天王」の一人、榊原康政（一五四八～一六一六）に至っては、正信の顔を見るとはらわたが腐ると憎んだ程である。しかし家康は、康政を切ってでも正信を重用した。これは私情ではなくて、正信が家康の思想を理解していたからである。

正信が著したとされる政治書に『治国家根元』と『本佐録』がある。両書は相互補完し、実用的な政治論を展開する。ただ、『本佐録』については、内容に類似点が多い訓戒書『仮名性理』を著した、藤原惺窩の手によるものであろうと言われている。それでも、正信の著作として流通していたことは、当時から「本多正信」という名に、そうした知恵があったと思われていたことを示すものだろう。

『本佐録』には「百姓は財の余らぬように、不足なきように治る事道也」との一節がある。

これはいわゆる「百姓は生かさぬよう殺さぬよう」との思想を象徴したものとして、幕府による農民抑圧の象徴とされてきた。しかし、それは特定のイデオロギーからの歪んだ解釈であり、本旨は全く異なる。

ことは簡単で、「生かす」とは「やりたい放題する」という意味であることを理解すれば良い。要するに、「農民があまりに裕福になると、贅沢に慣れて怠惰になり、農村が崩壊する。かといって搾り取って殺すのは論外だから、収入と課税を適切なバランスにせねばならぬ」という議論なのである。

農民を国家の基本とした統一事業を進める正信からして、これは当然の思考だと言える。何故なら、農村の再編と農民の育成は、正にはじまったばかりであり、農民の生活モデルを保証して、自治的な農村運営を安定軌道に乗せるよう、課税を通じた間接的誘導を行うことが、最も喫緊の課題だったからである。

また『治国家根元』では「民を哀み玉ふ心ありと云へども、其の哀む政なければ益なし」とする。

これは、口では国民のためと言いながら、増税によって国民生活を圧迫することを禁じたものであり、武士側の責任を追及するものとなっている。このように、農民と武士がそれぞれ役割を期待されている点で、『本佐録』と『治国家根元』は表と裏の関係にある。

こうした立場ごとの役割をしっかりと理解した上で、職業を通じて皆で社会をつくっていくという世界観を示したのが『本佐録』であり、その根拠として「天道」が示された。

「天道とは、神でも仏でもない。世界を司る主でありながら、形がないのである」という標題の言葉は、これまで道徳や運命の責任を、神や仏といった超越的な対象に求めていた人々に、「他の誰でもない。一人一人の生き方が役割に徹し、うまくかみあっていれば幸福になり、勝手気ままなら不幸になる、という「法則（天道）」があるに過ぎない」と宣言したものである。

これに前述の『本多平八郎聞書』に残された、家康の言葉を重ねれば、「天道」によって家康と正信、そして惺窩の思想が一つに重なっていることに気づく。

一人一人の生活にフォーカスした思想を、儒教が理論化することで、その合理性はますます強まった。

晩年の正信は、秀忠が将軍となるとこれを補佐し、幕政を主導して国家の形をつくっていくが、家康の死去を受けて隠居。まるで後を追うようにすぐさま死去した。享年七九。正信は三万石以上の加増を硬く固辞するよう子孫に言い残し、それを過ぎれば家が滅亡すると警告した。自分の仕事が当然の役割であり、対価を求めることが天道に背くことであると信じ切っていたのであろう。

三河時代から江戸幕府の草創期まで、固い信頼関係で結ばれていた家康と正信は、思想面でも連携して、日本の近世をつくったのである。

第四章　心をつくる

朱子学が求められた訳

徳川家康に儒教を通じて関わったのは藤原惺窩（一五六一～一六一九）と林羅山（一五八三～一六五七）であった。彼らは近世儒教の最大学派である、「朱子学」を学んだ学者として知られており、それ故に、徳川幕府と朱子学とは密接な関係にあると言われている。

ただ、徳川幕府は朱子学を官学として定め、朱子学を用いて官吏登用試験を行ったり、人事を決めていたりした訳ではないので、朱子学の支配を過剰に見積もることはできない。また、朱子学が一般庶民にまで広く普及するのは、一八世紀の「教育爆発」を経過してからで、朱子学が支配イデオロギーだった訳ではない。この点、中国や朝鮮では、「科挙」という高級文官試験が行われ、官僚が政治、経済、軍事、文化の全てを掌握していたため、これに比べるとその拘束力はほとんどないと言って良い。

それは裏返せば、出世と直結するものではないため、敢えて朱子学を学ばなければならないというモチベーションが起きないことを意味する。

では何故、江戸時代には朱子学が学ばれたのだろうか。

まず一つ目に考えられるのは、徳川家康が学問を好み、惺窩や羅山の話を聞いて、彼らを側に置きたがったことである。第三章で見たように、家康の言葉や思想を表現する際に、惺窩の筆によって潤色されていることからも、天下人たる家康が好んだ学問を、諸大名が敏感に取り入れようとすることは、政治的な理由としてあり得ることである。

次に考えられるのは、太平の時代に入ったことで、武士に求められる役割が、軍人としての戦闘力ではなく、政治家、官僚としての行政能力になったことである。この場合、行政事務などの技術だけではなく、全体を俯瞰して個別の問題を考える思考力、他者をよく観察して適切な応対をする交渉力、さらには不測の事態が起こっても心を動かさない忍耐力などが必要になる。要するに、人としての優れた徳性を持たなければならない。

こうした徳性は、中世までは仏教をはじめとする宗教によって磨かれてきた。しかし、宗教の場合、寺院で僧侶に就いて修行をし、俗世から離れて祈祷するなり、心を見つめるなりといった課程が必要であり、また、宗教的な悟りを開く必要や、さまざまな規定や認可、階級があり、多くの人々に開放されるには難しい面があった。

また、近世の大きな特徴として、目に見えない超越的な存在が社会の規範を決めているのではなく、合理的な法則にもとづいて社会の規範が決められている、という考えが普及していく。たとえば第三章で紹介した、本多正信のものと伝えられる言葉は、「天道」を法則として理解し、神でも仏でもないと言っている。これは惺窩の筆が入っているものの、近世的な考え方をよく表している。

要するに、近世では、規範が全ての人にとって正しいという理由を、世界の法則に求めており、そこに理性をもってアクセスしていこうとするのである。このために必要なのは、世界の構成要素や運動法則についての論理的な構造理解であり、そこから社会のあり方や人間の生き方についての一般原理を導き出すことである。したがって、書物を通じての読解や思索が主となり、師匠は神秘的な悟りを開いた人ではなく、合理的な説明や読解の手ほどきができる人となる。

ここにおいて、学習の場は学校のような世俗の教場であり、教師は我々と同じ社会人であり、学習内容は読書と議論であり、目指すところは社会の規範を整備することのできる、優れた徳性を磨くこととなる。

この要求に応えるものとして、朱子学は江戸時代を通じて日本人に広く受容されてきた。

朱子学について

朱子学を生んだ朱熹（一一三〇～一二〇〇）は、それまで儒教の権威的な経書（聖人が著したとされる聖典）であった「五経」の前に、「四書」（『大学』『論語』『孟子』『中庸』）を置き、知性を鍛えて心の本質を最大限に引き出す方法、聖人の実例、観念的な徳、世界と心の相関性について説明した。

この思想の基盤となっているのは「理」である。これは世界の構成原理や万物の運動法則であり、かつ社会のあり方や人間の生き方についての、一般原理を示すものである。分かりやすく言えば、世界はどのように出来ていて、どこへ向かうべきなのか、社会や人はそれにもとづいて、どのようにあるべきなのか、ということについて、そこには先天的に決められた「正しさ」が、全てに隙間なく埋め尽くされているということである。したがって、理には超越的な人格神のようなものは想定されていない。

四書を読み解くことによって学力を身につけ、日常生活における省察と読書を徹底して、知性を極限まで引き上げることを「格物致知（事物の理に到達し、知性を極める）」と言う。格物致知を推し進めた結果、その人は「誠意（意識が欲によって歪まないこと）」「正心（心を正しくすること）」を達成して、己の中に存在する理を顕現し、絶対的な徳性を身につけることができる。それは「修身（言動をコントロールすること）、斉家（家族を秩序化すること）、治国（地域社会を統治すること）、平天下（世界を調和させること）」というように、自分自身のみならず、社会の規範を整備し、世界に安定と調和をもたらす形で具現化するとされる。これを「八条目」と言い、朱子学の学習課程を表している。これは「明明徳（心の理である明徳を明らかにする）」「新民（人々を倫理的に刷新する）」「止至善（心と社会を完全に調和する）」からなる「三綱領」という形でも表現される。

このように壮大なことを人間ができるのは、万物に理が存在し、世界が理に埋め尽くされているならば、人間にも理が存在しているはずだからである。つまり、読書と省察によって理を追求すれば、己の中にある理が窮められ、世界を貫く理にアクセスして、万物に秩序を与えることができるのである。この場合、人間の理を「性」と言い、それは生まれつき心に備わっている理であるとする。こうして朱子学の基本的な人間観は「性即理」となり、格物致知によって万物の理を窮め、性を完全に純粋化した結果、万物を一つに調和させて一体化する、聖人になるという訳である。

こうしてみると、朱子学は実に哲学的であり、合理精神に貫かれた思想のように思えるが、実際には学問の先に見えるものとして、「仁義礼智」の理を想定しており、世界の構成原理や万物の運動法則と言っても、それはあくまで人間が倫理的な社会をつくる上で、倫理の本質的なあり方を追求させているに過ぎない。

したがって、朱子学の提示する理は、全ての事例に共通する先天的、観念的な「正しさ」が存在することを提示することで、現状に慢心することなく、永久に倫理追求の手を止めさせないことを目的としている。

そうした朱子学を学ぶことで起こる現実効果として、規範を頭から信じることなく、一度相対化して問い直し、あるべき規範を不断に考えていこうとする態度が生まれた。これは特に時代に大きな影響を与え、これまでのような、主君や親といった絶対的権威が、臣下や子に対して盲目的服従を求めるためにふりかざす規範意識を、牽制する役割を果たした。

また、朱子学では、理の追求が永遠に続くことから、聖人になることは原理的に不可能であるよう設定されている。その狙いは、全ての人間が永遠に理を問い続ける努力こそ、実生活上の規範を無限に再生産して、社会をより調和へと導くと考えていたからである。このことは、超越的な存在や、一部の限られた貴族ではなく、より広汎な人間によって社会を支えようとする、近世社会にとって不可欠な思想であった。

結果、中国近世を形づくった朱子学は、日本においても強く求められるのである。

日本の心となった朱子学

中国における朱子学は、科挙の基準とされることで、思想の王座に君臨した。これは一面において朱子学の地位を絶対化したものの、一面において国家の都合の良いように「理」を固定化し、国家の定める規範に絶対服従することを要求した。つまり、朱子学が本来持っている、合理的思考や牽制機能を奪ったのである。

これに反発する形で生まれたのが「陽明学」であり、それは朱子学誕生から約三〇〇年後を待たなくてはならない。陽明学は固定化された理をふたたび個人の心に取り戻し、一人一人の生活に起きる具体的な出来事において、自然とわきあがる倫理的な心情にフォーカスしていった。

これは理の内容を観念的なものから引きずり下ろし、日常の一瞬一瞬で感じ取る倫理的な心情を偽りなく押し出すことで、みずからを鍛えていくという思想になる。さらに、そうした一瞬の正しさは、聖人がそこにいても同じような心情になるであろうことから、その瞬間の心情をそのまま理と認め、その瞬間の人間をそのまま聖人として認める。これが「心即理（日常の倫理的心情はそのまま理である）」であり、彼らの生活における不断の努力に、そのまま社会安定の基盤を期待するのである。

したがって、朱子学と陽明学とは同じ理を目指しながら、全く異なる議論を展開することになるのであるが、それはあくまで両者の差異を論じた場合の違いであり、大きく見ればいずれも「個」の心に世界の安定と調和を期待し、日常生活を場として倫理を追求し、規範の再生産を目指し続けた、という点では親子兄弟というべき関係にある。

これらが時代的な差異を無視して、江戸時代になった途端、同時に流通したことから、朱子学といっても、そこには陽明学の議論が混入していることがままある。そして、朱子学の流通と共に、文学、歴史、医学などもその文脈で流通したため、さらに朱子学を通じて学習する範囲は広がってしまう。

この結果、江戸時代の朱子学者はヴァリエーションに富んでおり、ある種の総合学問といった観を呈していた。

しかし、朱子学の本質は一貫して、理の追求を通して倫理的な社会を目指し、規範を再生産していくことにあるのであって、これが武士の学問となり、やがて庶民の学問に広がることで、一人一人の国民を基礎単位とする日本の形に、「心」として植えつけられるのである。

ここでは朱子学を流通にのせた立役者、藤原惺窩と林羅山について見ていきたい。

藤原惺窩「明徳とは人倫のことなり」（『大学逐鹿評』）

日本思想史上、近世を創始したといえる藤原惺窩は、『新古今和歌集』『百人一首』の撰者として名高い歌人、藤原定家（一一六二〜一二四一）の子孫である。

播磨国（現・兵庫県）に生まれ、幼くして京都五山の一つ、相国寺で僧侶となった。その後、戦乱で父と兄を失ったが、修行僧のリーダーである、「首座」になるまで修行する傍ら、儒教を研究していた。五山は、早くに朱子学の文献を取り入れており、その理論的な分析においても進んでいた。そうした意味で、惺窩は朱子学と出会える環境にいたのである。

また、この頃の五山僧は、その優れた学術によって「五山文学」を成熟させており、得意の漢文力を駆使して外交文書を作成したり、みずから外交使節として中国や朝鮮に渡ったりしていた。したがって、惺窩もまた豊臣秀吉の命で朝鮮国使と会談し、徳川家康に招聘されて『貞観政要』を講義した。

ただ、五山における朱子学は、あくまで仏教を補完するために研究されたに過ぎず、朱子学の本質である、倫理的な社会の実現や、規範の再生そのものを目指すことはなかった。簡単に言えば、朱子学で生きようとはしていなかった。

また、『貞観政要』のような書物は、中世でこそ源頼朝などに愛読されるベストセラーであったが、朱子学以前の儒教にもとづいており、主君に対する臣下の諫言や、臣下に対する主君の応対といった政治術を説くものであって、全時空を貫くダイナミズムに欠けていた。

儒教がそれ自体の価値を認められず、つまみ食いのように扱われる環境に不満を募らせた惺窩は、日本には教養として儒教に触れる人間はいても、結局は儒教を生きようとする人間はいないと絶望する。そして、中国に渡ろうとするも失敗し、鬼界ケ島（現・鹿児島県）に漂着した。

踏んだり蹴ったりの惺窩だったが、「文禄慶長の役」の時、捕虜となった朝鮮の儒学者、姜沆（一五六七～一六一八）の知遇を得て親しく交わる。また、好学の大名であった赤松広通（一五六二～一六〇〇）が庇護者となり、惺窩が訓点を施した四書五経を出版するという事業を進めてくれた。こうした理解者の登場は、惺窩の心を明るくし、その研究をさらに進歩させたが、関ヶ原の戦いに敗れた広通が切腹すると、その事業も断絶することとなり、また姜沆も帰国してしまった。

その後、再び家康に招かれた惺窩は、相国寺の住職で、家康のブレーンの一人であった西笑承兌（一五四八～一六〇七）と論争。儒服で現れた惺窩は儒教の正当性を論じ、仏教からの独立を宣言する。惺窩の思想を家康が高く評価したことで、浅野家、細川家などの諸大名が入門し、林羅山、松永尺五（一五九二～一六五七）、石川丈山（一五八三～一六七二）ら、優れた弟子を輩出した。

後に羅山は幕府の学術整備に尽力し、林家の学（朱子学）は官学となる。また、松永尺五の弟子、木下順庵（一六二一～一六九八）からは、後に「正徳の治」で国家の大改造を主導した新井白石（一六五七～一七二五）や、江戸最高クラスの文学者、室鳩巣（一六五八～一七三四）、歴史と政治思想を融合した「水戸学」の創始者の一人、三宅観瀾（一六七四～一七一八）、東アジア外交を一手に引き受けた雨森芳洲（一六六八～一七五五）らが続く。その水脈の広がりはとどまるところを知らず、幕末、明治に活躍した多くの幕府官僚は、朱子学によって育成される。

かくて儒教は、江戸と京都にまたがって広まり、儒教を生きる人間が続々と誕生する。惺窩の夢はようやく日本に根ざしたのである。

もともと僧侶の惺窩が、何故ここまで真剣に儒教を生きようと願ったのか。鍵は父と兄の死にあると言われる。弱肉強食の戦国の世は、力のある者には自由な世の中だったが、一方で人を出し抜き、利益を独占することだけが正義とされる世の中で、理不尽に虐げられ、殺される人々も多くいた。恐るべきは、そうした弱い人々が倒れ、奪われ、死にゆく様を見ても、誰もが仕方ないと考え、悲しむことも助けることもせずに通り過ぎる、道義的不感症が蔓延していたことである。仏教は、来世や悟りを説くことによって、現実を相対化するだけで、現世そのものに安定と調和をつくりあげようという気魄が足りないように見えた。

一方、惺窩が学んだ五山の朱子学も、精緻な議論こそ優れていたが、自分さえ道徳的であれば良いと考えて引きこもり、変革志向に欠けていた。これに飽き足らなかった惺窩は、朱子学を批判した陽明学をも受容し、双方を折衷して人倫の再構築を目指した。

惺窩の折衷志向は、朱子学一尊の羅山から激しく非難されるが、一切譲ることはなかった。それは、惺窩の目指す先が、学派の純粋性ではなく、ひとえに人倫を軸にした、社会の安定と調和にあったからである。

親子、兄弟、仕事関係、夫婦など、人は誰かと関わりながら生きている。この関係を利害で作り上げると、甘えや金銭関係などでもめ始め、相互に攻撃しあう。しかし親は親らしく、子は子らしく、「それぞれの立場に忠実に生きるべきだ」とするとどうなるか。自分の立場に忠実に生き、役割分担しながら家庭や社会を作ると、相互に安心感や信頼が生じ、社会は安定する。そうした社会を目指す意志を持ち、心を強くすることが、学問の目的であるべきである。惺窩はそう信じていた。

標題の言葉、「明徳とは人倫である」は、一見すると何気ないが、実に面白い。というのも、前述のように、明徳とは人の心に生まれつき備わっている理であり、本来は内面を指す言葉である。それに対し、人倫とは周囲の人々、つまり外面を指す言葉である。すると、「心は周囲の人々である」、という意味になってしまい、よく分からない。だが、「人間の心に備わっている理は、周囲の人々によって明らかとなる」という意味で捉えると、周囲の人々との関わりがあってこそ、はじめて内面の理は明らかとなる、ということになる。

これは座禅や瞑想、祈祷といった類の宗教的な修行はもちろんのこと、読書によって理を追求し、みずからの心を見つめて理を観念的に捉えようとする、朱子学すら部分的に否定することになる。むしろこの言葉に見える考え方は、日常生活で人と関わる中で、倫理的な心情をかきたてていくことを重視した、陽明学に近いと言ってよい。

それだけ惺窩は、学問の焦点を人倫に当て、社会の安定と調和を追い求めていたことが分かる。そんな惺窩ではあるが、幕府に仕官することなく、羅山を推挙するにとどまった。その理由は定かではないが、想像に難くないのは、まず当時は「儒者」という公的な身分がなかったため、仕官する場合は僧侶扱いとなり、剃髪しなければならないことを嫌がったからだろう。次に、前述の通り、儒教をつまみぐいのように使われた、苦い経験が抜きがたかったのではないか。

それに加えて、たとえば、家康が講義を命じた時に浴衣を着ていると、学問に対して緊張感が足りないと怒り出し、それを受け容れた家康が着替え直したとか、気に入らない人間が来訪すると、平気で居留守を使ったとかいう逸話が残っていることから、そもそも惺窩には宮仕えは難しかったのかもしれない。

惺窩は戦陣にあっても思想をもった武将を好み、上杉謙信を筆頭として、そのような武将はせいぜい五人しかいないと言っている。謙信を好んだ惺窩は、謙信と同様、人生に見切りをつけて国を離れようとしたものの、その生涯を通じて日本に儒教を根づかせたのである。

林羅山「身に誠あるの楽しみ、あに孝悌忠信の外にあらんや」（「吟風弄月論」）

林羅山は京に生まれ、一三歳の時に京都五山の一つ、建仁寺に入って学問を修めた。熱心な仏教徒であった母は、羅山が出家して僧侶になることを勧めたが、それを頑なに拒んだ挙げ句、二年後にはついに寺を脱出して実家に戻り、儒教の研究を進めた。二二歳の時、藤原惺窩に学識を認められる。翌年、惺窩から家康に推挙された羅山は、ブレーンの一人として近侍を許される。当時は儒者という身分が認められなかったため、やむを得ず「道春」と名乗り、僧形で勤めた。

羅山は、豊臣家滅亡の引き金となる「方広寺鐘銘事件」に関与し、「放伐（革命）否定論」を家康に論じる傍ら、儒教に限らない漢籍の収集、整理、紹介に精力を注いだ。結果的に、それは武家政権の政治、経済、文化的教養を引き上げることにつながる。

家康、秀忠、家光、家綱と四人の将軍に仕えた羅山は、「武家諸法度」による法制整備や、日本の歴史書としての『本朝通鑑』や、諸大名の家柄を規定した「寛永諸家系図伝」の編纂に加え、諸大名に対する政治教育や、オランダ、シャム、朝鮮との外交も担当した。

羅山の思想上の特徴は、役割分担を明確にした社会、身分制度を重視したことである。朱子学を基調にしつつも、独自のものが多い。

羅山は、この世界が理と気によって成立しているという、朱子学の「理気二元論」に立脚していた。簡単に言うと、物質とそのエネルギーである気がこの世界に充満し、人間や空気すらも含む、万物として存在している。それらは、たとえば包丁であれば、金属を鍛錬して刃をつけることで形ができあがり、それを物に押し当てて引けば切断するといった、一定の形とはたらきを持っているが、それらが常にそのような形とはたらきを持てる、言い換えれば、金属を鍛錬して刃をつけたはずなのに包丁の形にならない、あるいは物に押し当てて引いたのに切断できない、といったことがないのは、こうすればこうなるという、不動の法則が存在するからであり、これを理という。つまり理とは世界の構成原理であり、運動法則なのであって、この理と気が存在することで、世界ははじめて成立するのである。

さらにこの理には倫理という性格が与えられる。すなわち、人が社会で生きるに当たって、みずからの立場と役割を明確にし、それになりきることが人間の理なのであって、それができないものは人間ではないということになる。

このことを強調した羅山は、観念的に議論されることが多い「理」を、「人倫における身分秩序」

と位置づけ、身分に応じて決められたふるまいや、仕事を忠実にこなすことを要求した。また、そうした役割になりきることで、はじめて人と人との間に信頼が生まれ、誠実さが互いに伝わっていく、と説いた。この場合、個人的な気持ちを情感豊かに表現することは、全く誠実さに含まれない。それはむしろわがままな「情欲」であり、役割を逸脱した「害悪」である。

幕府以上に、役割分担を明確にした社会秩序を守る意志が強かったことは、天皇の勅許と幕府の法度との優劣が争われた「紫衣事件」への姿勢などに看て取れる。これは、後水尾天皇（一五九六～一六八〇）が、幕府の許可を得ないまま、高僧に「紫衣」という法衣を下賜したことで、幕府は猛抗議の上で勅許（天皇の決定）を取り消し、従わない僧侶を島流しにしたという事件である。これに怒った天皇は、最終的に退位を強行することで抗議の意を表すが、朝廷と幕府の関係が極限まで悪化した事件であった。

この時羅山は、朝廷追及の急先鋒となり、天皇を「わがままな不良息子であり、幕府がいくら愛しみ大切にしたところで、どうにもならない」とまで言い放っていた。これは何故か。

これより二〇年前、朝廷では猪熊教利（生年未詳～一六〇九）を中心とした、不良貴族たちが、宮中の女官を口説き落とし、さまざまな場所で乱交するという事件が起こった。これを「猪熊事件」という。宮中における男女関係の混乱は、後宮の乱脈につながり、ひいては皇室の血統をおびやかす危険性を帯びてくるから、本件は国家を揺るがす重大事件となる。

これに激怒した当時の後陽成天皇（一五七一～一六一七）は、本件に関わった貴族と女官を斬罪に処すように求めたが、この事件の犯人には朝廷の高官も関わっていた他、女官たちも名門貴族の娘たちだったということもあって、貴族たちは穏健な処分に持って行こうとした。

そこで天皇は徳川家康に泣きつき、幕府が介入して貴族と折衝を重ね、なんとか処罰を推し進めたのであった。

このこともあって幕府は、武家諸法度と同時に「禁中並公家諸法度」（当初は公家諸法度）を発布し、天皇と公家の役割を明文化し、各種手続きを整えることで、二度とこうしたことが起きないようにしたのであった。これに羅山も関わり、非常な苦労をしていた。

ところが、それからあまり時間が経たない内に、今度は後陽成天皇の子である後水尾天皇が、法度を無視し、紫衣を勝手に下賜したばかりか、あまつさえその見返りとして授受される金品を、朝廷の資金源としたのであるから、羅山が激怒するのは当たり前なのである。

理を「人倫における身分秩序」とし、人間が倫理的に生きることは、世界の安定と調和を推進する崇高な仕事であると考えた羅山にとって、相手が天皇であろうとも、その役割を逸脱することは絶対に看過できない。結果的に紫衣事件の後、幕府は朝廷の綱紀粛正をさらに推し進めていくこととなる。

「倫理の外、何ぞ別に道あらんや」と説いた羅山は、朝廷だけでなく、神道に対しても理による解釈を施した。羅山は神道と儒教との一致を言い、儒教が説く倫理は、もともと日本固有の価値観であるとする「理当心地神道」を提唱した。日本は元来、人倫の安定に社会の発展を求めていく国であることを、あらゆる手立てを使って強調したのである。

こうした業績に対する評価として、四八歳で上野忍岡に土地を与えられた羅山は、五〇歳の時に当地に私塾を開設し、後に孔子を祀る聖廟が、尾張藩主である徳川義直（一六〇〇〜一六五〇）によって建てられた。これらは後に神田湯島に移設され、「湯島聖堂」となる。

厳格を極めたように見える羅山だが、家庭人としては大変な愛妻家であり、妻を詠んだ詩を多く残した。また優れた息子にも恵まれた。その妻に先立たれ、翌年に起こった「明暦の大火」により蔵書が消失。この二つのことが原因となり、羅山もまた妻の後を追うように死去した。享年七五。

「誠実な心に身体が満たされている喜びは、そこに何の迷いも葛藤もないことから、これほど楽しいことはない。そしてその誠実さとは、人倫の中でまごころを尽くすことに他ならないのだ」。標題に引いたこの言葉こそ羅山の人生観であり、それは同時に、朱子学の流通を通して、新しい日本の心となったのである。

第五章　政治をつくる

「公器」としての幕府

家康、秀忠、家光の時代に行われた武断政治が、おおよそ五〇年の月日をかけて、一定の成果を挙げると、ついで文治政治の時代に入る。

文治政治は、武断政治によって大名が取り潰された結果、大量の浪人が発生してしまい、それが社会不安につながったことから始まった。中でも由井正雪（生年未詳～一六五一）が起こした「慶安の変」は、第四代将軍となった徳川家綱（一六四一～一六八〇）が幼少なことを好機と見て、浪人たちを扇動して江戸城を占拠し、幕府を転覆しようと謀ったものであり、事態の深刻さを印象づけた。

そこで、まずはそうした浪人の再就職を斡旋するために、大名が浪人を雇用することを認めた他、江戸に人質として家臣を差し出す「大名証人制度」が廃止され、また大名死亡時に跡継ぎが決定していない場合、急いで跡継ぎを決めることを禁じた「末期養子の禁」が緩和された。これらは大名取り潰しの件数を引き下げ、浪人の発生を抑制することにつながった。

これに続き、「殉死の禁止」が推し進められる。古来、殉死という行為は、男色（同性愛）関係とセットになって、主君と家臣の個人的な距離の近さを図る行為となっていた。これは、大名と家臣の主従関係が、個人的な情愛によって形づくられていることを示すものであり、そうした私情にもとづく組織では、意志決定や人事が情実によって決められ、新参を排除するという弊害がある。何より、この手の組織は、情愛の深さを自己犠牲的な行動で示すため、何かあればすぐに死ぬの殺すのと騒ぎだし、危険極まりなかった。この矛先が幕府に向かってくれば、当然城を枕に討ち死にだの、一矢報いるだのと自殺行為を平然と行ってくるため、幕府としても、いつまでも武断政治をやめられないのである。

こうした浪人解消策、つまり完全雇用を目指した売り手、買い手双方の改革を主導したのが保科正之（一六一一～一六七三）であった。正之は第三代将軍、徳川家光の異母弟であり、徳川家綱を後見役として補佐しながら、武士社会を全国的に改造する旗振り役をつとめた。これにより、大名家は大名と家臣の私的な組織ではなく、領民が安定して生活するための「公器」であり、また武士たちは、公的機関を適正に運営するための「公僕」である、という意識を植えつけていくこととなる。

これに続き、幕府自体の権力構造も変化していく。幕府は、徳川系大名から首脳部となる複数の「老中」と、その補佐役である複数の「若年寄」を選抜し、最高意思決定機関である老中会議を構成した。この下に諸大名を監察する「大目付」と旗本を監察する「目付」がいた他、寺社の統制を行う「寺社奉行」、江戸以外の幕府直轄領の民政や訴訟、そして財政を取り扱う「勘定奉行」、江戸の民政と司法を管轄する「町奉行」の「三奉行」がおり、三奉行は「評定所」と呼ばれる会議を構成する。

評定所では老中隣席の下、大目付と目付も加える形で、大名からの訴訟を審理したり、複数の身分の人間がからむ案件を一括処理したり、時に財政運営をはじめとする、幕政の重要事項について合議の上、老中会議に上申するといった仕事を行っていた。

この他にも幕府にはさまざまな役職と機関が存在し、家綱の代で完成を見るが、それらを仕上げ、かつ機能的に運営したのが、正之や松平信綱（一五九六～一六六二）といった、人物と能力が共に卓越した家臣たちであった。

正之は、朱子学をはじめて純粋な形で研究した、山崎闇斎（一六一八～一六八二）に学び、みずからも朱子学に関する著作を編纂したが、朱子学を生きる正之によって、徳川幕府の統治機構が完成したことは、形と心ががっちりと組み合わさって、「徳川幕府」を明確な国家理念を持つ公的機関、すなわち「公器」に仕立て上げたことを意味する。

君主権力の強化と倫理の浸透

老中会議を筆頭とした統治構造は、優れた家臣たちによって機能的に運営され、老中は将軍を補佐することで幕政を左右していたが、将軍の指導力が発揮される場面では、むしろ障害となることもあった。したがって、第五代将軍であった徳川綱吉（一六四六～一七〇九）の頃からは、将軍の側近として老中との関係を取り持つ「側用人」が重視され、老中が意思決定から遠ざけられることとなる。

こうして将軍の指導力が強化されたことは、主君の権力を強めることにつながり、それに連動して主君直属の家臣たちが、その家柄にかかわらず、側近として意思決定に参加する態勢を作ることとなった。

これは、統一国家を運営する上で極めて重要なことであり、中国では早くも一〇世紀の段階で皇帝独裁体制の下、家柄や血筋を背景に持たない官僚による、一元的な国家運営を実現していた。また、徳川幕府と同じ頃に成立したフランスのブルボン王朝は、大貴族たちをヴェルサイユ宮殿に集めて生活させ、王の日常生活から儀式に至るまで参加させることで、どこの椅子に座るか、いつ声をかけられるか、誰が王に服を着せるかといった儀礼に巻き込み、それによって序列意識を作り上げて、大貴族たちを精神的に服従させ、また王直属の官僚を育成して号令を下す、「絶対王政」を確立しつつあった。

つまり、徳川幕府もまた、君主権力を最大限に引き上げた政治によって、「公器」としての性格を強めようとしていたのである。

徳川綱吉は、「武家諸法度」を改定し、第一条を「文武弓馬の道、専ら相嗜むべき事」から「文武忠孝を励し、礼儀を正すべき事」へと変更している。「弓馬の道」から「忠孝」に変更したことは、倫理が武士の要件として法令化されたことを示し、また「礼儀」が重んじられたことは、儀礼による序列の厳格化を志向していたことを、端的に表している。また、殉死の禁止、末期養子の禁緩和などが明文化され、大名のみならず、全ての武士に対する法度とされたのも、この改定時であった。

綱吉が儒教を好んだことは知られているが、彼自身に明確な思想があったようには思われない。綱吉は『大学』の講義を諸大名に聞かせることを好み、また林家の私塾を移転して湯島聖堂を建立したが、講義に関してはこれといった評判もなく、聖堂に関しては「御三家」の一つ、尾張徳川家が先んじて支援していたため、学問の保護者としての地位を奪おうとしていた節が強いからである。要するに、荘厳な儀礼の中心で着飾り、学者と交際して文化人としてふるまうことの好きな政治家だった。母親が崇拝する僧侶から、犬を保護すれば男子に恵まれると勧められ、極端な動物愛護法である「生類憐みの令」を出したことなどは、前時代的な性格すら認められる。

ただ、羅山の孫で「大学頭」（教育長官、外交も担当する）となっていた林鳳岡（一六四四～一七三二）や、惺窩の孫弟子である木下順庵、そして神道家の吉川惟足（一六一六～一六九五）らに定めさせた「服忌令」は、服喪を公的に規定したものであり、近親の死を悼み、家を継承する意識を社会に浸透させ、人々が感情任せで刹那的に生きることをやめさせた。その文脈で生類憐みの令もまた、命の重さを人々に意識させ、殺生や死に対する意識を大きく変えることとなる。こうして近世的な倫理が、感情レベルで国民にゆきわたる素地ができるのである。

綱吉には他に、側用人の柳沢吉保（一六五八～一七一四）を通じ、儒学者の細井広沢（一六五八～一七三五）、荻生徂徠（一六六六～一七二八）らが関わっている。そうした人々に支えられて、文治政治はいよいよ最盛期に入っていく。

合理精神と政治の融合

第六代将軍、徳川家宣（一六六二〜一七一二）は、鷹揚さと果断さのバランスに富んだ人物であった。家宣もまた側用人の間部詮房（一六六六〜一七二〇）をよく使い、さらに実質的な政策立案者として新井白石を抜擢した。白石は後に「正徳の治」と呼ばれる政治改革を推進していくが、それは綱吉時代の弊害を一掃するものであったと共に、文治政治の粋を極めたものであった。

文治政治の本質は、儀礼や教育を通じて人々の規範意識を強め、刑罰や法令でしばることなく、自律的に生きる人間を増やすことにある。

白石はこの意識が非常に強く、「武家諸法度」を改定して、さらにこの理念を強調した他、これまで和文と漢文が混ざっていた文体を、読みやすい和文に整えた。これは、全ての武士に文治政治の理念を理解させるためである。

また、服飾の規定などを制定し、儀礼の精神を視覚的に意識させ、より無意識のレベルで規範が浸透していくよう工夫した。

ただ、白石は文と同時に武も重んじており、武士の本分に軍人としての能力を残すことも意識していた。いわば、欧州の貴族が政治家と軍人を兼ね、それにふさわしいふるまいをすべきという、「ノーブレスオブリージュ（高貴な使命）」に似たものを考えていたのである。これは、綱吉時代に華美に流れ、京の貴族のようになりつつあった大名に緊張感を与え、政治と軍事の適正なバランスをとろうとした行為であった。このことから白石は、軍事研究についても、当時一流の研究を残している。

この他、皇位継承問題が発生することを見越して、新たに「閑院宮家」を創設し、もしもの場合はそこから皇位継承者を出すよう朝廷にはたらきかけ、一方で、幕府官位制を創設し、大名の権威の根源を、徳川幕府に一元化しようと計画した。これは、将来的な社会不安が起きた時、朝廷の権威を借りて幕府転覆を狙う者が出ることを未然に防ぐための処置である。

さらに、国土開発計画、総合流通網開発計画を通じて、日本経済を役割分担によって統合し、通貨政策や貿易統制によって国民教化をはかるなど、全体を俯瞰した上で個別の政策を立案していった。これは全て、個別の政策の有効性ではなく、それが国民生活や社会風俗に与える影響を加味した政治であり、生活を通じて人々が倫理的生活を送り、役割分担の社会をつくるように誘導する、徹底した文治政治だったのである。

国際関係においても白石は、秩序を正していこうとした。すなわち、朝鮮王朝との外交において、将軍の称号を「日本国王」に変更して朝鮮王と対等に置き、国際的な立ち位置を「中国皇帝―天皇、朝鮮王―将軍」という形にすることで、東アジアにおける日本の独立性、中国との対等性をはっきりさせようとしたのである。

このようにして、白石は政治、軍事、経済、法令、外交を、国家の中で何の意味があり、何が求められているのか、本質的な意味づけを行い、その上で具体的に決めていくという、極めて合理的な政治を推進していった。したがって、文治政治は白石をまって、はじめてその極に達したと言える。この流れは、私的権力を公的権力に変質させ、全国民のための公器としてはたらく「政治」をつくったのである。
ここでは、そうした壮大な理想に邁進した、保科正之と新井白石について見ていきたい。

保科正之「惣じて官庫の貯蓄と云ふものは（中略）士民を安堵せしむる為めにして、国家の大慶とするところなり」（『千載之松』）

保科正之は、水戸の徳川光圀（一六二八〜一七〇〇）、岡山の池田光政（一六〇九〜一六八二）と並び、江戸時代初期を代表する名君として知られている。江戸時代初期の「名君」の特徴は、学問を好み、領民の生活に手厚い保護を与える政治を志すところにある。正之が山崎闇斎を師とし、光政が陽明学者の熊沢蕃山（一六一九〜一六九一）を招き、光圀が中国から亡命してきた儒学者の朱舜水（一六〇〇〜一六八二）に師事したように、彼らは儒教で生きることを自覚的に選択し、また、産業振興、インフラ整備を通じて、領民の生活を安定させることで、国力を下から支えていく体制を志向する傾向にある。

また、今でこそ江戸時代の大名家を「〇〇藩」と言うが、これはずっと後になって生まれた呼称であり、当時は「〇〇家」などと呼ばれていた。ただ、「藩」という言葉は「藩屏」をつづめたもので、その意味は家を守護する垣根である。要するに、皇室や将軍に代わって地方行政を担当し、朝廷や幕府を守る防壁であることを意味している。そうした意味で言えば、名君が支配領域を公正に治め、領民の生活を安定させて、下から国を支えていく体制を作ったことは、日本国全体の足腰を強くすることにつながるため、この呼称は地方行政の大切さと重要性を強調するという意味で、案外に正鵠を射た表現だと言える。正之はそのような藩の一つ、会津藩（現・福島県）にはじまり、地方政治から全国政治に活躍した名君であった。

第二代将軍秀忠の庶子として生まれたことを秘密とされ、七歳で高遠藩（現・長野県）三万石の保科家に養子に出された正之であったが、後に弟の存在を知った兄の家光にことのほかかわいがられ、山形藩（現・山形県）二〇万石の藩主となり、会津藩（現・福島県）二三万石に転封となった。

藩主としての正之は、家臣団の統制を推進し、強固な指導体制を確立した。指揮系統が整うと、続いて数年間の収穫高を平均して税率を算出する「定免法」の施行、八品目からなる特産物の保護育成、流通インフラとなる宿場や駅伝の整備などで、藩経済の基礎をつくりあげる。

こうして領民が長いスパンで経済的安定を確信できるようにした上で、さらに正之は、間引きの禁止、人身売買の禁止、残虐な死刑方法の廃止、孝行息子や良妻賢母の顕彰を行って、藩内の気風を清潔にするよう教化していった。

正之の政治において特筆すべきは「社倉法」の実施である。社倉法とは、郷村各地に設置された社倉と呼ばれる倉に米穀を貯蓄しておき、飢饉や災害が起きた際に、低利で貸し付ける、あるいは無償供与するというものである。

飢饉用の米穀を貯蔵しておくというシステムを、「社倉」と呼んで運用すること自体は、中国の中世から存在していた。だが、これを維持する財源などで不安が残ったため、中国近世に入って朱子

（朱熹）が現れると、長期的な資産運用によって、安定的な利息を確保していくという、資産運用の原理を応用した社倉のシステムを開発した。

具体的には、村落共同体で産出される米穀を集積し、低利の貸与によって借り手が安定的に生産活動に従事できるようにする。彼らから利息の払い込みがあれば、それが社倉の利益となり、維持管理費用に充てられる。また、余剰分の米穀は別途流通に乗せることで、売却益を得たり、過剰な貯蔵コストを削減したりできるため、そこからの収入も確保できる。もちろん飢饉の時は無償供与する。こうして社倉はそれ自体が利益を生むと共に、社倉が設置された村々の経済基盤を整え、人口の増加や世帯ごとの収入増加を見込めるのである。こうして近世中国では、自治的な農村運営が実現されていた。朱子は思想家としてのみならず、政治家としても優れていたことを示す例だが、これが山崎闇斎によって「朱子社倉法」として紹介され、日本でも取り入れられることとなる。

当時の日本の農村では、飢饉などが起きる度に、収入を絶たれた農民が高利貸しに借入れしては破産、屋敷や田畑を失うということが常態化していた。これは農村と農民を基礎単位とする徳川幕府にとって、国の形を根底から破壊しかねない事態であった。そこで正之は、社倉法を実施して、徹底した領民保護を図るのである。

さらに正之は、利息を二割に設定し、その利息を元手として、領内各地に社倉を設置し、社会保障基盤を盤石にした。これは、利息を支払うことがお上の搾取ではなく、社倉の設置に使われることで社会の安定に寄与しているという、「働きがい」を民に実感させるためでもある。このようにして正之は、社倉法を通じて、経済政策と領民教化が一体となるよう工夫を重ねた。

こうして七〇〇〇俵の備蓄からはじまった会津藩の社倉は、領内二三か所、計五万俵にまで増え、飢饉時に隣藩を支援できるまでに充足した。そしてついに、その財源を用いて、老齢者に対する無償給付を実施する。これは世界初となる国民年金制度である。

会津藩における地方政治で力をつけた正之は、将軍の後見役になると、全国政治においてもこれを応用し、江戸の幹線道路、芝・浅草の新堀や神田川の拡張、玉川上水の開削、上野広小路や両国橋の設置などを行い、もともと防衛拠点としての性格が強かった江戸を、首都機能を備えた街へと変貌させる。

そして明暦の大火によって江戸城が焼け落ちた際、江戸市民の救済に惜しみない財政出動を行い、天守の再建を却下したのも正之である。その理由は、幕府を守るのは天守ではなく「仁政」（民をいつくしみ、育てる政治）によって育てられた国民である、というのが論拠である。

標題に引いた「すべて政府の備蓄というものは（中略）、国民を安心させるためにあるのであって、それを必要な時に国民に放出できるのは、国家にとってこれほど喜ばしいことはない」との言葉は、この時に発せられたものである。

こうした正之のゆるぎなく明晰な政治は、朱子学の徹底した実践である。国民が長いスパンで生活設計できる経済体制を作った上で、教育により風俗を清潔にし、倫理的結びつきによって地域社会を強固にするという思想は、孟子の「王道政治」にはじまった。その具体的政策としては、朱子の社倉法があった。正之はそれを日本に根づかせるために奮闘したが、最後の仕上げとして藩校「日新館」を創設し、朱子学教育を施すことで、国民の模範となる武士を育成し、永続的な王道政治の実践を目指したのである。

地方政治によって全国を支える藩の理想型をつくった正之は、全国政治を通じて幕府と大名家を公器に変質させ、文治政治の方向性を力強く定めた、文字通りの「名君」であった。

新井白石「とかく死し候已後、百年も二百年も後の人々の公論に身を任せ候より外、これなく候」（「佐久間洞巌宛書簡」）

白石が生まれたのは、「明暦の大火」のすぐ後だった。幼少の頃から主家である久留里藩（現・千葉県）藩主、土屋利直（一六〇七〜一六七五）にもかわいがられたが、利直死後のお家騒動により、二一歳で藩を追われた。それから六年間、江戸で極貧の浪人生活を送り、母や姉妹を病で失う。友人の推薦で、大老である堀田正俊（一六三四〜一六八四）に仕えるも、正俊が殿中で刺殺されて堀田家は没落。またもや浪人となる。

若い頃、陽明学者であった中江藤樹（一六〇八〜一六四八）の『翁問答』に出会い、儒教に目覚めていた白石は、その後、「人が十やることを百やり、百やることを千やる努力」（『折たく柴の記』）によって、独学で朱子学を修め、三〇歳で木下順庵に入門した。順庵の学問は、穏健な朱子学を基調としており、白石は木門十哲の筆頭格として数えられ、順庵には半ば友人のように扱われた。しかし、他の学友が次々に仕官を決め、各地で活躍する中、白石だけがなかなか仕官できなかった。ようやく加賀藩（現・石川県）から誘いが来たものの、加賀出身の学友から「母の孝養のために行かせてくれないか」と頼まれると、一言で承知。淡々と浪人暮らしを続けた。

順庵からの紹介で、甲府藩（現・山梨県）に仕えたのが三七歳。かなりの遅咲きである。藩主である徳川綱豊は徳川家光の孫であり、次期将軍の候補者の一人であったが、当時の将軍、徳川綱吉から嫌われており、政治的に微妙な立場にあった。また、甲府藩から提示された待遇も、厚遇とは言い難かった。これに不満を抱いた順庵は、紹介を依頼された立場でありながら辞退を勧めたが、白石は仕えることを決意した。

仕官後の白石は、綱豊に対する経書と歴史の講義を担当し、『藩翰譜』という書物を著した。これは関ヶ原の戦いから第四代将軍家綱までの八〇年間にわたる、全大名家の歴史と系譜について著したものである。徳川宗家に連なる者として、日本の支配層たる大名家の性格を知り、政治の動向や対処法を見抜く目を養っておくべきだとする、白石の献身ぶりがよく表れている。

そうこうする内に、運命が大きく動きだす。綱豊は、幕府の政治決定によって、男子がなかった綱吉の養子に迎えられることとなった。すなわち第六代将軍、徳川家宣の誕生である。白石もまた江戸に移って旗本となり、将軍側近のブレーンとして、後に「正徳の治」と呼ばれる大改革を行い、文治政治を完成させていく。

白石は、情報収集と分析に類いまれな才能を見せ、政治において常に前例や慣習、そして現在までの関連データを全てとり集め、それらがどのような理由で起こり、どのような展開をしていったか、原因と結果の因果関係を明らかにしていった。そして、それではどうすれば良いのかという対策を、論理的にまとめあげ、必要な日数や経費を算出して提示する。

データと数字に裏打ちされた白石は、「事務の鬼」とも言うべき存在であり、そこには合理性に対する敬虔な信頼があった。そのため、反対者に対して冷徹に反論することはもちろん、家宣が仲裁に入ったとしても、辞表を叩きつけるほどで、怒ったその顔には眉間に「火」の字のような皺が浮かび上がった。

白石の著作量は膨大な数に上っており、思想や歴史に関するものをはじめ、今日でいう文学、言語学、地理学、民俗学、考古学、植物学、軍事学、西洋学と、広汎なジャンルを網羅していた。それらは全て、政治に必要なデータ収集の産物であり、白石自身はそれを朱子学の実践だと思っていた。そして、漢詩文については琉球（現・沖縄県）経由で中国に渡り、現地で非常に高い評価を受けた他、朝鮮からも彼の漢詩を所望されるほどの人気を博し、和歌や和文においても、流麗で気品のある文体は、当時一級の呼び声が高かった。また、彼が編纂した国語辞典『東雅』は、後に賀茂真淵（一六九七〜一七六九）、本居宣長（一七三〇〜一八〇一）に利用され、「国学」の成立に一役買っている。

中でも白眉なのは歴史に関する知見で、白石は権力と権威の流れによって歴史を読み解き、優れた政治のあり方を、『読史余論』という著書に仕立て上げた。これを家宣が理解することで、一〇〇年、一〇〇〇年先を見すえた、歴史的名君になってもらおうと考えたのである。

およそ人間が関わりうる、社会の全問題にわたった活躍は、不遇しかなかった前半生で養われた学力によって、驚異的な速度で生み出されたのである。人々は政治家、学者としての白石を「鬼」と呼んで畏れた。

かくて政治改革に驀進した白石であったが、その施策が合理的であるほど、多くの批判者を生んだ。この中には、木門十哲の学友であった雨森芳洲もおり、対馬藩（現・長崎県）に仕えて朝鮮外交を担当していた芳洲は、将軍家と朝鮮王を対等とし、日本の独立性を強調する白石の外交方針に猛反対し、朝鮮王朝へも忖度してほしいと主張して訣別している。

また、側近政治はトップの力が強い分、意志決定が独裁的になるため、幕府内の不満を鬱積させ、多くの怨みを買うこととなった。これを危惧した学友であり、幕府内でも盟友の関係にあった室鳩巣は、再三再四にわたって白石に忠告したが、両者が折り合うことはなかった。

結果、家宣の死去に伴い、その子家継（一七〇九～一七一六）を第七代将軍に擁立して改革を進めた白石であったが、家継もまた早世して家宣の血統が断絶し、ついに失脚することとなる。

反白石派で占められた幕府に白石の居場所はなく、引退とともに家屋敷の転居を言い渡され、引っ越した先は内藤新宿（現・東京都新宿区）。当時は江戸市中にも数えられない、さびれた荒野であった。精魂込めて作成した建議書は焼き捨てられ、新政権に参加した鳩巣からの連絡も途絶えがちになった。文治政治の大成者は、その成立に伴う苦痛と憎悪を、一手に引き受けて退場したのである。

「とにかく自分の死後、一〇〇年後、二〇〇年後の人々の評価に身を任せるほかない」。

標題にある言葉は、白石が常に歴史の流れを意識し、永遠に残る政治をつくろうとしていたことを表している。

しかし、一〇〇年と待たず、白石を評価していた人は存在した。在任中に激しい批判の応酬を繰り広げた、老中の久世重之（一六六〇～一七二〇）は、わざわざ白石を慰労して「貴君の著作は天下の宝だ」と言って、これの保護に尽力してくれた。

また、水戸藩の安積澹泊（一六五六～一七三七）、仙台藩（現・宮城県）の佐久間洞巌（一六五三～一七三六）といった、各地を代表する学者が、白石に学問上の質問をしたり、何とはない世間話をしたりする態で手紙を寄越し、心から白石を慰めた。

白石自身、これまでの仕事は全て「天地の恩」「国家の恩」「聖人の恩」があってこそできたと称し、その恩に報いるため、今まで進めていた研究の総まとめに入ることで、膨大な著作を仕上げてその思想を残すことに成功した。また、常に自分の味方になってくれた家宣を終生の主と慕い、その供養に専心して二度と出仕せず、心の調和が実現する。

人の温かさに救われ、学問に救われた白石は、次第に温かい気持ちに包まれた境地となり、六九年の生涯を終えた。

白石の残した政策や学問は、その後もさまざまな人々の政治や思想を通じて姿を現し、歴史を生き続けていくのである。

第六章　経済をつくる

改革のはじまり

徳川家継の逝去に伴って正徳の治が終わると、次に登場したのは第八代将軍であった徳川吉宗（一六八四〜一七五一）である。

吉宗は白石の政治方針を継承する部分もあったが、大枠で見るとそれを覆し、新たな路線へと方針転換していった。その理由として、もともと紀州藩（現・和歌山県）藩主である吉宗が、後継者不在を受けて将軍に就いた手前、既に大きくなっていた反白石の声を採用しない訳にはいかったからである。そもそも将軍に何かあった時のために存在していた、尾張、紀伊、水戸の「御三家」ではあるが、実際に将軍になった例はこれまでなく、徳川宗家を継ぐことでついてくる、旗本、御家人、その他の部下たちへの配慮は、いやが上にも慎重にならざるを得なかった。

加えて、吉宗自身の思考方法が、基本的にプラグマティックだったことも見逃せない。彼は、白石のように世界観を固めてから、個別の問題の意味づけを行い、それに合わせて改良しようとするタイプではなく、一つ一つの問題に対して経験的に対処することで、社会全体の問題を解決していくタイプの政治家であった。したがって、本質的に白石とは合わなかったのである。

かくして吉宗は、家康の時代に回帰するという施政方針を打ち出し、側用人を廃止して老中会議を重んじる姿勢を見せ、武家諸法度をほとんど綱吉時代のものに戻した。これにより、幕府内の支持を固める一方、「御側御用取次」という役を新設し、ここに腹心の有馬氏倫（一六六八〜一七三六）らを入れて、老中との連絡役とすることで、実質的な側近政治ができるようにしている。

また、幕府の財政を指揮していた勘定方を改革し、家格にかかわらず人材を登用する「足高の制」を設け、江戸の行政と司法をあずかっていた町奉行には、腹心である大岡忠相（一六七七〜一七五一）を配置することで、実質的な政策決定権を掌握した。

この他、林家を重用したことは言うまでもなく、白石のライバルであった荻生徂徠や、白石と周囲の協調に尽力した室鳩巣を相談役に置き、学問的な裏づけ、あるいは彼らの背後にある学界の支持をとりつけた。

さらに、川崎宿（現・神奈川県）の名主であり、農政家であった田中丘隅（一六六二〜一七二九）や、儒者でありながら蘭学にも造詣のあった青木昆陽（一六九八〜一七六九）を抜擢し、技術的な学問として「実学」を評価する姿勢を見せた。

民に政治上の意見を投書することを許した「目安箱」の設置も、この流れで解釈できる。すなわち、民すらも新時代の改革に参加させることで、全ての人々から政権の支持と、改革の推進力とを獲得しようとしたのである。

このように、吉宗は一見すると伝統に回帰するように見せながら、実質的な要職は全て腹心でおさえることで、これまで以上に将軍権力を高めることに成功した。

こうしてはじまった財政再建の改革が、「享保の改革」である。

事務の鬼の経済政策

徳川幕府は、「貨幣と物価の調整」「都市と農村の調和」の二点に集中し、経済体制をつくっていた。これは、米を換金して収入源とする、幕府や大名の経済基盤を整え、経済的に自立した本百姓と、自治的に運営される農村を維持するための、至上命題であった。

本格的な経済政策が開始されたのは、文治政治がはじまった頃である。すなわち、時代が経つごとに増え続ける支出で幕府の財政が逼迫すると、第五代将軍綱吉は荻原重秀（一六五八〜一七一三）を「勘定吟味役」に登用し、貨幣改鋳によって幕府財政を好転させることに成功した。具体的には一枚の貨幣に含まれる金銀の含有量を下げ、額面上は同価値のお金とすることで、貨幣の総量を増やしたのである。ほとんど詐欺のようなやり方だが、ちょうどこの頃、市場には増大する商品があふれ、物価安が進行していたため、貨幣の流通量が増えることは物価上昇を後押しすることにつながり、収入の増加と景気の好転に結びついた。

こうした政策を理論的に説明したのは荻生徂徠であり、彼は金貨や銀貨よりも、人々が普段づかいする銭を増産することで、商品の適正な流通が促進され、経済が安定して成長すると主張している。

しかし、荻原は貨幣改鋳をひたすら続けたため、いつかは貨幣の価値が雪崩を打って下落し、収拾のつかない物価高につながる危険を見せていた。また、物価高の進行は、相場操作を利用した大商人による買い占めを招き、日用必需品の高騰によって、農村と都市に住む一般庶民を苦しめていた。大商人はさらに、極端な贅沢や政界との癒着によって、風紀の頽廃や規範の弛緩を生んでいた。

この状況が深刻化すると、経済生活の破綻から、立場と役割分担によって成立している人倫が崩壊する。つまり、家康以来営々とつくられてきた日本の形と心は、危機に瀕したのである。

ここで現れたのが新井白石である。白石は金銀の含有量を引き上げて貨幣の流通量を減らした他、「海船互市新例」と呼ばれる海外貿易制限を実施した。これは、当時日本に貯蔵された金の四分の一、銀の四分の三が、海外貿易によって流出していたのを是正しようとしたものである。これによって金銀を安定的に確保し、貨幣供給による物価調整、そして物価調整による国民生活の安定を狙ったのであった。

これに連動して白石は、全国の流通網を拡充する大規模公共事業を推進する一方、農村には商品作物を増産させ、全国津々浦々に物資が行きわたるよう腐心していた。

さらに白石は、綱吉時代に膨張した支出削減に取り組み、行政の合理化を推し進めた。そして評定所の改革を行い、農民や町人など、一般庶民にあたる人々の訴訟を公正に行うよう指導した。こうした風紀粛正によって、幕府に対する信頼を回復すると共に、人々が倫理的な正しさを信頼し、それぞれの人倫にもとづいた生活をつくるように誘導したのである。

要するに白石の考えは、適正な国民生活のモデルを定め、それに必要な物資生産と貨幣発行を行うことで、経済成長を適正なスピードに誘導し、全国の都市と農村を、調和して成長させていこうとしたのである。この物価調整には当然のことながら、米価の安定も織り込まれている。事務の鬼らしい経済政策である。

米将軍の経済政策

白石による正徳の治が途中で断絶したことにより、他の商品が価格を維持するにもかかわらず、米価だけがずるずると下げ止まらない状況になっていた。米価の下落は幕府財政の深刻な悪化を招き、旗本や御家人にすら給与の支給が滞る事態となる。

これに対し吉宗は、米をターゲットとした経済政策を打ち出し、まずは「倹約令」によって徹底した支出削減を行うと同時に、「上げ米」と呼ばれる諸大名からの米徴収を実施することで、当面の幕府財政を破綻から救った。

そして、商人に委託して新田開発を進めることで、米の生産量そのものを増加させた他、これまでは毎年の米の出来高に応じて徴税額を決めていた「検見法」から、出来高にかかわらず一定額を徴収する「定免法」に切り替え、実質的な税収上昇を図った。さらに、農村の商品作物生産を積極的に奨励する一方、それに税をかけて徴収し、可能な限り収益増加を図ったのである。

商人に対しては、「物価引き下げ令」を出して、強制的に米以外の物価を引き下げさせ、相対的に米価が上昇するように試みた。また、品目別に同業組合である「株仲間」を作らせ、彼らに市場価格の操作を期待した。

また、これまでの判例を集積して、裁判の効率化を図った「公事方御定書」の制定や、一般庶民の金銭に関する訴訟を、当事者間で解決させる「相対済し令」を出すことで、裁判の渋滞を緩和すると共に、幕府の負担軽減を進めていったのである。

このように、享保の改革は、将軍権力の強さを活かした、迅速で直接的な介入を特徴としており、米の増産と米価の上昇を強力に推し進めることで、幕府財政を富ませることに主眼があった。このことから吉宗は「米将軍」と呼ばれる。

この成果は、幕府の財政黒字化に大きく寄与し、吉宗は江戸の防災都市化や消防体制の強化、貧民の救済施設設置などに力を入れることとなる。また、林家の塾で行われていた講義を一般庶民にも開放し、庶民に向けて編纂された訓戒書である『六諭衍義大意』を頒布して、国民教化を図っている。

吉宗の改革で最も影響が大きかったのは実学の奨励で、洋書（漢訳）の輸入制限緩和によって「蘭学」が流行し、医学、植物学、天文学、地理学などで、西洋の知識が流入することとなった。これは漢方医学も同様で、これまで朱子学の影響が強かったのが、より臨床的なものへと変化した。

また、庶民に教育を開放しようとした姿勢は、社会に直接的な影響を及ぼし、日本古典の研究にはじまって、日本独自の思想を明らかにしようとする「国学」や、商人の経済活動には、社会を改善する倫理的な機能があるとする「心学」、さらに、さまざまな学派から、役立つものを取捨選択していく「折衷学」、文字の歴史的な意味内容の変化や、音韻の研究を通じて、古典を実証的に解釈しようとする「考証学」などが発達する素地を作った。

そうしたことから、享保の改革は幕府財政と都市発展を好循環に導き、一応の成果を達成したのである。

現場主義が招いた社会の崩壊

享保の改革によって、財政黒字化に成功した幕府だったが、米の生産量が再び低下に転じ、米価も下落を開始した。この問題に対処したのは、第九代将軍、徳川家重（一七一二～一七六一）、第一〇代将軍、徳川家治（一七三七～一七八六）に仕えた田沼意次（一七一九～一七八八）である。

田沼は、倹約令をはじめ、幕府が困窮した大名や旗本に資金援助を行う「拝借金」を停止し、さらに収益性の高い地域を大名から強制的に接収する「上知令」によって、支出削減と収益増加を図った。ついで、株仲間の範囲を都市や農村の商工業者に拡大し、そこに「運上」「冥加」といった雑税をかけることで、業界全体から効率的に徴税できるような仕組みをつくろうとした。また、銅や真鍮、人参、朱などの座を新設して「専売制」を実施し、専売業者から利益の一部を徴収した。この他にも田沼は、流通や新規産業を積極的に支援、認可する見返りに、事業者から見返りを得ようと苦心している。

こうした事業には、新田開発の民間委託なども含まれており、さらには幕府が大名や旗本に金を貸していたことに着目し、本格的な金融業を行うことまで構想していた。つまり田沼は、幕府の財政基盤に、金銭を大々的に組みこもうとしていたのであり、貨幣についても取引に便利な「南鐐弐朱銀」を鋳造して、商工業の発展に全力で掉さしたのである。

吉宗と田沼は一見すると米を重視するか、金を重視するかで正反対のように見える。しかし、政治目標が幕府財政の健全化であり、そのためには何かにつけて増税を狙い、国民生活に必要な財政支出まで切り捨てようとする点で軌を一にしている。また、商業の発達という歴史的な流れに乗って大商人と結びつき、都市民には文化的な自由を認めることでガス抜きしようとする点でも類似性が強い。つまり、吉宗と田沼は、個別の問題に対し「現場主義的」に介入したが、それは裏返せば、既存の収益構造から取れるものは全て取り尽くした上で、さらに経済の無規範な膨張を追認して、その利益を最大限吸い上げようとしているのであって、それは家康の時代に回帰するどころか、国の形と心を根底から崩壊させていたのである。

このため、最も割を食った農村では、ありとあらゆるものに課税され、抜け道がなくなった農民が離農して、都市に流入するようになる。都市民もまた、農民の流入による都市の過密化と、大商人による土地の買い占めによって持ち家を失う者が急増する。

この現象は、吉宗や田沼が引き起こしたというよりも、商工業の発達と資本家の成長という、近代へ向かっていく大きな流れが、江戸時代を通じて起こっていたのに対し、それを如何に調整していくかという文治政治とは逆に、それを促進する方向で動いたため、コントロールがきかなくなったと捉えた方が良い。

このような中、農村の不満がついに爆発し、国や地域をまたいで大規模につながりあった百姓一揆が頻発した。頼みの綱は、都市整備の恩恵を受けて、吉宗を「名君」とほめそやした都市民だったが、相次ぐ飢饉によって米価が暴騰すると、打ちこわしを行うようになる。農民と町人の人口バランスが崩れ、農村と都市の調和が壊れかけた社会構造の中では、どこにターゲットを絞って対策を打てば良いか、誰も分からなくなってしまった。

江戸や大阪のような大都市を持たない大名たちは、事実上幕府に切り捨てられた状態になったため、この事態に自前で対処する必要に迫られた。人々は次第に世直しを望むようになる。こうして各地に再び「名君」が現れ、幕府には松平定信（一七五八～一八二九）が登場するのである。

地方から生まれた経済モデル

各地の大名は、幕府のように強大な権限を持っておらず、また返済不能な額の借金を引き継いだ状況から改革に着手するという悪条件の下、財政再建と農村再編に死力を尽くした。

享保の改革以降、各地でも改革の動きがはじまり、熊本藩（現・熊本県）藩主の細川重賢（一七二〇～一七八五）、松江藩（現・福井県）藩主の松平治郷（一七五一～一八一八）、米沢藩（現・山形県）藩主の上杉治憲（鷹山、一七五一～一八二二）、秋田藩（現・秋田県）藩主の佐竹義和（一七七五～一八一五）といった大名が次々に登場し、強力なリーダーシップを確立して、改革を推進していった。この流れは、各大名家で断続的に起こり、幕末まで続いていくこととなる。

彼らは、みずからの指導力を確保するために、代々大名家の要職を占めていた「門閥勢力」を抑制し、家柄にとらわれない人材抜擢を推進した。大名の側近としてはたらく人材には、大名の意図を理解し、適切な判断を下すことのできる学力が必要である。したがって、大名たちは「藩校」を整備し、優れた儒学者を招いて、積極的な教育振興を図るようになる。

これは文治政治の時と同じ手法であり、側近と学者を上手に用いて改革が進められたが、一方で白石の時と同様、門閥勢力の反発と抵抗は激しく、側近や学者、あるいは大名自身が引きずり下ろされ、改革が頓挫することもあった。

改革の内容としては、商品作物の開発と増産、専売制の強化によって、市場から積極的に資金を獲得し、財政の黒字化を達成しようとしている。これは一見すると田沼のやり方に似ているが、大名たちはそこで調達した資金をもとに、農村のインフラ整備や福祉、教育の充実を進め、問屋制家内工業によって、農民たちが商品生産による賃金を獲得できるようにした。これによって、農民が米を生産しつつ、直接的に資金調達できるような環境を整えようとしたのである。

つまり、大名たちは領国内で原料生産、商品生産の体制を整えて、その労働力に農民を組み込み、専売制によって商人と農民の間を取り持つことで、農村を都市の商業に接続しながらも、不当な低賃金で労働させられないように農民を保護し、農業、商業、工業がバランス良く成長する農村をつくりあげようとしたのである。

徳川経済学の誕生

こうした名君の中から幕府中枢に入ったのが松平定信である。定信は白河藩（現・福島県）藩主として財政再建と農村再編に取り組み、大飢饉の難局を乗り切った手腕を評価された。やがて第一一代将軍、徳川家斉（一七七三〜一八四一）が幼君として後を継ぐと、その老中として「寛政の改革」を推進することとなる。

定信は吉宗の孫でありながら、朱子学に立脚した政治を行い、都市と農村の調和的な発展という政治理念にもとづき、さまざまな政策を展開していった。

定信は、商業の発達に伴って、財政基盤が米から金銭に移行することは、必然的な流れであることを理解していたから、田沼の政治を全面的に否定はしなかった。

ただ、それをやみくもに追認し続ければ、社会が崩壊してしまうと考えたため、むしろそれを利用して、新しい形で農業と商業、農村と都市を調和させ、国の形と心を維持しようとしたのである。

このために定信は、まず農村における借金返済の猶予、労役軽減や児童手当の給付、農具や種もみの無償供与を行い、都市には「人足寄場」という無償の職業訓練施設を建設した。

続けて農村に「囲米」、都市に「七分積金」を実施し、米や金を備蓄して非常時の救済に用いる一方、余剰分は貸し出しに回し、その利潤を用いて自治的な福利厚生機能を整えようとした。

これはまさしく社倉法を金銭でも実施したのであって、朱子が開発した資産運用の原理を、定信は完璧に理解していたことを表している。

さらに、株仲間が持つ業界統制と相場調整の機能を利用し、可能な限り社会に公正な富と物資の分配が起こるよう指導した。また、幕府からの貸し出し金の利率を極限まで引き下げることで、民間金融の利率も下げざるを得なくなるよう追い込み、大名から一般庶民まで、借金をできるだけ早期に返済できるよう誘導した。加えて「棄捐令」によって破綻寸前の旗本や御家人の借金を帳消しにする。定信は、あらゆる階層の人が、マイナスから経済生活をスタートする心配がなくなるまで、許認可権と行政指導をフルに行使して、商業をコントロールし、金融政策と公益事業を展開して、都市と農村の調整を行ったのである。

こうして農村と都市の環境を整えつつ、「旧里帰農令」を出して都市から農村への人口還流を促し、倹約令によって、経済生活を破綻させるような浪費ではなく、生活をトータルで演出し、より豊かになるための消費を行うよう指導した。

国の形を整えるからには、その心も正さねばならない。そこで定信は「寛政異学の禁」を出して朱子学を「正学」とし、旗本らへの教育内容を、朱子学に一本化した。朱子学の宣揚は言うまでもなく、国の形と心、すなわち役割分担によって社会を支え、人倫の中で倫理を考えて生きることが、最終的に調和した社会をつくりあげることになるという、徳川幕府の基本的思考を普及させるためであった。

教育事業の進捗は、「学問吟味」という能力判定試験とセットになることで、幕府に有能な人材を供給することとなる。

また、これまで徴税のために過酷な取り立てを行い、あるいは横領をしていた役人約七〇名を処刑、または罷免し、各地の農村に代官を派遣して、農民と共に汗を流し、共に考える人材を供給した。彼らの中には、岡田寒泉（一七四〇～一八一六）のように、幕府の教育機関で教官をつとめたような朱子学者も含まれており、農村を商工業と調和し、文化も備えた自治的な共同体とするために、第一級の人材を投入したことが分かる。彼らは「名代官」として各地で慕われ、生きながら祀られるほど慕われた。

農村だけではない。定信は、これまで上方に頼り切りだった商品生産を関東でも大々的に行わせ、関東全域を農業、商業、工業のバランスがとれた、一大経済ブロックに仕立て上げようとした。

以上のように寛政の改革は、業界団体をフルに利用して、利益を国民全体に還元させることにはじまり、手に職をつけ、経済的に自立し、基礎学力を獲得した中間層を育成することを主眼としていた。彼らが生活する農村と都市がそれぞれに自立して相互に助け合うことで、全体的な国力の引き上げを達成する。こうしてはじめて農村と都市は調和し、彼らの文化的生活によって、狂乱物価は抑制され、経済が穏やかに成長するのである。

要するに、経済的、文化的に自立した「個」を育成し、その個がお互いに支え合う倫理的社会が網の目のように広がることで、国家全体を調和的に発展させる。そのための諸政策が寛政の改革なのである。これは国民の生活モデルから経済政策を考える白石と、現場主義的に経済政策を考える吉宗を止揚し、朱子学を軸とした政治、経済、教育の融合を行ったものであり、いわば「徳川経済学」を完成させたのであった。かくして徳川幕府は、歴史的に勃興してきた経済の発達と格闘しつつ、倫理的文脈に組み込むことで経済をつくった。

ここでは、吉宗に数々の助言をした荻生徂徠と、名君の代表例といわれる上杉鷹山、そして松平定信について、その人物と思想をもう少し見てみたい。

荻生徂徠「その代相応の器量の人なしといふ事は、道理に於てこれなき事也」（『政談』）

徂徠は、江戸の医者の家に生まれた。父は、館林藩（現・群馬県）藩主であった頃の綱吉に仕えていたが、徂徠が一四歳の時に追放された。このため徂徠は、二五歳（一説には二七歳）まで上総国（現・千葉県）の農村で生活している。

三一歳で柳沢吉保に仕え、さまざまな意見具申をする機会もあったが、綱吉に面会する機会はほとんどなく、基本的にはひたすら漢籍に訓点をつけ、綱吉の伝記原稿を書くだけの扱いを受けた。しかも、四四歳で綱吉が死去し、柳沢吉保も失脚。その後は柳沢家の厚意によって、家臣の身分を維持したまま私塾を開き、独自の学問である「古文辞学」を形成した。

五五歳で室鳩巣の仕事を引き継いで、「六諭衍義」（中国で民衆教化に使われた教戒書）に訓点をふることからはじまり、後に吉宗から政治上の諮問を受けるようになる。そうして政治に携わり、武家諸法度の改訂や、「足高の制」による人材抜擢を実現するなど、江戸中期から後期にかけての制度的な基礎を築いた。この中には、商業の発達にともなって没落する武士の帰農を促し、農村再編の主体に据えつつ、国防力も養成しようとするなど、歴史を見据えた優れた意見が多く見られる。

長い不遇生活を経ての政治参画、そして卓越した政治的見識という点で、徂徠は白石と重なる。しかも、徂徠の献策には幕府官位制や軍制改革など、白石と重なるものも多い。にもかかわらず徂徠は白石を「無学」「文盲」と罵倒し、両者は偶然、同じ場所に居合わせても、口もきかずに避けて通るほど、険悪な仲であった。

それはなぜか。

徂徠は、形のない観念的な道徳によって、人の生き方や社会のあり方を語る朱子学を嫌悪していた。徂徠によれば、「道」とは「礼楽刑政」（制度）であり、理（原理、道徳）のような、人によってイメージの異なる、得体のしれないものではないとする。

したがって、制度によって人が関心を向ける対象を操作し、まるで彼らが自分で選び取ったかのように誘導すれば、人々は不快感なく適切に行動し、社会は期待した方向で安定すると考えた。こうした誘導装置となる制度を「道」と呼び、道の設計こそ政治だと考えたのである。

そうした徂徠からすれば、白石のような理に基礎づけられ、人倫を軸とした政治は、白石の信じる理の押しつけにしか映らず、全く公共性がないもののように見えた。政策は極めて似ているのに険悪なのは、朱子学と古文辞学の理論的な差異もさることながら、漢文を敢えて中国語で発音して中国通をアピールし、嘲笑的な揚げ足取りを用いて他学派を罵倒するようなパフォーマンスを得意として、多くの弟子や交友関係をつくった徂徠と、思想の正当性は仕事の成果で証明されると信じ、経書の注釈はほとんど書かず、他学派の批判にほとんど無関心で、弟子らしい弟子をとらなかった白石とでは、人間的な相性が本質的に悪かったとしか言いようがない。

丸山真男（一九一四〜一九九六）の『日本政治思想史研究』以来、徂徠の理に対する批判を「自然」と「作為」の対立構図から評価し、日本から「朱子学的思惟」を解体して「近代的思惟」が生まれる萌芽があった、とする向きがいる。だが、前述の通り全国的な朱子学の流行は、古文辞学の隆盛以降である。また、後述する通り中国において朱子学が成立した際、その思想的機能は既存の規範の理を再検証することで相対化し、時の政権に都合の良い規範に牽制をかけ、規範の可変性を最大限に利用していたことに特徴があった。よって徂徠がレッテル貼りしたような、観念的な空論をふりまわし、既存の道徳や規範を無批判に強制してくる思想ではない。このことは、朱子学の徒であった白石や定信が、時代の流れを読みながら、今なすべきことの理を考え、柔軟に制度を運用していったことを見ても一目瞭然である。

したがって、日本思想、中国思想いずれの立場から見ても、徂徠に「近代的思惟」の萌芽を見ることは難しい。こうした見方は近代以降の歴史、それもヨーロッパ近代を世界の普遍的な未来だと信じ、アジアは未発達の野蛮だと断定して世界史を語り続けた、一九世紀ドイツの歴史哲学を前提としており、こうしたイデオロギー的な思想史には特に注意を要する。

とまれ、制度設計を儒教の主軸に置き、さまざまな政策構想を『政談』という書物にまとめた徂徠は、プラグマティックな吉宗と相性が良かった。徂徠の政策がそのまま利用された訳ではないが、吉宗の政治において徂徠が示唆したものは多かったと思われる。そうした意味で徂徠は政治と思想に大きな足跡を残した。

徂徠は制度を重視したが、それを運用する人間についても重視していた。そこで標題の語が出てくる。

「人材が枯渇した時代だと言う人がいるが、そんな道理はない」。

要は上に立つ人間のやりようで、人は有能にも無能にもなる。制度の当否は、それによってつくられる人材によって判断されるのであって、制度と人材がうまくかみあうようになれば、組織は安定して運営される。つまり、人間は制度に操られるロボットではなく、それによって個性を最大限に引き出される「人材」なのである。徂徠は徂徠で、人間の持つ本来的な能力に期待していたことは押さえておきたい。

徂徠の学問は文学や歴史など多岐にわたり、理論的かつ独創的な文献読解は、多くのファンを生み、優れた弟子を輩出した。こうして古文辞学は時の政治潮流とリンクして、実学としての評価を与えられ、全国的に大流行したのである。

上杉鷹山「国家は先祖より子孫へ伝候国家にして、我私すべき物には無之候」（『伝国の辞』）

上杉鷹山は、日向国（現・宮崎県）の高鍋藩主であった、秋月種美（一七一八〜一七八七）の子として生まれた。父や兄も名君として知られ、士民を問わず広く学問を奨励したことから、教育レベルの高い高鍋では、「高鍋で学者ぶるな」との言葉があった。

鷹山が養子として入った上杉家は、深刻な財政難で苦しんでいた。

上杉家はもともと一二〇万石であったが、関ヶ原の戦いで石田三成について敗れ、一五万石まで減封された。しかし藩祖、上杉景勝（一五五六～一六二三）は、家臣たちを解雇せずに全て召し抱えたため、人件費だけでも深刻な支出を計上していたと言われる。この深刻さは、家臣団の構成を見ると、より生々しくなる。

「神祖」と仰がれる上杉謙信は、もともと三条長尾氏であり、越後国守護代として、守護である上杉家の政務を代行した家柄である。この長尾氏には三条長尾氏、上田長尾氏、古志長尾氏があり、それらを調停することで支配力を保った。越後国に割拠していた豪族には、鎌倉時代に関東から入植してきた板東平氏（鎌倉、三浦、秩父氏など）、源氏（佐々木、新田氏など）、大江氏（毛利氏）ら鎌倉武士の子孫がいて、長尾氏は鎌倉時代に「軍神」とあがめられた鎌倉景政の子孫として、彼らをとりまとめてきた。

上杉氏直系の家臣には、千坂氏、斉藤氏がおり、同輩格の彼らにも配慮する必要がある。加えて、武田信玄の侵略から非難してきた信濃衆、養子元の能登畠山氏、果ては敵である武田氏の子孫までを保護し、謙信や景勝はその全てを安堵した。したがって、歴史や家格が複雑に入り組んだまま、巨大な家臣団を丸抱えした米沢藩は、不用意にトップダウンの政策や人事を進めれば、お家騒動で改易の可能性が高かったのである。

これに加え、上杉家は全てにおいて格式を重んじたため、それに伴う出費は莫大な額にのぼり、破産は間近という状況になっていた。

こうした中、鷹山が養子に入る前に、上杉家の改革を行っていたのは、森利真（一七一一～一七六三）であった。森は典型的な商業重視の政治家で、上杉家の家宝を質に入れ、京の藩邸を売却した他、家臣たちの俸給を「借り上げ」と称して没収し、農村や城下町に住む庶民には増税をくり返した。

その一方、財政顧問として江戸の大商人や城下町の商人を招き、彼らに徴税を委託する見返りとして、武士の身分を与えた。また、本来は農民が自由に売買できる特産品を不当な廉価で没収し、その販売を商人たちに委託することで、収入強化を図った。つまり、武士と庶民に極限まで負担をおしつけ、大商人を優遇することで、金銭収入増加を狙ったのである。

この結果、米沢藩は商人だけが裕福となり、それ以外は際限なく貧困になっていく。森はすさまじい怨みをかった挙げ句、反対派の竹俣当綱（一七二九～一七九三）らに惨殺され、わずか一六歳の鷹山が藩主に擁立されたのであった。

鷹山は、家督を継ぐと竹俣らと共に改革に着手する。竹俣に主導された改革は、倹約の推進と商品作物の増産を主とし、漆・桑・楮の百万本植樹計画、織物技術の導入によって、藩の金銭収入を強化すると同時に、農民の金銭収入を確立することを目的とした。

これと並行して、新田開発を行って農村を強化し、また人材育成のために藩校「興譲館」を開いて、武士、農民を問わず全ての領民に教育を施した。その資金を調達するため、上杉家とのつきあいが長い商人に頭を下げ、借金の帳消しと新規融資をとりつけた。

これらの改革については、鷹山みずから細井平洲（一七二八～一八〇一）、渋井太室（一七二〇～一七八八）といった折衷学、朱子学に属する儒学者に相談し、側近、学者の協働で進めていった。鷹山はみずから一汁一菜の粗食を行い、着衣は下着に至るまで木綿を着用、趣味で飼っていた鳥を全て野に放ち、率先して倹約をリードした。

だが、この改革もまた上杉家に君臨する門閥勢力の怨みを買い、「七家騒動」という反対運動が起こる。門閥勢力は鷹山を養子と侮り、着物の袖を引き掴んで要求するという無礼まではたらいた。また、彼らの要求は、改革そのものを中止し、全て昔に戻せというものであったから、鷹山みずから彼らを厳罰に処し、これを鎮圧した。

しかし、今度は改革の功績を自負した竹俣自身が堕落し、自分本位な政治で公私混同がひどくなった。そこで鷹山は竹俣を罷免し、その任命責任をとってみずからも三五歳で隠居。先代の実子治広（一七六四～一八二二）に家督を譲り、莅戸善政（一七五三～一八〇三）ら優秀な家臣をつけて改革を推進させる。

鷹山はそれ以降の約四〇年間、政権中枢と距離のある、隠居という立場をフルに活用して、彼らを陰でサポートしつつ、各派閥の意見をじっくりと聞き、全藩協力体制をつくるようつとめた。

こうして米沢藩は支出削減と収入増加の基盤を固め、農村再編を達成したのである。

借金返済による完全な財政再建は、幕末期に達成されるが、その頃には経済のみならず、興譲館の教育や、公娼の廃止に代表される風紀向上によって、かつての質実剛健な上杉家の家風が復活していた。後に「戊辰戦争」を戦った際には、周囲が劣勢の中、常時優勢に戦いを進め、謙信軍団の再来と畏れられることとなる。

鷹山の施政方針をまとめた「夏の夕」からは、「できることはやる。できないことには手を出さない。最初に成果と時期を決め、逆算して段取りを組み、状況に応じて修正していけば、必ず成し遂げられる」という、段取りと意志を重んじた姿勢が看て取れる。

鷹山は、事業の成否は、それを実行する人にかかっていると訓示した。

「物事に緊張感をもって取り組めば、まずうまくいくものだが、大抵油断していい気になってだめになる。うまくいくほどへりくだって仕事に打ち込めば、際限なく福徳は増大する。天や神が福徳を授けるのではない」。

そうした謙虚さは、標題に引いた「国家は先祖から子孫へ伝えられた国家であって、為政者の私物ではない」という心構えに生まれてくる。これは治広に家督を譲る際に与えた「伝国の辞」の言葉であることから、上杉家の国家理念と言うべき性格を持っている。

また輿入れする孫の参姫にも、「立ち居振る舞いの根本に誠があれば、必ず民は感化される。民の父母となるということ以上のたのしみは他にない」などと説いている。

鷹山自身もまた、立ち直っていく米沢藩の人々を見ながら「今日の御国体、何一つ他へ可恥事も無之候」（今日の米沢藩のありさまは、何一つ、他国に恥ずべきところはない）と述べ、無上の楽しみを味わった。最後は老衰により、眠るように息を引き取る。享年七二。

直々に手紙を送って鷹山の改革を称賛するほど尊敬していた松平定信は、「三百諸侯第一の賢君が亡くなられた」と言って哀悼したという。

松平定信「田楽の　串々思ふ　心から　焼いたがうへに　味噌をつけるな」（『甲子夜話』）

松平定信を批判した狂歌、「白河の　清きながれに　魚すまず　にごる田沼の　水ぞ恋しき」は、日本史を学ぶ誰もが目にしたことがあるだろう。定信の倹約令や出版統制は四角四面の道徳押しつけで評判が悪く、賄賂政治で腐敗していた田沼時代の方がましだったというものである。このような人物評は現代にまで定着している。

だが、「心あてに　見し夕顔の　花散りて　尋ねぞ迷ふ　たそがれの宿」という和歌によって「たそがれの少将」（定信の官位が「左近衛少将」だったことから）と呼ばれ、贔屓にしていた和菓子屋に「凮月」の二字を贈り、それが今も残る老舗和菓子屋「凮月堂」の屋号になったと聞けば、定信の印象はむしろ柔らかく、貴族然とした人物像に変わる。

また、浮世絵を収集し、さまざまな仕事に従事する人々を描いた『近世職人尽絵詞』、吉原の遊女の二四時間を描いた『吉原十二時絵巻』を製作させた他、戯作本（通俗小説）を楽しんで、みずからも大名社会を風刺した『大名かたぎ』という戯作本を書いたと聞けば、その印象は通俗的な趣味人のようになってくる。

こうした多面的な定信は、どうして寛政の改革を実行したのだろうか。

定信は、吉宗が将軍後継者を増員するために設置した「御三卿」の一つ、田安家の七男に生まれた。一七歳で白河藩松平家の養子となり、二六歳で白河藩主に就任する。幼少の頃の定信は非常な短気だったが、大塚孝綽（一七一九～一七九二）ら、朱子学者の教育を受けてそれを克服し、聡明さを発揮することとなった。

白河藩主時代の定信は、朱子学を学ぶかたわら、諸学を修め、物事の道理を見極める目を養った。観察を重視する姿勢は、定信が編纂にかかわった『集古十種』によく表れている。これは、日本各地に存在する古宝物が失われることを恐れ、一〇種一八五九点の実寸を書き記し、精密な模写を行うことで、図録として残したものである。

じっくりと観察すれば、生まれつきの偏った見方や経験で、歪んで見えていた物事が、本来の道筋を明らかにしてくる。物事の処理は、その道筋に従えば良い。これこそが定信の考える朱子学の手法であり、彼が倫理を受け容れる際にも、まず経書をきちんと読んでその意味を考え、自分の生活でどのように活用でき、かつ人生がしみじみと奥行きのあるものになるのか試している。定信にとって倫理とは、芸術がその苦心によって精巧な技術と深い味わいを生み出すように、生活に工夫を重ねて効率化し、しみじみと人生を楽しむためのルールであった。

したがって、定信においては、芸術も倫理も等しく楽しむものであり、対立するものではなかったのである。一方で、その対極にあるのは、工夫も苦労もせず、ただ官能を刺激する浪費である。こうした風潮が蔓延すれば、いきおい物は俗悪化し、人間は悪趣味となる。

こうした人生観を持った定信から見て、商業の進展と共に庶民文化が花開き、さまざまな芸術が生まれること自体は、古典芸術と同じようにとても楽しいことであった。また、人々の生活が豊かになるにつれて、精神的な余裕ができ、ありふれた日常の中に感じる人々の優しさや、まじめさの中に生じる「おかしみ」を味わうことは、人生そのものを豊かにすることであった。

しかしながら、経済的な基盤がなく、不安定な生活を余儀なくされている庶民と、金に飽かして贅沢三昧に明け暮れる商人によってつくられる文化は、苦しみや退屈をまぎらわすための刺激を得るために、グロテスクな俗悪さや、倫理を犯す悪趣味に溢れており、少しも面白くないものであった。

つまり定信は、あらゆる分野において、工夫と苦労の先に理想を追求していく行為の中に、本当の面白さと楽しさがあると信じており、政治においても人々に安心して従事できる仕事と技術を提供し、基礎教育を提供することで、落ち着いた生活を築かせようとしたのである。

ここにおいて、寛政の改革は明確な理念を持つこととなった。

定信は、一二歳の時には『自教鑑』という教戒書をしたためており、老中就任前から『国本論』『物価論』などをまとめているが、これらは全て、自分なりに咀嚼した人生と政治のルールであった。その理解にはさまざまな学派の議論をとりいれつつも、基本となる理論構成は朱子学で貫かれていた。こうした学問志向は、昌平坂学問所だけ朱子学のみを教えるようにし、それ以外は自由にさせていたことからも分かる。

生涯にわたって二〇〇冊の書物を残した定信の学力は、幕府内で提出された書類を一読して理解し、その文脈や言葉遣いから作者の意図や矛盾点をみつけ、すばやく修正することを可能にした。これによって役人たちは「新しい老中はごまかせない」と恐れ、また学者並みの教養と、作家並みの構成力に引き寄せられて、本多忠籌（一七三九〜一八一二）、松平信明（一七六三〜一八一七）ら老中たち、「寛政の三博士」と呼ばれた岡田寒泉、柴野栗山（一七三六〜一八〇七）、尾藤二洲（一七四七〜一八一三）ら朱子学者、また水戸学者の立原翠軒（一七四四〜一八二三）、藤田幽谷（一七七四〜一八二六）、朱子学者の中井竹山（一七三〇〜一八〇四）、国学者の本居宣長（一七三〇〜一八〇一）ら、幕府外の学者が集まってきた。

ただ、寛政の改革に最も立ちはだかったのは、彼の主君であった家斉であった。家斉は徳川将軍随一の浪費家であり、幼少の頃こそ定信に従ったが、長ずるにつれて疎ましくなり、ついに定信を罷免するに至る。また、俗悪さも含め、爛熟した文化を良しとする人々には、定信は「野暮」で口やかましく映り、盛んに誹謗中傷を浴びせかけることとなった。

かくして引退した定信は、白河藩に戻ると「士民共楽」という言葉を掲げ、日本初の公園となる「南湖」（一六〇〇〇坪）を作り、全ての人々に開放した。また、各地に「郷校」を建設し、庶民教育に力を入れる。そして、今も名産となっている「白河だるま」や「白河そば」をはじめ、多種多様な商品開発を行い、藩の財政と領民の所得を、常時黒字化することに成功した。

標題で引いた狂歌は、白河藩で火事があった時、狼狽して不確定な報告を次々上げてくる家臣に与えたものである。「くどくどちまちまと余計なことを考え、あれこれいじっては失敗するぞ」。要点だけを押さえれば良い、と言えば家臣の面目を失わせるため、敢えてふざけた狂歌に託すことで、相手を落ち着かせようとしたのである。

「今更に　何かうらみむ　うき事も　楽しき事も　見はてつる身は」。全てをやりきったと思った定信は、七一年の生涯を終え、静かに旅立ったのであった。

第七章　学問をつくる

中国における朱子学の登場

江戸時代は朱子学が主流だったと言われる。それはこれまで見てきた政治、経済、教育にわたる、朱子学の関わりを見ても分かることだが、一般的に考えられている朱子学のイメージが偏っていることは、あまり意識されていない。

一般的な朱子学のイメージは、君臣、父子の従属関係を強調し、身分秩序を厳格化した思想であり、また、そこには各種の束縛的な規範が存在していて、人間の自由を縛りつけるものであるとされる。だが、これは朱子学そのものの理解と、日本における朱子学のはたらきとの二点において、どちらも不正確な理解である。

まず、朱子学そのものは、前述した通り、万物に内在する理と、それらが組み上がった先に存在する世界の理を設定し、格物致知によって理を追求することで、日常のあらゆる場面で規範を再検証し、みずからの心を歪みを修正していきながら、世界に倫理的な秩序を実現しようとする思想である。

中国思想史の文脈では、古代から「天」の宗教的権威にもとづき、天の秩序を人間社会に写し取ったものとして「礼」が設定され、制度や儀礼といった外的な規範によって人間を統御しようとしていた。これは国家、地域、家庭に貫かれ、全ての時代に通用するものとされたから、人間は礼に服従することだけを期待されたのである。

ここで儒教は、礼を設定するために経書を研究し、読解を通じて世界観や政策論を展開することで、天や聖人の権威を借りたのであった。この場合の儒教は、時の政権と密着し、政治について考える性格が濃厚であり、かつそこには各種の神秘的で非合理的な議論が数多く存在した。

しかし、近世に入り皇帝独裁制の下、科挙による官僚支配が整備されると、官僚たちは科挙の基準となる儒教を研究し、従来の注釈を飛び越えて直接天にアプローチし、この世界を動かす原理を解き明かし、みずからの生き方、社会のあり方を合理的、かつ主体的に決定しようとする。

ここにおいて、外的な規範から内的な心に主体がスライドしていき、政治を行う人間そのものの工夫（修養）がクローズアップされるのである。この現象は、規範を再検証することで相対化し、より日常に即し、より合理的な「個」を確立しようとする流れを生んだ。

こうした流れの総決算として朱子学が登場することで、官僚は必ずしも皇帝に絶対服従するロボットではなく、みずからの生き方を通じて人生と社会を改良していく、という使命感を持つ存在になったのである。このことは、宗教権威と世襲権力によって成立していた体制を、決定的に覆す役割を担った。

したがって、朱子学が従属的な社会関係を強調し、束縛的な規範を生む思想だというのは、いささか無理がある議論である。

日本における朱子学のはたらき

次に、日本における朱子学のはたらきであるが、前述の通り、朱子学は陽明学などと共に、一気に社会に流通したため、その内容は純然たる朱子学ではなく、さまざまな思想を内包していた。また、最初に流通したのは朱子の原著よりも、それに注釈をつけた『四書大全』『性理大全』や、何人かの儒学者の議論をまとめたアンソロジーが多く、かつ中国で当時流行していた「三教一致論」（儒教、仏教、道教の融合を説く）も同時に流入したことから、この傾向は一層拍車をかけられることになる。

そして、朱子学の流通は、漢文献を通じてさまざまな技術や文化を摂取する道筋を拓いたことから、政治、経済、軍事、文学、地理、歴史、天文、医学といったジャンルを、ことごとく朱子学者が紹介することとなり、結果的に朱子学イコール学問というべき状況になっていた。したがって、朱子学者と一口にいっても、それぞれが得意とするジャンルはまちまちであり、中には格物致知を中心とした、朱子学の根本である「工夫論（修養論）」にはあまり関心がなく、年がら年中、漢詩を作って水墨画を描き、文芸サロンで生計を立てているという朱子学者すら存在するのである。

そうすると、朱子学を学ぶということは、それによって漢文献の読解力を身につけ、基礎学力を上げることで、さまざまな学問にアプローチするための基礎教育を受けることに他ならず、そもそも朱子学を学んでいないと何もはじまらないのである。

一方で、林羅山に見られるように、身分秩序と理を一体化し、社会における立場や役割を強調して、人倫を強化しようとした朱子学者も存在した。この場合、羅山が幕府の教学を司っていたことから、朱子学が身分秩序を厳格化した、ということもできる。

ただ、既に見てきたように、羅山の意図は、あまりに規範から逸脱した人々によって、社会が混乱の極に達していた状況を改善し、人倫の中でそれぞれが立場と役割になりきり、互いの信頼を基盤として、世界を安定と調和に導くことにあった。したがって、それは人間を抑圧するものではなく、むしろ倫理的な基盤によって、人々が安定して暮らせることを目指していたのである。故に、これをもって朱子学が、束縛的な規範で人々を抑圧した証拠とするのは、いささか論点がずれていると言わざるを得ない。

このようにして、社会の各方面に存在した朱子学者たちは、その研究、教育を通じて江戸時代の学問レベルを全体的に底上げし、また徳川幕府の政治、経済をつくりあげていった。朱子学はむしろ、経済的に自立し、倫理的に自律した「個」をつくりだし、国民生活から国家を下支えするという、近世社会の基盤をささえた思想なのである。

以上のことから、朱子学に対する一般的イメージは、かなり変更される必要のあることが分かるし、これに連動して、民衆を抑圧し搾取する武士、抑圧に反抗して自由を求めた町人、近代的な思考をはじめた反朱子学といった、朱子学に対するイメージを前提とした図式もまた、もう少し検討されねばならないこととなるのである。

とする動きが表れる。

朱子学の純粋化と陽明学の登場

朱子学が広まるにつれ、儒学者の中には朱子学を純粋化しようとする動きと、朱子学から離れようとする動きが表れる。

朱子学を純粋化したのは山崎闇斎であり、彼は『四書大全』などを排して、朱子の原著を精密に研究し、主要な論文に注釈をつけていった。これは格物致知の純粋な実践である。その他の工夫として、心を理に集中し、妄想雑念を排していく「居敬」や、身体をゆったり保って、身体から心を操作する「静坐」を行い、徹底的に朱子学を内面化しようとした。

また、朱子が整理した冠婚葬祭儀礼である「家礼」を実践し、外面的な規範についても詳細に研究している。闇斎の研究成果は『文会筆録』に詳録されており、その朱子学理解の深さがうかがい知れるが、これによって、厳密な意味で、朱子学で生きる道が拓かれることとなった。

闇斎の弟子には佐藤直方（一六五〇～一七一九）、浅見絅斎（一六五二～一七一一）、三宅尚斎（一六六二～一七四一）のいわゆる「崎門三傑」を筆頭に、門弟六〇〇〇人を輩出したと言われる。

また闇斎は神道についても「垂加神道」を創始し、国学登場までの神道界を席巻した。よって闇斎の学派は、その純粋性と特異性において、朱子学の中でもかなり異質なものと認識され、「崎門学」として分けて考えられることとなる。

これに対し、朱子学から陽明学が分離する動きが起こる。最も早い陽明学者として知られるのは、中江藤樹（一六〇八～一六四八）である。しかし、その代表的著書である『翁問答』を著した時、藤樹はまだ本格的に陽明学に移行しておらず、またその後に強く影響を受けたのが陽明の高弟で、独自の思想を展開した王龍渓（一四九八～一五八三）であることから、厳密に陽明学者と言うべきか疑問が残る。

ただ、それは藤樹の思想的価値には全く関係せず、むしろ全時空を貫く最高の徳として「孝」を説き、人々が生活の中で心を養っていく中で、全世界の調和を実現しようとした点で、全く独創的かつ日本独自の思想を確立していった。また、藤樹の弟子である熊沢蕃山（一六一九～一六九一）は、朱子学と陽明学を基盤としてみずからの政治思想を確立し、『大学或問』をはじめとする著作にて、都市と農村の調整、貨幣と物価の関係、武士と国防の整備、自然環境と文化の育成など、先進的な政策論を展開し、学派の枠を超えて評価された。

本格的な分離がはじまるのは、佐藤直方の弟子であった三輪執斎（一六六九～一七四四）が、王陽明（一四七二～一五二八）の代表的著作である『伝習録』に注釈をつけ、『標注伝習録』を刊行した頃からはじまる。

これは新井白石が文治政治を推進しはじめた時期にあたり、江戸時代の代表的思想である「古義学」「古文辞学」が出そろうのと概ね同じ時期である。したがって、既に高度な学問レベルが確立している中で、陽明学を正確に理解し、意識的に選択することができる時期が来ていたのであるが、案に相違して、陽明学は朱子学ほどの隆盛をみせなかった。

陽明学がそれほど隆盛しなかった原因はさまざまあるが、一つには朱子学が体制教学として規範を強制する機能をそれほど果さず、学問の全域にわたって基礎教養を提供しており、かつ格物致知や心の工夫を着実に行って、本来のはたらきをしていたことが大きい。朱子学のカウンターである陽明学は、批判力を持ちえなかったのである。

「古学」とは何か

もう一つには、日本独自の思想が朱子学に反発する形で展開し、陽明学が本格的に受容される前に、大きな力を持ったことが原因となっている。その思想とは、伊藤仁斎（一六二七～一七〇五）の提唱した「古義学」と、荻生徂徠が創始した「古文辞学」を中心とする「古学」である。

これは一般的に、朱子学に反発して古代に帰るよう主張した学問だと言われるが、実際には極めて近世的な思想であった。

格物致知や居敬といった工夫は、理に全ての意識を集中し、心を厳格にコントロールすることを要求する。そうした側面が強調されるにつれ、理のもつ観念性や、それに根拠づけられた倫理の普遍性が際立ち、人間離れした完全性が要求されるという問題が起こった。

これが内面に要求されると、無限に自己批判を繰り返す苦しみが起こり、外面に要求されると、激しい社会批判や他者批判を行うようになる。

この問題に対し、闇斎と同時代を生きた伊藤仁斎は、理の観念性を批判するために『論語古義』『孟子古義』をはじめとする著作を通じ、朱子のつくりあげた思想体系を否定した。仁斎によれば、孔子、孟子の思想は日常における「徳行」を説いたものであって、個別具体的な徳行を離れ、全ての徳行に共通する理を求めることは、かえって人々が日常生活において不断に生み出している徳行と、社会の生成発展を阻害するものであるとした。

ついで荻生徂徠が古文辞学を創始して、朱子と仁斎を批判することになる。徂徠は前述の通り、古代の聖人は道を制作したから偉大なのであり、その道とは礼楽刑政（制度）であって、理や心などという目に見えないものは問題にしておらず、また徳行などという「個」の工夫に期待するものでもないと断言した。

両者は共に、朱子学の持つ観念性を取り払おうとすることで共通している。そうすると、朱子学の持つ、日常における徳行の実践に特化したのが仁斎であり、規範の再生産を制度設計にまで拡大特化したのが徂徠である、と言うことが可能である。

何故ならば、古に帰るといっても、仁斎、徂徠共に、宗教的権威にもとづいて規範を設定し、人々を束縛するような前時代的思考は、端から持っておらず、どこまでも自分自身で世界に直接アプローチする立場に立脚しているからである。徂徠ですら、制度にはめ込まれた人々が持つ、社会発展の創造力に期待していることも見逃してはならない。何より、両者共に朱子の思想体系を批判することで自己主張しており、全く別の言論空間を用意した訳ではない。

したがって、両者は朱子学の持つパラダイムの中で、その一部に特化した、近世的な思想であったと見るのが妥当なのである。そうした意味で、「古義」「古文辞」という呼称は、あくまでも朱子学との差別化を強調するための呼称であり、額面通りに受け取ることはできない。

とはいえ、古義学と古文辞学の登場は、江戸の学問環境において、極めて大きな役割を果たすこととなる。すなわち、古義学によって「日常」と「生活」がクローズアップされると、儒教が一人一人の徳行を大事にする、倫理的な思想であるという認識を広めていくし、古文辞学によって「制度」と「政治」がクローズアップされると、儒教が社会変革の実用に役立つ思想であり、観念的な哲学ではないという認識を広めていくのである。

ここにおいて、日本人の持つ、倫理思想、政治思想としての儒教のイメージが、ようやく固まり、社会に生きる人々全員に対して、その必要性を認識させるようになるのである。

また、朱子学からも貝原益軒（一六三〇～一七一四）のように、日常生活の中でおこるさまざまな出来事、身の回りをとりまくさまざまな物を探求しながら、より幸福に生きる方法を研究する思想家が出てくる。

かくして朱子学、陽明学、古義学、古文辞学は、それぞれが互いを牽制しつつ、近世特有の学問をつくりあげたのである。

ここでは中江藤樹、伊藤仁斎、貝原益軒について、その思想の手触りを感じてみたい。

中江藤樹「われ人の身のうちに、至徳要道といへる天下無双の霊宝あり」（『翁問答』）

出身地の近江国（現・滋賀県）小川村で私塾を開き、後世「近江聖人」と呼ばれた中江藤樹は、日本人が抱く「聖人君子」のイメージを体現した人だと言える。

九歳で祖父の養子となって武士になり、伯耆国（現・鳥取県）や伊予国（現・愛媛県）に移り住む。朱子学に出会ってからはストイックに読書修養に励み、己にも他人にも厳格になる。一五歳で祖父を、一八歳で父を亡くした藤樹は、誰よりも武士らしくあろうと、深夜に鎧をまとい、山野を駆け巡る訓練によって己を追い込み、肉体を鍛え上げた。

独り身となった母を案じ、二五歳の時、故郷に迎えに行くが、息子の妨げになることを嫌がった母に拒否され、追い返される。母を思う一念を捨てきれなかった藤樹は、神経性の喘息になるまで精神を病んだ。二七歳で士分を捨てて帰郷。以後、儒者として生きることとなった。

儒者となってからの藤樹は、刀を売って金に換え、それで買った酒を売って生計を立てた。といっても、酒甕を門前に並べ、勝手に飲んだ分を料金箱に払うという、鷹揚な商売である。また、小川村の人々と気さくにつきあい、利害に囚われず、たちまち村人に溶け込んで尊崇を集めるようになる。この頃、藤樹は朱子学に加え、陽明学も学ぶようになっていた。

やがて藤樹の家に人々が集まるようになり、身分を問わない私塾「藤樹書院」が開かれた。そこに集まった人々は、藤樹の話に耳を傾け、日常生活で儒教を実践するようになった。門人には熊沢蕃山や淵岡山（一六一七〜一六八七）といった陽明学者もいた。人々は藤樹に感化され、勤勉で温和な村として有名になり、それから二〇〇年後に小川村を訪れた陽明学者の大塩平八郎（一七九三〜一八三七）は、いまだに潔斎の上、紋付をまとって藤樹の墓に参拝する村人を見て驚嘆している。

藤樹の感化をよく示す逸話がある。ある日、客が落とした二〇〇両を見つけた馬子が、来た道を戻って宿にいた客にそれを返した。お金の無事を確認した客はお礼を渡そうとした。しかし馬子は結局、二〇〇文だけ受け取って、それを酒代にして、その場にいた人にふるまった。客がどうしてそんなに無欲なのかと聞くと、「小川村に中江藤樹先生という方がいるのですが、先生は、親孝行をすること、人の物を盗まず、傷つけず、困っていれば助けるようにという話を、実に上手に話されるので、実践したまでです」と言った。藤樹の説く儒教とは、正しい「生活」そのものであった。

ここで勘違いしてはいけないのは、「生活」に密着した儒教が、学術的、観念的な儒教に劣っているとか、藤樹がレベルを落として教育したという話ではないことである。むしろ学術的、観念的な儒教こそ、複雑な人生に対応できない空論だと考え、敢えて「生活」における表情やふるまい、心がけだけで勝負した所に、藤樹の真骨頂がある。

藤樹は「孝」を儒教の本質だと考えた。「孝」とは、単なる親孝行だけを指すのではない。親が子を愛し育む心は、天地が万物を活かそうとする心と同じ。つまり、親だから有難いのではなく、「活かす心」が有難いのである。だからこそ、自分もそうした心になって、人々を活かそうとつとめることで、「活かす心」に報いる。この心が自分の中にあれば、それは活かす心そのものである、天と一体になったということである。

そういう人々が増えれば、全ての人や物がお互いを活かしあい、優しく温かい世の中ができる。そうした生き方をしていることこそが親孝行であり、単純に親にかしずいて服従することを求めてはいない。むしろ、子が親に自分を殺してまで服従せねばならない親孝行は、「活かす心」に背くので、親が子にそのようなことをさせるのは、孝に背くのである。

「私の体には孝という最高の徳がある」という標題の言葉は、お互いを活かす倫理的な社会を造れるのは、誰でもなく自分の心であり、自分を活かすも殺すも自分の責任だという宣言である。優しさとは強さであり、自分を取り巻く人倫の善し悪しが、そのまま自分という人間の善し悪しを反映している。藤樹はそこで勝負したからこそ、馬子の心にストレートに突き刺さり、彼の人生を変えたのである。社会は言論では変わらない。人倫こそが己に与えられた実践場なのである。

伊藤仁斎「只、孝弟忠信を言て足れり」（『童子問』）

古義学の創始者として名高い伊藤仁斎は、生涯を通じて、ほとんど京都から出ることがなかった。角倉家、里村家など、名だたる富商と関係のある商家に生まれた仁斎は、一一歳の頃には四書を学びはじめ、長じるにつれて朱子学に傾倒する。医者になることを望まれるも、それを拒否し、二九歳で早々に隠遁生活をはじめ、仏教や陽明学などを渉猟し、内面を深く見つめる生活に入る。その極致とも言えるのが、みずからが死んで腐り、骨だけになっていく様子をイメージし、身体の欲をことごとく取り去ろうとする仏教式の修行、「白骨観法」の実践である。

それほどに内面だけを見つめ続けた仁斎であったが、やがてそうした人倫と隔絶された環境での工夫には何の意味もないと悟る。三二歳で著した「仁説」では、人間は人倫を離れては何者にもなれず、

「仁」こそが人間の本質であると説く。

三六歳で隠遁生活を脱して、「古義堂」という塾を開き、みずからの思想を本格的に説きはじめた仁斎は、次のように説いた。

「仁の根本は孝弟である。根本がしっかりすれば、そこから先の道はどんどん発展していく。孝弟がしっかりできれば、仁は拡充されていき、やがて世界を安定させるのだ」。

「孝弟」とは、親兄弟に親愛の気持ちを持ち、真摯に向き合う徳を言う。この徳は愛情であると共に行動を伴っており、両者は分けることはできない。したがって孝弟とは徳行であり、目の前の人倫を離れて心で感じ取るものではない。

一番身近で、一番はじめの人倫である親兄弟との孝弟が実現できれば、家における成功体験は、他者との関係を構築する原動力となり、その関係の種類に応じて各種の徳行となって現れる。こうした徳行の自然な「拡充」こそが、人の生きるべき「道」である。こうしてあらゆる人倫が組みあがった先に、全人類に対する親愛の気持ちとそれに伴う行動、すなわち「仁」という、儒教最高の徳が達成されるのである。

人間は生まれつき仁を求める性質を持っており、それを徳行の積み重ねによって達成していけば、そこには自然にきちんとした人間関係が生まれ、安定と調和が実現できている。したがって、人間は人間らしく、毎日の暮らしの中で、周囲の人々に誠実に向き合いながら生きることが大事なのであり、『論語』や『孟子』を読み込むことで、徳行が拡充して人倫が安定していく様子を自覚する必要がある。ここにおいて孔子が徳行について語り、みずから実践した記録である『論語』は、とりわけ重視され、「最上至極宇宙第一」と呼ばれる。

したがって、人倫から離れて「愛の理」を観念的に考えるような学問は、かえって仁を害い、人生を滅ぼしてしまうのである。

これが仁斎の基本的な考えであり、「卑近」な徳行に全てをかける議論となっているが、それが故に、「高遠な議論がないと学問ではない」という世間の誤解を受けやすいことを知っていた仁斎は、朱子の論理構造を用いて、その思想体系を批判することで、卑近な徳行がいかに合理的で、高遠な議論がいかに無意味か、細密に証明した。

ただ、卑近だからといって、それを実践することは容易ではない。

そもそも、人間が常に他者に真摯に向き合えるなら、これを説く必要はないのであり、当たり前の日常生活の一瞬一瞬に、人生と社会を安定させる鍵が預けられたが最後、人間は読書や瞑想している時が学問であり、プライベートの時間や気の置けない身内には気随に過ごす、という逃げ場が存在しないのである。

これは仁斎の説く親愛の気持ちや行動が、原始的な喜怒哀楽のぶつかりあいではなく、常に他者と誠実に、まごころを込めて向き合う「忠信」という緊張感を持ち、倫理的な行動に洗練されなければならないことを示している。分かりやすく言えば、「常に人としてちゃんとしている」ことが求められるのである。

「孝弟忠信だけで学問は言い尽くされる」。標題のこの言葉こそ、文字通り古義学の真骨頂であり、最も重いメッセージなのである。

貝原益軒「大いに疑へば大いに進むべく、小しく疑へば小しく進むべし」（『大疑録』）

貝原益軒は、福岡藩祐筆（大名の秘書）である貝原寛斎の子として生まれ、一八歳で黒田家に仕えた。ただ、同藩第二代藩主である黒田忠之の勘気を蒙り、長い間、浪人として医学を学ぶこととなる。第三代藩主である黒田光之に許され、二七歳で帰藩すると、藩費で京に遊学し、木下順庵、山崎闇斎、中村惕斎（一六二九〜一七〇二）ら朱子学者や、歴史家である黒川道祐（生年未詳〜一六九一）、博物学者である稲生若水（一六五五〜一七一五）らと交流する。

福岡に戻ると、藩の実務に参画。七〇歳まで勤め上げた後は学問に専念し、その後は没するまで旺盛な執筆を続けた。その著作には『和俗童子訓』『養生訓』のような教育、健康に関するものから、『大和本草』『筑前国続風土記』などの博物、地誌関係まで幅広い。

一見すると、あらゆるジャンルに手を広げた朱子学者に見えるが、実際にはそうした知的探求は、益軒において全て工夫（修養）に還元されるものであった。それは具体的にどういうことか。

まず、益軒は個別の物、個別の状況における正しさである「条理」を重視した。本来、朱子学では、あらゆる物と状況は同一物、同一状況に還元され、観念的に理を追求する。それはたとえば「親子」「君臣」「夫婦」「長幼」「朋友」などの言葉で、無数に存在する現実の人間関係を回収し、観念的に整理しようとするようなものである。

益軒はそうした観念的なものではなく、目の前に存在する事実、そこで適切なあり方を「条理」と呼び、そのまま尊重したのである。

この場合、『養生訓』で説かれる健康法は、それが健康や医療の理ではないものの、心身を健康に保ち、人生を楽しくするものであるから条理として尊重される。また、『和俗童子訓』で説かれる教育法は、人類全体を聖人にするための教育法ではないが、ささやかな日常の中で、家族が穏やかに助け合いながら生活するための方法について書かれており、その条理だけで十分だとするのである。『大和本草』『筑前国続風土記』に至っては、データが集まっているに過ぎないが、これらもそれぞれの物質、それぞれの地理歴史が、その必要に応じて生まれ、適切に展開していったという、条理の存在を前提として書かれている。

そこで標題の「大きく疑えば大きく進歩し、小さく疑えば小さく進歩する」が登場する。すなわち、人間が生きている限り、身の回りに存在する物や出来事には、全てやりようによってはいくらでも人生を快適にし、楽しく過ごせる条理が存在する。したがって、ただ受け身でやり過ごすのではなく、それらを積極的に観察し、大いに突き詰めていくことが必要なのであり、そこには必然的に人としての倫理的な生き方が、条理として立ち現れてくるのである。つまり、益軒にとって条理とは、人間が最も快適に、楽しく生きるためのルールであった。

もちろん日々の生活には、思い通りにいかないことや、辛いことは満ち溢れている。しかし、その原因と克服方法をあらゆる方向から目いっぱい考え、何としても人生を楽しくしようとすることは、それがそのまま全人生をかけた工夫となるのであり、いかなる場合でも絶対にそれを切り抜ける条理があると信じることは、強固な心をつくるのである。

益軒が目指したのは、知性に裏打ちされた、明るく力強い「個」の確立であり、それは朱子学の流れをより日常に引きつけ、推し広げるものだったのである。

第八章　武士をつくる

兵法、軍学、儒教

徳川家康によって、政治的、倫理的指導者としての武士が目指されて以降、模範的な武士をつくろうという動きが起こっていた。

この流れを思想的に整備したのは、山鹿素行（一六二二〜一六八五）である。素行は武士の生き方に儒教倫理を取り込み、「士道」として体系化していった。素行が『武教小学』でまとめた生活の作法は、微に入り細にわたっており、武士たちは朝早く起きてから、夜遅く寝るまで、身支度や武具の手入れに余念なく、立ち居振る舞いを厳正にし、学問武芸に励んで謹直に業務をこなし、政治的、倫理的に人々の模範となる道へと進んだ。

ただ、士道は誰にでも当てはまる武士の「理」を設定してそれを当てはめるというより、歴史的に最も合理的で洗練された武士の起居動作を「道」とし、一人一人が道に沿って経験的に成長していくことを目指していた。したがって、この当時は朱子学者であった素行だが、次第に朱子学から離れ、「古学」を提唱するようになる。

士道の確立は、太平の世になって整備された「軍学」という学問に連動している。これは戦国時代までに確立された軍事学を整備、体系化したものであり、そこには軍礼（軍を精神的にまとめるための儀式）、軍法（軍を組織的にまとめるための法律）、軍器（軍を細分化して細かく指揮するための道具）、軍略（軍の運用を効率化し、最小限の損害で勝つための工作）、軍配（天文地理や占いといった、環境要因を把握する方法）といった、勝利に必要なあらゆる技術がまとめられた。

軍学で最も名を馳せたのは、小幡景憲（一五七二～一六六三）である。彼は武田信玄の戦略戦術をまとめた「甲州流軍学」の創始者として知られ、また信玄の重臣であった高坂昌信（一五二七～一五七八）の口述をまとめた『甲陽軍鑑』を完成させたと言われる。『甲陽軍鑑』では「武士道」という言葉がはじめて思想的に使用され、技術を扱う武士の心構えを問題にした。この小幡の弟子が素行であり、素行は甲州流をもとにみずからの軍学である「山鹿流軍学」を開発するかたわら、その技術を扱う武士の規範を整備すべく、武士道と儒教を融合して士道を完成させたのである。

また江戸時代初期には、戦国時代までに確立された武術をまとめ、自流の戦闘術を編み出した「兵法者」が各地に登場し、その技術を解説した「兵法書」が著された。ここには技術のみならず、独自の精神鍛錬の方法なども書かれており、心身を完全にコントロールすることで、敵に勝つ強さを身につけることが追求された。兵法者としての白眉は宮本武蔵（一五八四～一六四五）である。武蔵は禅に結びつけられやすい精神鍛錬とは一線を画し、勝利を追求する中に存在する、あらゆる要素を研究しつづけた。その結果、何にもとらわれず、何にも頼らないことで、弱さの原因となる全ての要素を切り捨てた境地、すなわち絶対的に孤立した、無敵の「個」を打ち立てようとしたのであった。

兵法も軍学も、極限まで技術を追求する先に、それを操る人間のあり方を、合理化しようとする思考は変わらず、物事の理を突き詰め、人生や社会を倫理によって合理化しようとする朱子学と、並行して存在したのである。

古い武士と新しい武士

ついではじまった文治政治の進展は、武士の殺伐とした性格を抑制することに大きく役立った。これには保科正之を筆頭とした、江戸時代初期の名君のはたらきが大きい。

一方、事務能力や学識が重視される風潮が強まるにつれて、文弱に流れて武芸を忘れ、外聞を気にして保身に走る人材も別に生まれていた。要するに、規範や倫理が内面化されておらず、私益を追求する官僚が増え、賄賂や不正の温床となっていたのである。

第五代将軍綱吉の頃に顕著となったこの風潮に対し、第六代将軍家宣と新井白石はこれを是正し、官僚としての知性を持ちつつも、軍人としての勇敢さと、気高い使命感を持つ武士をつくれるよう腐心していた。

こうした問題が起こることは、正之と同時代人であった熊沢蕃山が既に予見しており、その原因は、武士が城下町に集住して領地を持たず、米の現物支給を受けることで、たえず上の機嫌を覗うように飼い慣らされていることにあると考えた。後に白石と同時代人である荻生徂徠もまた同様の指摘を行う。その対策として彼らは、農村に土着してみずから経営し、経済的に自立することを目指す、「武士土着論」を提唱した。

この発想は、武士の独立性を復活するものであり、それは秀吉や家康が苦労して成し遂げた統一を、再び分断する危険があった。したがって、武士土着論は多分に警戒され、採用されることはなかったものの、ここには土地の経営による経済的な自立はもとより、武士が土地に根づくことで培ってきた、内発的な価値観をかき立てる狙いがあった。

その価値観とは、「兵（つわもの）の道」である。

これは、平安時代末期から、自力救済でしか生き残れない闘争の中で、生存本能を極限まで刺激された武士が、主従関係を強化するための外的な規範を定め、闘争の中で各種の美徳を生んだことで、自然発生的に形成されたものである。規範は後に鎌倉幕府によって「御成敗式目」として法令の中に組み込まれ、また室町幕府によって「武家礼法」として儀礼化されることとなる。一方で美徳については、後に「忠節」「礼儀」「武勇」「信義」「質素」などといった言葉に回収されていくが、この時は一人一人の強烈な個性によって表現された、個別の言動が模範的に扱われただけであり、体系化されたものではなかった。

このような美徳を武士に思い出させ、真に自立した存在にしようとしたのが蕃山や徂徠であった。

しかし、こうした美徳は、必ずしも新しい武士の規範と重なるものではない。もしもそうならば、殉死の禁止をはじめとして、正之たちが武士の慣習を変革し、彼らの私情にもとづいた主従関係を変質させていく必要はなかったのであり、さらに言えば、武士たちは、はじめから公僕だったはずである。

すなわち、古の武士の美徳というものは、あくまでも個人的な心情にもとづき、その言動の責任を全て自分で引き受けた生き方であって、極めて私的な信念だったのである。これにもとづいて組みあがった大名家もまた、私的な主従関係であって、公器としての意味合いは限りなく低くなる。

このことに気づいていた正之は、素行や蕃山の議論にそうした危険を感じ取り、かれらを追放することで対処した。また、白石はあくまで中央集権的な国家づくりを進めるべく、儀礼の整備と教育の促進を通じて、文武に秀でた官僚としての武士を育成しようとした。

だが、素行が武士道を洗練して士道を提唱し、蕃山が教育制度を整えて武士の教育を促進したように、彼らもまた古い武士をそのまま復活することは考えておらず、日本独自の美徳を儒教の文脈で洗練させ、新しい武士の規範をつくろうとしていた。徂徠にしても、制度設計によってこの問題はクリア可能であり、かつ武士の内面にまで踏み込んで指導することは不毛だとしていた。

これが素行、蕃山、徂徠が朱子学から離れ、それぞれ古学、陽明学、古文辞学を奉じた理由である。

彼らの対立は、党派対立的に語られることが多いものの、実際は、こうした思想的軸の違いから生まれているのである。

武士の美徳あれこれ

ここで一度立ち止まり、中世までの武士の美徳を見てみたい。

軍記物語などで抒情的に記された彼らの美徳は、全時代にちりばめられている。たとえば平安時代末期、一〇代の少年であった鎌倉景政は「後三年の役」に参加し、敵に右目を射抜かれた。しかし景政はその矢を抜くことなく、そのまま敵に返し矢を放って討ち取り、帰陣の後、同輩に矢を引き抜くように頼んだ。同輩が景政の顔に足をかけて引き抜こうとすると、その足を刀で薙ぎ払い、「武士と生まれたからには戦場で死ぬのは本望である。どうして生きながら足で面を踏まれて我慢できよう。貴君をここで敵として死んだほうがましだ」と言い放った。命よりも名誉を躊躇なく選び、無双の強さを誇った景政は、鎌倉の守護神として祀られた。

源平合戦の頃、平家方について敗北を悟った斎藤実盛（生年未詳〜一一八三）は、齢七〇に差し掛かる老年だったにも関わらず、故郷を死に場所と定めて錦の着物をまとい、老人だと侮られ、手加減されないように髪を黒色に染め、逃げ惑う平家方をよそに、一人で源氏の軍勢を引き受け、奮闘して散っていった。ここにはみずから死に場所を選ぶことで死に意味を与えようとする美学がある。

鎌倉時代には謹直無私で「鎌倉武士の鑑」と言われた畠山重忠（一一六四〜一二〇五）もさることながら、青砥藤綱（生没年未詳）も見逃せない。藤綱はある日の晩、鎌倉の滑川でお金を一〇文落としたが、それを探すために五〇文で松明を買った。周囲がそのおかしさを笑うと、「一〇文をそのままにしておけば、天下に流通する財産を失うこととなる。しかし、五〇文払って一〇文を得れば、天下には六〇文の財産が流通するではないか」と述べた。これは藤綱が鎌倉幕府の要職について公正な裁判を行い、また貧窮した人々に広く施したことと合わせ、公共意識の高さを物語っている。

南北朝時代には、北畠顕家や楠木正成（一二九四〜一三三六）は南朝方について戦うも、両名共に主君である後醍醐天皇と、その周辺の貴族や僧侶の堕落、悪政を批判し、味方の敗北すら予言したが、最期まで朝敵の覆滅を念じ、戦場の露と消えていった。彼らにとって忠誠とは、自分の正しさの問題であって、主君の如何は問題ではなかった。

古の武士たちの人生を通じて、無数に表現された美徳は、人の情感にダイレクトに迫ってくる生々しさと、生活に立脚した力強さを持っていた。そして、それが武士たちの「家名」に関わる物語として、模範的に語られ続けることで、武士はみずからの誇りと存在意義とを確認していたのである。したがって、古い武士の美徳が滅びることは決してなく、それは新しい武士の規範と緊張関係をつくりだす。その緊張が表面化したのが「赤穂事件」である。

緊張と融和

赤穂事件は、一七〇二年一二月一四日、旧赤穂藩士であった大石良雄（一六五九〜一七〇三）以下四七名が、高家（対朝廷関係の儀礼を担当する役職）であった吉良義央（一六四一〜一七〇二）の屋敷に討ち入り、その首級をあげたというものである。

これより以前、幕府は毎年、朝廷に年頭の礼使を送り、これに対する返礼として、朝廷から勅使が派遣されていた。この勅使をもてなす「勅使供応役」に任命されたのが赤穂藩（現・兵庫県）藩主の浅野長矩（一六六七〜一七〇一）であり、その指導にあたったのが高家の吉良であった。

ところが、勅使供応の当日、江戸城内にて突如、浅野が吉良に斬りつけるという事件が発生。吉良は一命をとりとめたが、幕府は浅野を切腹の上、赤穂藩は取りつぶしと決定した。

この処置に対し、「喧嘩両成敗」という中世以来の慣習法が無視されたと判断した、旧赤穂藩士たちは、みずからの手で吉良を討つことを決め、一年越しの準備の末、吉良邸討ち入りを敢行したのであった。討ち入りに際し、彼らは法令で決められていた届け出を行わず、吉良邸に奇襲をかけることで、その目的を達成している。

吉良を討った旧赤穂藩士たちは、その首級を浅野の墓に供えた後、幕府の裁定により切腹して果て、その亡骸は浅野の墓の周囲に埋葬された。

この事件は、日本中を驚かせ、武士のみならず、多くの人々の議論を生むこととなった。

そもそも、浅野は何故、吉良を斬りつけるほどの遺恨を抱いたのかなど、不明なことは多い。だが、当初から彼らの行動を「忠義」とする声が多く、約五〇年後に「仮名手本忠臣蔵」として歌舞伎の演目になると、この評価は確定することとなる。

この事件の問題は、忠義という美徳を全うするために、幕府の定める法令を破ったことにある。さらに言えば、こうした私的感情にもとづく行動が公的に認められれば、主観的な判断によって、いつでも法令をないがしろにすることが可能になるのである。

赤穂事件と前後して、こうした刃傷沙汰や仇討ちといった事件は定期的に発生しており、これをどう処理するかによって、武士のあり方が決定づけられ、国の行く末が大きく変化する可能性があった。

この問題に対し、林家の当主である林鳳岡は、「復讐論」を著し、赤穂藩士たちの行動は「義」であるとした。また、室鳩巣も『赤穂義人録』を著してその「義」を賛美し、遠く中国や朝鮮にまでこれを伝えようとした。ただ、彼らは、その美徳を称賛しつつも決して「理」だとは言わなかった。つまり、個別的な状況下でその正しさは認められるものの、それは武士の規範となるような普遍的なありようではない、ということである。この場合、古い武士の美徳は、最終的に法令違反の責任を引き受けて切腹することで、公私の矛盾を解消する。

一方、荻生徂徠は「四十七士論」を著し、浅野は幕府に切腹させられて死んだのだから、仇討ちの対象が吉良になっていることは見当違いの「不義」であり、死罪にすべきであると主張した。この場合、そもそも矛盾は存在せず、単純な違法行為を処罰するだけということになる。

また、赤穂藩は山鹿素行と関わりが深く、大石もまた素行の弟子であったが、素行亡き後の山鹿家からは、この討ち入りが手続きを踏んでおらず、したがって士道ではないと判断された。

この時には既に保科正之と熊沢蕃山はこの世におらず、新井白石はまだ甲府にいたため、彼らの意見は知りようもないが、正之と白石ならば、恐らくは厳罰に処したであろうことは想像に難くない。

こうした議論とは別に、武士の美徳を理論化し、後世に残そうとした佐賀藩（現・佐賀県）藩士の山本常朝（一六五九～一七一九）が現れる。彼は、主君に対する個人的な情愛を極限までかきたて、理屈も名誉もかえりみず、ひたすらに奉仕し続ける武士のあり方を『葉隠』にまとめた。

　その後、第八代将軍吉宗によって「武家諸法度」が改訂され、「文武弓馬の道、専ら相嗜むべき事」という第一条が復活したことで、文治政治の官僚化路線に歯止めがかけられる。また、松平定信をはじめとする大名たちは、優れた朱子学的教養を身につけて武士の規範を生み出すかたわら、みずから兵法や軍学を追求して武士たちの模範となった。その結果、古い武士の美徳と新しい武士の規範は、学問と武芸の鍛錬を通じ、一人一人の武士の人格の中で共存することとなる。

　こうして、外的な規範に唯々諾々と従うことなく、さりとて内面の私情を露出して無責任にふるまうこともなく、みずからの責任でそれらを取捨選択し、自己をつくりあげていく強烈な「個」としての武士が生まれてきた。すなわち、現代人が「武士」と聞いてイメージする、文武にいそしみ、高潔な倫理観を持ち、死をもって自己の信じる正義を主張する存在は、こうした産みの苦しみの末に、はじめてつくられたのである。

　ここでは宮本武蔵、山鹿素行、山本常朝についてもう少し概観し、武士特有の緊張感を味わってみたい。


宮本武蔵「我、事において後悔をせず」（『独行道』）

宮本武蔵が生まれた一五八四年は、小牧長久手の戦いが起こった年である。

この戦いの後、豊臣秀吉は各地の戦国大名に「惣無事令」を出し、刀槍で成り上がる時代に、事実上の終止符を打った。武将としての武蔵は、生まれると同時に死んでいたのである。

だが、武蔵はそんな時代に逆行するように、心を将、身体を兵に見立て、これを自在に動かす「兵法」を開発することで、敵に打ち勝ち、みずからの将才を証立てようとした。

武蔵は、一三歳で臨んだはじめての決闘を皮切りに、二九歳まで六〇余回の勝負すべてに勝利したという。中でも二一歳の頃、京の有名な武芸者と、数度にわたる勝負をして勝ったというエピソードは、武蔵の名を大いに高めた。そして巌流という武芸者と、豊前小倉藩の舟島（現・山口県）で行った決闘は、「巌流島の決闘」として、さまざまな媒体に取り上げられている。

この間、武蔵はあらゆる武器を吟味して使いこなすこと、頭のてっぺんから、足の指先まで適切に運用すること、確実に相手を仕留めるための仕掛け、そして、必殺の気魄を高めるための心構えまで、詳細に探求し続けた。

兵法にこだわるこの執念は、どこからくるのか。

武蔵にとって兵法とは、合理的思考を徹底する中で、己以外の何にも頼らず、何にも執着しない心をつくり、永遠の孤独に安住する方法論であった。兵法を体得すれば、公正に人材を扱い、適切に集団を指揮し、身持ち正しい政道が実現できる。すなわち、武蔵は武将として、万民の指導者となることを志していたのである。

しかし、関ヶ原の戦い、大坂の陣、島原の乱と、多くの戦乱に関わったものの、時代は既に槍働きで一国一城の主になれる段階を過ぎており、太平の時代にあって、武蔵の志が果たされる可能性は、はじめからゼロに等しかった。

時代が許さぬ志の正しさを、武蔵は剣での無敗によって主張した。孤独に徹した生き様は、むしろ激しい自己主張の様相を呈している。それは、己の不遇との戦いでもあった。

武蔵の活躍は、武術だけに止まらなかった。彼は多くの書画を残しており、余白を十二分にいかした枯淡な画の数々は、武蔵の内的世界を表現しているようにも見える。また、連歌や工芸の他、姫路藩（現・兵庫県）の依頼で行った町割り（都市計画）や、寺院の作庭では、空間演出に才能を見せている。これらは全て、兵法によって磨き上げた、合理的思考の発露である。

二九歳で決闘をやめた武蔵は、以後、ひたすらにみずからに向き合う日々を送ったが、そんな武蔵を各地の大名らが放っておくことはなかった。

姫路藩主であった本多忠刻（一五九六～一六二六）、小倉藩主であった小笠原忠真（一五九六～一六六七）、延岡藩（現・宮崎県）藩主であった有馬直純（一五八六～一六四一）などと交流を持ち、各地に「円明流」と名づけられた武蔵の剣術が伝播されていった。最終的には肥後藩（現・熊本県）藩主、細川忠利（一五八六～一六四一）に招聘され、客分として七人扶持に屋敷、さらに鷹狩りの権利を与えられるという、破格の待遇を受けることとなる。

細川家の庇護の下、熊本金峰山にある霊巌洞に籠もった武蔵は、代表作である『五輪書』の執筆にとりかかり、みずからの兵法をまとめあげた。そして「独行道」を書き上げた直後の一六四五年、武蔵は自邸で没する。

「人生で行った全ての決断について、後悔はしない」。標題の言葉は、「後悔」という形をとって、心を苛んでくる生まれつきの不遇を相手に、合理的思考を剣に、孤独な心を鎧として戦い、指導者の人生を全うした、武蔵の無敗宣言である。

山鹿素行「道は人物由りて行くところの名なり」（『中朝事実』）

山鹿素行は早熟だった。九歳で林羅山に入門。並行して神道や歌道を修め、軍学の大家であった小幡景憲や北条氏長にも師事した。一八歳にして儒教の入門書『四書諺解』を完成させ、二一歳で小幡から印可を受け、『兵法神武雄備集』を著した。

そんな素行の下には、桑名藩（現・三重県）藩主であった松平定綱（一五九二〜一六五二）や、赤穂藩主であった浅野長直（一六一〇〜一六七二）らが入門した。三一歳で浅野家の「兵学教授」に就任。教育のかたわら『武教全書』や『修教要録』といった、儒教、軍学、政治関係の書物をまとめた。

順風満帆のように見える素行であるが、四〇歳をこえたあたりから、思想上の変化が生じる。朱子学への疑念が深まり、朱子学批判を通じてみずからの儒教思想を体系的にまとめた『聖教要録』を四四歳で発表し、「古学」の立場を鮮明にしたのである。

ただ、これが保科正之に忌避され、赤穂へ流罪となる。以後、約一〇年を流謫の身として過ごしたが、この間にも素行は、精力的に執筆活動にいそしみ、日本独自のあり方について記した『中朝事実』や、武家の百科全書ともいえる『武家事紀』などを著し、思想を完成させていく。

保科正之の死をきっかけに赦免され、江戸に戻ってからは講学にいそしみつつ、自伝となる『配所残筆』を著し、無位無官のまま六四歳で死去した。本来は、林家に期待された逸材であったことから、政権中枢に近い立場で活躍する可能性も高く、本人にもその野心があったにもかかわらず、古学を提唱したことでそれを失った。そうせざるを得ないほど、内面の思想的主張が強かったのである。

素行の独自性は、自身の学問を徹底した「実用の学問」と定義したことにある。

実用とは何か。それは標題に引いた「道とは、人や物がそれに沿って生きるものの名である」との言葉に集約される。

これは、前述の通り、歴史的に最も合理的で洗練された生活の方法を「道」とし、それに沿いながら、経験的により良くなるよう、日々磨き上げていくことを想定している。

こうした考えから、素行は「仁」や「義」を、人に対する思いやりや正義感といった心情に落とし込み、そうした心を持つ人は、常に自分の立ち位置と、要求されるあり方をわきまえ、立場と役割分担が明確になった生活や仕事を通じて、人生や社会をより良くしていくと説いた。

素行の説く古学は、合理的、経験的に軍隊の編制、運用を考える軍学と、相性が良かった。素行の考える「日本」を説いた『中朝事実』も、日本が世界に優れた国である理由を、この立場と役割分担が明確であることにあると説く。

素行は言う。

「たとえ君主であっても道に則って天下を制御できない者は、君主ではない」。

『中朝事実』は、日本こそが中国（中華）であるといった言葉が強調されているため、その本質を誤解されてしまいがちだが、中国であるためには、他国よりも要求されているハードルが高い。自己主張を押し通すことは、君主であっても許されない。

素行が出世を断念してまで古学を説き、日本の優越性を断言したのは、楽観的な日本賛美ではない。全ての武士を立場と役割分担に落とし込み、日本を国力、精神性共に最強の国家にしようという、緊迫した意志があったのである。

山本常朝「武士道と云は、死ぬ事と見付たり」（『葉隠』）

江戸時代は特に中期以降、武家社会が固定化しており、流動性が著しく低かった。その上、武家に男子が複数生まれると、ポストにあぶれる次男、三男がそこら中にあふれる。彼らは長男の家系が断絶した時のためのスペアとして存在し、「部屋住み」の「厄介者」と呼ばれた。

他家に養子に出ることができれば幸運だが、そうでなければ結婚すらできない。一生貧乏な実家暮らしである。そんな閉塞的な社会であれば、当然、人間の根性は腐ってくる。

これは江戸時代に限らない。閉塞的な社会ではいつでも起こる現象である。受験戦争を勝ち抜いて大学に入ったものの、その後の就職は思うに任せず、給与は一向に上がらない。むしろ食っていけるだけの給与があるだけマシ、結婚などは夢のまた夢―。自分たちの周りを見渡しても、誰しも似たような状況を目にしたことがあるだろう。

そんな時代にあっても、腐らずに生きた武士も大勢いた。彼らは、唯一あり余っている時間を、詩や文芸、音楽、園芸など、「道楽」への追求に投下した。そこに命をかけることが、人生の価値を自分でつくることでもあった。「武士は食わねど高楊枝」。江戸の豊かな文化は、皮肉にも閉塞した時代から生まれたのである。

山本常朝はそんな世相そのものに異を唱えた。

「すくたれ、腰抜け、欲深く我為ばかりを思ふきたなき人が多く候」（卑怯者、腰抜け、欲深く、我利我利の汚い人間ばかりだ）。平和の代償として、すくたれが幅を利かし、素直な人間が泣きを見る社会が生まれたと感じていたのである。そのような平和は偽善であり、退廃に他ならない。山本はその原因を、人間の本性に見た。

自己防衛本能がある人間は、無意識に思考を誘導する。黒を白と言いくるめる思想を理屈が補強し、どんな悪事もさらっと行う。山本にとって、「忠孝」という言葉すら、すくたれの隠れ蓑に過ぎない。

そんな時代に、常朝の用意した処方箋は「死にもの狂い」である。

「忠も孝も不入、士道におゐては死狂ひ也。此内に忠孝は自らこもるべし」「無二無三に死狂ひするばかり也。是にて夢覚る也」。

相手のために死にもの狂いになるから、間違いや失敗があればすぐに気づいて修正できる。そんな中で、理屈は空疎な夢にすぎない。そうした死にもの狂いは、親や主君に対する真剣な想いがさせる、と考えた山本は、その心境を恋にたとえ、「思ひ死に極るは至極也」と表現する。「思ひ死に」に理屈はない。ただ命がけで相手を陰で支えるだけである。そうした生き方は、きっと世間から過激だ、傲慢だと非難されるであろう。

「大高慢にて、吾は日本無双の勇士と思はねば、武勇を顕すこと成がたし」。

卑怯者としての生を死ぬことで、はじめて人として生きることができる。『葉隠』とは、武士なき時代に顕れた、佐賀武士の思想である。そこで語られた「死」とは、むしろ溌剌とした「生」だったのである。

第九章　歴史をつくる

歴史とは何か

人間がみずからの来歴をふりかえり、何世代も前に思いを馳せる時、そこにはおのずから歴史が生まれてくる。歴史は、ただ何世代にもわたって人間が存在するだけでは、生まれてこない。動物は過去を振り返らないから、動物には歴史が存在しない。たとえ動物に進化の歴史があるとしても、それは人間が動物を理解しようとしてまとめたものであって、動物自身には何らあずかり知らないことである。すなわち、歴史を知ろうとすることは、知りうる限りの過去の事実を組み合わせ、人間がみずからの生きる世界の物語を知ろうとする行為なのである。

現代の歴史学は「実証」を重んじている。すなわち、当時の文献や文物にもとづき、そのデータを列挙することで、「事実」を明らかにしていこうとする。この場合、確実なのはデータのみであり、データに残っていない空白部分を想像することは、控えなければならない。

ただ、それだけでは歴史を説明できないため、データを組み合わせていく中で推測可能な範囲を定め、特定の時代に対する説明をつくりあげていく。これは新たに発見される事実によって組み替えられることを前提としており、歴史は永遠に書き換えられることとなる。

この実証的研究が問題にするのは、近代以前の歴史が、往々にして特定の思想や宗教にもとづいて、偏向的に書かれていることであり、実証的な研究によってこれを是正せんとするのである。

しかし、この実証的な研究もまた、人間が歴史によって物語をつくりたがる欲求に抗うことはできなかった。歴史学における「史観」というのがそれで、特定のテーマにそってデータを組み合わせ、社会や人間のあり方を説明しようとするのである。これが近代以降に盛んになると、不可思議な現象が起こる。

すなわち、データにもとづく実証をもって、前近代の歴史研究を否定していく一方で、データの組み替えによってみずからの信ずるイデオロギーを補強し、特定の政治主張に結びつけていったのである。こうした研究の不可思議な点は、特定のイデオロギーがかつての思想や宗教と同じく、個人的な信念であるにもかかわらず、他の思想や宗教とは異なり、データにもとづいた「事実」であるとし、みずからの持つデータの限界や、テーマの主観性に何らの疑いも差し挟まなかったことにある。

これに対し、あくまで実証的な研究を徹底し、当時の人々の生活や心情に迫ろうとした研究も多く存在し、現在を生きる人々に、多くの歴史知識を提供してきたが、それは一般の人々が歴史と向き合い、どのように生きていくかを考える物語を提供することは、原理的にあり得ない。

こうした歴史研究は、歴史をみずからと切り離し、フィクションを楽しむ感覚で向き合う一般の人々が増えるにしたがって、安定した地位を築き上げた。人々は歴史研究の成果を用いてさまざまな物語をつくり、新たな研究成果をもとに新たな推測を立ち上げ、お互いに持ち寄ることで純粋に楽しもうとする。実証的な研究は、彼らに歴史を語る楽しみの資源を提供することで、その存在意義を保つのである。

これは思想信条の自由にもとづく市民社会を維持する上で、理想的なあり方であるし、また、実証的な研究の客観性を保つ上で、健全な環境だと言える。現代でもこうした流れとは別に、特定の政治主張を正当化するために、「〇〇史」というテーマで歴史がつくられることは多いから、それに対するカウンターとして、この立場は有益である。

ただ、この場合、人々が歴史を見て感じるのは、好きか嫌いか、格好いいか格好悪いかといった、極めて私的な感情だけであり、また歴史上の人物や事件に対して、多方面からその性格を考えるため、善人が悪人にもなり、悪人が善人にもなって、結局のところ、全ての価値が相対化されていく。

また、前述の通り、仮に歴史がつくられたとしても、それを自分の物語として自覚しない限り、それは当人にとってないのと同様である。つまり、歴史的知識が多くても、それが自分の生き方に何らの反省ももたらさない場合、その人はどこまでも「現在」を生きる「個人」であって、過去の価値観と現在の価値観がどれも絶対ではないことを知っている分、国家や家族が用意している価値観も突き放し、全ての判断を自分で引き受けるという重圧に生きることとなる。

たいていの人はそのような重圧には堪えられないため、現在の価値観や体制にほどよく順応しながらも冷めた態度をとり、個人の幸福を最大限に追求していくこととなるが、これは全ての価値観から解放され、自由を生きなければならない、「近代市民」ならではの悩みであろう。
ともあれ、歴史と一口にいっても、そこにはさまざまな態度があり、それが社会を動かし、新しい歴史を作っていくのである。

「大義」という物語

徳川幕府は日本の通史編纂を行おうとした。まず第三代将軍、家光の命により、林羅山が『本朝編年録』を完成させたが、明暦の大火によって消失。次に第四代将軍、家綱の命によって、林家の邸宅内に「弘文院」という編纂拠点が設けられると共に、朝廷、大名、寺社に残る史料の提出が命じられ、羅山の息子である林鵞峰（一六一八〜一六八〇）を中心に、七年越しで『本朝通鑑』が編纂された。これは中国の国史編纂の体裁に倣ったものであり、神話の時代から後陽成天皇の時代までを、「編年体」（年代順に歴史を記述する体裁）でまとめ、史料の蒐集から整理まで、実証的に行うことを意識している。

これとほぼ同時期に、水戸藩主であった徳川光圀も、通史編纂事業を開始した。これは後に『大日本史』という形で実現する。光圀が編纂事業を行ったのは、中国の歴史書である『史記』によって大きく人生を変えた経験から、歴史の底流をなしている国のあり方や人の生き方、すなわち「大義」に着目したためであった。

光圀は歴史から大義を読み取ることを目的としたものの、大義は歴史の中に自然と存在しているのだから、それを牽強付会に理論化せず、むしろ可能な限り実証的に歴史を記述する中に、自然と現れてくるようにすべきだと考えていた。

この考えにもとづいて光圀は、江戸の水戸藩邸に「彰考館」を設け、全国から学者を招聘し、また彼らを日本中に派遣して、各地に残る記録を蒐集させ、第一代天皇である神武天皇（生没年未詳）から、南北朝統一時の第九九代天皇である後亀山天皇（生年未詳～一四二四）までの時代を、「紀伝体」（人物ごとに歴史を記述する体裁）でまとめようとした。

『大日本史』は紀伝体の形式をとることから、「本紀」（帝王の歴史）、「列伝」（群臣の歴史）といった人物史の他に、「志」（天文、地理、制度などの各分野史）、「表」（年表）を含み、最終的には神武天皇から、第一〇〇代天皇である後小松天皇（一三七七～一四三三）までの時代がまとめられ、全三九七巻、目録五巻が完成したのは、実に一九〇六年となる大事業であった。

光圀は、「志」「表」にも強いこだわりを見せ、歴史上のあらゆるデータを知ることで、当時の人々が見ていたものや息づかいを再現し、そこに歴史をより深く知る手がかりを求めようとした。

この他、光圀が示した編集方針として、「三大特筆」と呼ばれるものが存在する。それは「神功皇后を后妃伝に列する」「大友皇子を本紀に格上げし、天皇として扱う」「南朝を正統とし、三種の神器が渡った時点で北朝を正統とする」というものである。

これらはいずれも、皇室における「正統」を決定する行為である。これを行った理由は、天皇から皇族、群臣（貴族や武士）の立場ごとに目次を設定し、人物をその立場に応じた項目に配列することで、彼らが実際に行った行為や、置かれた境遇が正しいのか間違っているのか、言い換えれば、立場と役割が全うされているのか、自然と分かるようにするためである。

つまり、光圀は人物史には実証的な記述を行い、それに対する是非の批評を下さないかわりに、その人物が配列された項目に立場を明記することで、立場や役割から逸脱している場合、明らかな違和感を覚え、社会の混乱や戦乱の発生が、そこから起こったと分かるようにしているのである。すなわち大義とは、全ての人に与えられた立場と役割を全うすることであり、歴史を知ることでみずからの立場と役割をふりかえることこそ、歴史を学ぶ意義となるのである。水戸藩の歴史研究は、大義を軸にした思想へと発展していき、「水戸学」という学派を成立させることとなる。

『本朝通鑑』と『大日本史』は、江戸を代表する二大史書であり、いずれも実証性の高さにおいてこれまでにない水準を保っていた。これとは別に、積極的に歴史を批評する動きも登場する。

「勢」と「義」という物語

新井白石は『読史余論』を著して、政治の実権が天皇から貴族へ、貴族から武士へと移っていった流れを記した。そこでは、朝廷内で発生した九回にわたる権力構図の変化を「九変」、武家社会で発生した五回にわたる権力構図の変化を「五変」とし、「九変五変説」を提唱している。この変化は、政治における「徳」の有無によって起こり、善政を行わずに徳を失った者は権力を失う、という論理にもとづいて整理されている。

そして白石は、そうした変化は「勢」という力学によって、必然的に発生していると考えた。これは、人間の言動が引き起こす変化のベクトルであり、善政による徳でコントロールしなければならないとする。

こうした歴史記述によって白石は、徳川幕府が政権を握っているのは、朝廷に徳がなく、幕府に徳があるからであり、徳川家が日本を統治する正統性を主張した。ただし、この変化は天皇の地位に関わらないとすることで、白石は中国のような革命による王朝交替を避け、むしろ天皇は権力交替によっても日本がばらばらにならず、精神的に一つにまとめることのできる象徴的存在であるとした。白石はこの考えにもとづき、実際に閑院宮家を創設し、将来的な皇位継承問題に対処している。

白石の歴史記述は政治史に属するものであり、明治に入ってからも教科書的に扱われていたほど優れたものであった。また、『読史余論』は『神皇正統記』と論理的に重なる部分が多く、非常に強い影響を受けている。ただし、『読史余論』は「徳」に比重を置き、権威と権力を分離することで、幕府の正統性を論証している。

水戸においても『大日本史』とは別に、個別の学者による歴史書が著された。彰考館の総裁として『大日本史』編纂を指揮した安積澹泊は、「大日本史論賛」を著して、人物伝の批評を行い、その後に続いた栗山潜鋒（一六七一～一七〇六）、三宅観瀾（一六七四～一七一八）は、それぞれ『保建大記』『中興鑑言』を著し、平安時代末期に起こった「保元の乱」と「平治の乱」、鎌倉時代の終焉と南北朝時代のはじまりに起こった「建武の新政（建武中興）」を題材に、「三種の神器」と「義」を軸とした正統性について論じている。

これらはいずれも、天皇の地位を前提としつつも、それが無条件に政治権力を持つべきものではなく、あくまでも国民のための善政を行ったかどうかを問題とする。また、日本の正統な統治者が天皇であったことを強調することで、幕府の正統性はあくまでも善政を行うことにあるのであり、それが崩れれば、権力交替が起こることを示唆する。

つまり、彼らは天皇と幕府の双方に、強い緊張感を持って、立場と役割に徹することを求めているのであり、権威の象徴である天皇と、権力の保持者である幕府が、相互に補完し合って統治していく体制を、一つの政治的発明として、十二分に機能させようとしたのである。

これが江戸時代につくられた歴史であり、その実際は、国のあり方と人の生き方を、立場と役割に集中させることを目的としていた。立場と役割がつくってきた日本の物語こそ、江戸時代につくられた歴史なのである。

ここでは徳川光圀、安積澹泊、栗山潜鋒、三宅観瀾について、彼らが歴史にかけた思いを見ていきたい。

徳川光圀「神儒を尊んで神儒を駁し、仏老を崇めて仏老を排す」（『梅里先生墓誌銘』）

「水戸黄門」として親しまれている徳川光圀は、水戸藩を「思想の藩」として運命づけた人物である。

初代藩主であり、父であった徳川頼房（一六〇三〜一六六一）は、その側室が光圀を懐妊したことを喜ばず、堕胎を命じたことから、側室は家臣の独断で秘密裏に連れ出され、その家で光圀を出産、養育した。しかし、頼房は光圀の存在を知るや、病弱であった兄、徳川頼重（一六二二〜一六九五）を差し置いて跡継ぎとし、武人としての強さを叩き込むために、これでもかと過酷な試練を与えた。

一方で兄の頼重は、至って温厚な性格で、何をやらせても光圀より優れていたが、何かにつけて勝負を挑み、突っかかってくる光圀を軽くいなし、優しく労ってくれた。もちろん光圀が跡継ぎとなることを心から応援し、嫌みの一つも言わない。この兄を差し置いて、何故自分などが跡継ぎとなるのか。光圀には父の理不尽と兄への申し訳なさとで、自分の存在を許せなくなる。

こうした生い立ちから自暴自棄となった光圀は、長じるにつれて放蕩無頼を重ねるようになり、傅役が切腹して諌めようとしたこともある。

転機は一八歳の時、『史記』「伯夷叔斉列伝」に触れたことで訪れた。

伯夷と叔斉は兄弟であったが、弟の叔斉に位を継がせたい父の意を察した兄の伯夷は、みずから国を出奔することで、父の願いを遂げようとする。これを良しとしない叔斉もまた兄の後を追い、国は彼らのさらに弟が継いだ。伯夷と叔斉はその後、周という国が善政を行っていると聞いて住みつくが、この周が革命によって天下を取ると、それは「不義」であると非難して、首陽山（西山）に隠棲し、そのまま餓死したという話である。

これを頼重と自身の関係に重ねた光圀は、生きる意味を見出した。三四歳で藩主となるや、すぐさま兄の子を養子に迎えて跡継ぎとし、自身の子は兄の養子にした。次の代で兄弟の序列を元に戻すためである。

藩主としては、城下町の整備、上下水道の敷設、農業振興策の実施に邁進し、六三歳で隠居。以後は「西山」と名づけた山に別荘を建て、そこで隠居生活に入る。水戸藩の基礎をしっかりとつくって兄の血統に譲ったのであった。

このように光圀は、自分の生まれを呪う受動的な生き方をやめ、自分の考える正しいあり方を実現することで、家の間違った流れを断ち切り、正しい流れを実現することに、自分にしか出来ない役割、生まれてきた意味を見いだしたのである。光圀の兄弟はいずれも大変仲が良く、それぞれに助け合いながら生きていった様子が伝わっているが、それはすなわち、学問によって人倫を正しくすることが、人生そのものを変化させるという、大きな成功体験を得たことを意味する。したがって、光圀にとって「大義」とは、自分を苦しめて嫌々守らなければならない呪縛ではなく、立場と役割を明確にすることで、むしろ快適な社会や人生を創造するためのルールであった。

こうした実感を持つ光圀は、学問を奨励し、各地の学者を招聘して、和漢の学問を研究した。『万葉集』の注釈を契沖（一六四〇〜一七〇一）に委嘱し、後に登場する「国学」の基礎をつくらせた他、明国から亡命してきた朱舜水（一六〇〇〜一六八二）に礼法や技術を学び、古墳の発掘調査を行った。中でも最大の事業は、藩の財政の三分の一を費やしたと言われる、『大日本史』の編纂であるが、その成果の一つとして、朝廷の年中行事、儀礼、作法などについてまとめた、有職故実の百科事典、『礼儀類典』を完成させている。この書によって、長い戦乱で失われていた儀礼作法が掘り返され、朝廷の権威が回復する土壌をつくったのである。

あらゆる学問を愛好し、朝廷を尊崇したように見える光圀だが、それはあくまでもみずからを問い直す作業に他ならず、全ては大義を天下に明らかにし、国家や家の理不尽によって居場所を失い、自分の存在意義すら分からなくなる人間を、二度と生まないことが目的であった。

「神道や儒教を尊んでも反論することはあるし、仏教や老荘思想を敬っても排除することはある」という標題の言葉の通り、光圀は知的好奇心で学問を進め、大義を見失うことを嫌った。その姿勢は水戸藩士たちに継承され、「水戸学」という独立した学派を形成することとなる。

光圀は、「水戸黄門」のように諸国漫遊はしなかったが、その学問事業によって、日本の「世直し」を行ったのである。

安積澹泊「豈に唯だ天のみならんや、亦、人に由るなり」（『大日本史論賛』）

「水戸黄門」のお供として諸国を巡った「格さん」こと、渥美格之進のモデルが、安積澹泊である。澹泊は、徳川光圀が設置した『大日本史』の拠点、彰考館の総裁として水戸藩の修史事業を推し進めた。同じく「助さん」のモデルとなったのは佐々十竹（一六四〇～一六九八）である。佐々は讃岐国（現・香川県）の出身であり、朱舜水の弟子となった後に、水戸藩に仕えた。全国を歩いて史料を収集した佐々と、彰考館でデスクワークに徹した澹泊というように、「助さん」と「格さん」は対照的であった。

彰考館総裁の任務は、蒐集資料の解析から、執筆分担の決定、全体のとりまとめなど多岐に及んだ。何より、全国から集められた多くの学者を納得させる学識が不可欠であった。この点から、総裁に任ぜられた澹泊の優秀さが分かる。

全国から招聘した頭脳集団の総裁を、水戸藩生まれの澹泊が務めたことは、藩の一大事業である『大日本史』編纂を、将来的に内製化し得る可能性を示した。本来、藩政の中枢に参画する家柄ではなかった澹泊の抜擢は、身分にかかわらず、学問に励むことによる政治参加の道も拓いた。

さらに澹泊は、荻生徂徠をはじめ、新井白石や室鳩巣など、錚々たる面々と広い交友関係を持っていた。学者は学派や政治志向の相違によって疎遠になりがちだが、澹泊は、同時代で一線級の学者のいずれとも友好関係を保っていた。穏やかな人柄と、その学問が穏健で、党派性が薄かったことを示すものであろう。

唯一の趣味は菊づくりで、さまざまな菊を育て、つくりだす技術は、堂に入ったものであったらしい。

澹泊が優れた学識を持ちながらも、広い交友関係を維持できたのは、人柄もさることながら、師である朱舜水の影響によるところが大きい。舜水は一六四四年に滅亡した、中国の明王朝の遺臣であり、はるか日本にやってきて、明朝復興の援軍を求めた。舜水の希望が叶えられることはなかったが、徳川光圀の知遇を得て、明の学術を伝えることとなった。東京にある小石川後楽園や、湯島聖堂の設計を行ったのも舜水である。

舜水に学んだ学者には、柳川藩（現・福岡県）の儒者で、「西海の巨儒」と呼ばれた安東省庵（一六二二〜一七〇一）や、古学の祖である山鹿素行がおり、学派にこだわらないことが分かる。陽明学の祖である王陽明と同郷の舜水であったが、その学問は朱子学や陽明学のような、国家観や人生観を追求するものではなく、礼法や技術などを多分に含む、百科全書的な学問であった。こうした学問は、他学派からの批判を受けにくい。したがって、澹泊は舜水から学ぶことによって、党派性の少ない修史事業を行うことができたのである。

澹泊は『大日本史』でも本文の記述こそ注意深く実証的に行ったが、それとは別に、総裁として「論賛」をつけた。論賛とは、批評である。澹泊は各章の末尾に論賛をつけ、その歴史が教訓とするものは何か、批評していった。

当時からその文才を称えられていた澹泊だけあって、激烈な言葉などはなく、穏やかで伸びやかな語り口ではあるものの、よく読めば国家のありようや、人のありようを鋭く刺している。そこには「はじめを正す」という基準が徹底されている。これに随う者は栄え、これに背く者はいつか必ず世代を越えて滅びるとする。

「はじめを正す」とは、光圀と同様に立場や役割をしっかりと自覚することであるが、それと同時に、人々と誠実に向き合ってやりとりする中で、そこに立ち現れる変化をとらえ、皆が納得する流れをつくって改革すれば、必ず社会は発展する、というものである。つまり、頭でっかちで先走った改革や、他者を批判して行うような改革は、いずれも誰かの立場や役割を奪い取る行為であって、一時的な効果は期待できても、必ずどこかで破綻するというのである。そもそも、そうした事態になる前に、全ての人が「はじめを正す」ことが必要なのである。

「社会の盛衰は、天のしわざだけではない。人によって起こされているのである」。この標題の言葉は、いつの時代も被害者など存在せず、社会の清濁や国家の歴史は、国民一人一人の生き方の結果であることを、静かに指摘している。

栗山潜鋒「譬へば魚の爛れて、外に未だ見えずして、内に先ず潰るるが如し」（『保建大記』）

山城国（現・京都府）に生まれた栗山潜鋒は、山崎闇斎の弟子で、神道と儒教に通じた学者、桑名松雲（生没年未詳）に弟子入りし、八条宮尚仁親王（一六七一〜一六八九）の侍読となった儒学者である。

崎門の特徴は、厳格なまでの朱子学一尊であり、陽明学や古学を激烈に攻撃した。また、闇斎が「垂加神道」を提唱するや、神道を受容することを巡って、崎門内部でも争いが勃発。「崎門の絶交」（山崎闇斎の学派は、いつもどこかで誰かが争い、絶交をくりかえすほど圭角がひどい）という言葉まで生み出した。

この崎門が歴史を取り扱うと、山崎闇斎はともかく、その弟子たちは「節義」や「大義名分」を大上段にかまえ、歴史上の人物を「尊皇」か否かで、片っ端からなで斬りにしていく。

このような崎門の流れをくむ潜鋒が、『大日本史』編纂に加わった。このため、水戸学に尊皇思想が流れ込み、幕末の尊皇攘夷思想へとつながっていく──。これが『現人神の創作者たち』にて山本七平（一九二二～一九九二）が描いた思想史である。

だが、事実はそんなに単純ではない。

潜鋒は、統治者の条件を「三種の神器」を保持しているかどうかで判断した。三種の神器は、日本神話において最高神である天照大神が、みずからの孫である瓊瓊杵尊に与えた「八咫鏡」「八尺瓊勾玉」「天叢雲剣」の三つである。それは王権の象徴であり、またそれぞれが「知」「仁」「勇」の徳を表すとされた宝器である。三種の神器を統治者の条件とすることには、血統に対して無条件な権威を認め、一切の批判を許さない信仰的姿勢が存在する。この点、やはり崎門の影響を感じずにはいられない。

しかし一方で、八条宮に奉った『保建大記』を読めば、天皇や朝廷の悪政によって、武家に政権を奪われる結果となった過程が、懇々と説かれており、大切なことは武家を批判することではなく、天皇自身の徳に対する、徹底した内省にあるとする。

『保建大記』は水戸藩出仕前の、京時代の著作であるから、武家に忖度して筆を枉げる必要はない。「たとえば魚が腐る時、外にはその形跡が現れないものの、内部では進行しているものだ」という標題の言葉には、天皇や朝廷が本質的に国民のことを考え、秩序を正して善政を行うつもりのないことに対する、強い危機感が看て取れる。

そんな潜鋒にとって、何故幕府が存在するのかを考えず、無条件に天皇を尊崇して権力奪取をもくろむ尊皇ほど、無責任なものはなかった。かといって、そうした言論を批判することは、同じ土俵に立って、ひたすら批判合戦をくりひろげることになるので、する気もない。

そこで潜鋒は、自身の危機感を歴史記述の中に織り込むことで、天皇が徳を養い、神聖性を真に回復することを目指した。

確かに潜鋒は、朝廷が幕府に代わって政治を行うことができるという、原理的な可能性を示した。とはいえ、それは「徳が備わっていれば」という、条件付きの可能性であった。

この緊張感の有無が、徳川幕府の正統性を強固にしているのである。

三宅観瀾「正統は義にありて器にあらず」（『中興鑑言』）

栗山潜鋒の推薦で水戸藩の修史事業に参画した三宅観瀾は、父が京の儒学者、三宅道悦（生没年未詳）、兄も大阪の有力町人が創設した学問所である「懐徳堂」の学主（学長）、三宅石庵（一六六五〜一七三〇）と、学者一家に育った。

観瀾は、山崎闇斎の高弟である浅見絅斎や、穏健な朱子学者として知られる木下順庵に学んだ。順庵門下としては「木門十哲」という優れた一〇人の弟子の一人に数えられ、新井白石と親交を結んでいる。

絅斎の弟子だったことから、観瀾もまた水戸学に尊皇思想を持ち込んだとされるが、これもレッテル貼りの域を出ない。

観瀾は、『大日本史』の編纂において、天皇の伝記である「本紀」の下に置かれ、群臣の伝記である「列伝」の中に含まれていた「将軍伝」を、「本紀」なみに扱うこと、つまり天皇と将軍とを統治者として同格に扱うことを提言した。

また、潜鋒との間で、「天皇の正統性」は何によって決まるかと論争した際、「三種の神器」の保有に根拠があるとした潜鋒に対し、観瀾は「義」がなければ正統ではないと反論した。

ここでの「義」とは、あらゆる制度をシンプルに視覚化し、立場に応じてどういう仕事をし、どういう成果を期待するのか、はっきりさせることである。

太平の世では得てして地位や職務があいまいになり、そこに不公平や私情がからんで、社会が閉塞状況に陥る。何が問題かも分からなくなって、結果的に社会の活力が低下し、生産性が落ちることで、生活が成り立たなくなる。そうすると、おのずから反乱や革命が望まれるようになって、国家は崩壊する。それは良いも悪いもない、厳粛な力の論理であり、ちょうどダムにたまった水が、蟻の一穴で崩壊するのと同じく、誰にも止めることはできない。

観瀾はこれを「勢」と呼び、後醍醐天皇による「建武の新政（建武中興）」を例にとって『中興鑑言』という書物にまとめ、結局は天皇が率先して私情や不公平で「義」を乱し、腐敗した公家社会が武家にとって代わられる「勢」を止められずに失敗した、と断じている。

建国の理念をふりかえり、「義」を定めて天皇みずからが率先して役割になりきることで、「勢」を使いこなし、そこではじめて神器は現実的な力と神聖性を回復する。それを端的に言い表したのが、標題で引いた「正統は義にあって器にない」との言葉である。

観瀾は、将軍家に「義」があることで「勢」を得て天下を取ったという論理から、「将軍伝」を本紀なみに扱う。一方で、天皇が「義」を行うことで、「勢」を得る可能性がまだ残っていることを示唆する。

後の時代から過去を見た時は、どうしても現在の価値観から判断したくなるが、それはあくまで自分の価値観を、歴史を材料にして主張することになる。「〇〇史観」はそれを実証的であることから、「科学的事実」であるかのように装うが、当時の文脈はそのような価値観などあずかり知らない。

江戸時代に歴史を語った人々は、実証性とは別に思想表現を行うことを、堂々と明らかにしていた。この健全さはむしろ、現代にこそ必要なのかも知れない。

第一〇章　教育をつくる

文武並び立つ教育

日本人は何故か教育に力を入れるようである。それは、戦国時代に来訪した宣教師の書簡に、日本人の識字率の高さに驚く記述があることからも伺えるが、これがはっきりとした教育水準の高さとして形になるのは、江戸時代に入ってからである。

武断政治から文治政治への転換に伴い、各地の大名が「藩校」を設立する動きが起こった。早い時期のものとしては、尾張藩の「明倫堂」、岡山藩の「花畑教場」、会津藩の「日新館」があり、その後、米沢藩の「興譲館」、佐賀藩の「弘道館」、和歌山藩の「学習館」、長州藩（現・山口県）の「明倫館」、仙台藩の「養賢堂」、熊本藩の「時習館」、薩摩藩（現・鹿児島県）の「造士館」、金沢藩の「明倫堂」などが相次いで開設され、最も多い時で約二六〇の藩校が誕生している。これは江戸時代に存在した大名家とほぼ同数であるから、ほとんどの藩で教育を実施していたことになる。

珍しい例としては、水戸藩の「弘道館」が挙げられる。弘道館は一八四一年の創建で、きわめて遅い時期に開設された。これはもともと彰考館が『大日本史』編纂の拠点である他、学者の養成機関としても機能していたため、その必要がなかったのである。ただ、その後の改革に伴って、政府と学校を一体化した特殊な体制が整い、あっという間に藩校を代表する存在となった。

藩校は主に、大名家に仕える武士を対象に、教育を施していた。教育内容は『大学』『論語』『孟子』『中庸』の「四書」、『易経』『詩経』『書経』『礼記』『春秋』の「五経」を中心とし、朱子学を重んじる所では、さらに『近思録』『小学』を学ばせた。

これらは「素読」と呼ばれる漢文の暗唱にはじまり、やがて語彙や文法の習熟、文脈や論理の解析へと進んでいく。いわゆる「四書五経」と呼ばれるこれら儒教の経典は、中国古代の文献であることから、注釈なしで読解することは難しく、本文と注釈を含めると莫大な分量になるばかりか、それにまつわるさまざまな学者の議論も押さえなければならないため、全てを読み解いて理解することは、儒学者でもない限り、ほとんど不可能である。

したがって、教員の講義を聴きながら、代表的な議論に満遍なく触れ、漢文の読み方を鍛えていくという学習が行われた。

この学習方法の優れた点は、言葉を知ることによって、さまざまな知識を得るということである。というのも、人間は知覚した対象に名前を与えなければ、それを独立したものとして認識することはできず、また知覚した瞬間に忘れてしまう。日本人は色の識別がとりわけ優れていると言われるが、それは色に無数の名前をつけ、選り分けているからである。つまり、知識を得るためには語彙力が必須なのである。

次に重要なのは、文字の組み合わせによって発生する表現の幅を知ることで、物の持つ奥行きや、言葉の裏に隠された感情のひだを見分けるということである。したがって、文法の習得や文脈、論理の理解は、深い洞察力と表現力を鍛えることになり、それがそのまま政治力を養うことになるのである。

儒教を学ぶことによって人倫に意識を集中し、倫理の実現を追求させることはもちろんであるが、その他にこうした基礎学力、基礎教養を養うはたらきが特に重要であり、これを土台として、実務的な技術や知識を習得することが可能となるのである。

藩校ではこの他、漢詩や歴史などについても教育しており、その後蘭学や洋学といった、西洋の学問も科目に導入することとなる。日本の場合、中国や朝鮮と違って、藩校はあくまでも基礎学力を鍛えるベクトルで機能しており、四書五経を絶対不可侵の聖典としては考えていなかったため、西洋の学問を導入することに抵抗感はさほどなく、むしろ儒教によって鍛えた基礎学力と接続することで、より高度な理解をすることが可能であった。

こうして藩校は、武士たちに基礎学力と基礎教養を与え、高度な政治技術と倫理観を持った官僚として育成することを目指したが、これに並行して後の時代になるほど武術教育が盛んになっていたことも見逃せない。これは裏返せば、武芸を怠る武士が増加し、低調化していたということである。既に確認した通り、新しい武士の規範と古い武士の美徳が共存することで、武士はその存在を維持していた。したがって、学問が進めば進むほど、かえって武芸を鍛えなければならないという、特殊な教育環境が整っていたのである。

実用と生活の教育

一般庶民の教育は、主に「寺子屋」で行われた。「寺」という字が示すように、もともとは中世の頃から、寺院で読み書きを教えていたことにはじまる教育機関であるが、これが本格的に増加するのは、藩校と同じく文治政治が行われて以降である。藩校と異なるのは、寺子屋が求められた原因が、商工業の発達による「読み書き」需要の増加にあったことであった。

江戸時代の寺子屋は、同じ一般庶民が師匠となり、「手習」と呼ばれる文字の学習からはじまり、「読物」と呼ばれる文章の読解へと進んでいった。手習では主にひらがなの五〇音、数字、年月日や方角、地名など、生活に必要な文字を習得していく。読物では『庭訓往来』を代表とする、「往来物」と呼ばれるテキストを用いた。これは手紙文や日常用語、商業や工業の用語、地理などについて、簡単な文章を読み進めることで覚えていくものである。『庭訓往来』はもともと中世になって、武士が政治に関わるために、文字の習得を必要としたことから編まれた簡易教本である。これが大変使い勝手の良いテキストであったことから、江戸時代になると、さらにさまざまな往来物がつくられ、一般庶民の教育に多大な効果を挙げた。往来物の文章には、生活に必要な道徳が織り込まれており、礼儀作法や倫理意識が自然に身につくよう工夫されていた。

道徳教育に関しては別に『実語教』や『童子教』といったものもあり、また商売に必要な算術教育では「そろばん塾」が存在している。

当初は実用一辺倒であった寺子屋教育であるが、後になると四書五経の教育も行うようになり、一般庶民もまた儒教を通じて文章能力を向上させ、それを土台としてさまざまな学問を追究するようになる。この流れは出版需要を高め、書籍を通じたメディアの発達を後押しした。これに連動して、文芸や演劇なども発展し、人々は文学や歴史に関する基礎教養をもとにして、それをベースに展開され、より深みのある芸術作品を楽しむようになっていった。分かりやすいところで言えば、歌舞伎や落語といったものがそれである。

寺子屋の総数は、最大で約一六〇〇〇にも上り、江戸時代の教育水準は世界的に見ても極めて高いものとなっている。

こうした教育水準の高さは、農村や都市に住む多くの一般庶民が自立し、社会を安定的に発展させる原動力となっていた。それと同時に、一般庶民の政治意識を高め、それぞれが属する業界の組織化、交渉力を強めていき、各業界は幕府や大名を相手にその利益を守りつつ、それぞれのコミュニティを成熟させていったのである。

私塾という存在

武士のための藩校と、庶民のための寺子屋の中間に位置するのが「私塾」である。江戸時代では一六〇五年、林家の邸宅に設けられたものが、最初期の私塾となる。それから中江藤樹の「藤樹書院」、伊藤仁斎の「古義堂」、荻生徂徠の「蘐園塾」、三宅石庵の「懐徳堂」などが開かれ、その後は細井平洲の「嚶鳴館」、広瀬淡窓（一七八二～一八五六）の「咸宜園」、吉田松陰（一八三〇～一八五九）の「松下村塾」などが続き、江戸時代を通じて各種の私塾が設立された。その数は約一五〇〇と言われ、江戸時代後半には、儒教以外にも国学や洋学などの私塾が開かれるようになった。

私塾の特徴は、学者や思想家の家に設けられることであり、また彼らの専門とする学問を集中的に学ぶことができることである。主宰者の多くは浪人や一般庶民の身分であって、入塾希望者は身分にかかわらず誰でも参加できた。

教育内容としては、四書五経はもちろんのこと、朱子学や陽明学といった学派ごとの専門の議論、日本や中国の思想家の代表的な議論、詩文や歴史、あるいは入門者用のテキストなども扱う。

これが国学や洋学になると、それぞれの専門を教授するようになるため、実に多種多様な教育内容が用意されていた。

実際の教育では、主に主宰者による講義を聴き、不明な点を質問する。あるいは、全員で一つの書物を読み進める「輪読」や、お互いの解釈をたたかわせながら、協力して読解を進めていく「会読」といった学習方法も存在し、年長者や先輩は、若者や後輩に、学習の手ほどきをしてあげたようである。

身分にかかわらず誰でも参加できた私塾では、その内部において身分による差別が行われず、皆が入り交じって席に着き、全員で学問に取り組むことを楽しんでいたと言われる。

これが頷けるのは、日本は中国や朝鮮と異なり、科挙が存在しないため、学問に精進したところで、別に出世の道が開かれる訳でもない。また、私塾の主宰者がそもそも浪人や一般庶民なのだから、わざわざ私塾に出入りするような人間が、身分を云々する必要はないのである。

こうした私塾の特徴を最もよく表すのが、大坂の懐徳堂である。

これは第八代将軍吉宗の頃、大坂の大商人が出資し合い、三宅石庵を招いて開設された私塾である。二年後には幕府から公認を受けた学問所となるが、運営は一貫して商人たちの資金によって行われた。石庵は浅見絅斎の弟子であったが、陽明学などにも理解を示したため破門されており、懐徳堂での教育でも、朱子学を中心にしながらも、さまざまな学問を縦横に用いて指導にあたった。

懐徳堂では貴賤貧富にかかわらず、全ての人を同輩と見なすこと、という正規の決まりが存在し、書物を持っていない者でも気軽に参加でき、入門の手続きはいらないという、極めて開放的な体制をとっていた。

したがって、ここからはかなり風変わりな思想家を輩出した他、朱子学者であった中井竹山のように、松平定信から政治上の諮問を受け、歴史的に重要な助言を行う思想家も現れるのであった。

懐徳堂のような私塾には、他に日田（現・大分県）の咸宜園があり、後述するように日本最大級の私塾として、日本各地の人材が集まり、後に歴史を大きく動かすはたらきをするものもあった。

私塾の存在によって、武士と一般庶民は断絶することなく、共に学力と教養を向上させることとなる。また、身分を問わない空間を共有することで、彼らは同じ人間として交わり、日本人としての一体感を持つようになった。このことは、私塾という存在が、より広汎な人間によって社会を支えようとする、近世社会の基盤となる施設だったことを表している。

朱子学と教育

私塾の中から幕府の教育機関にまで成長したのは、「昌平坂学問所」である。これは前述の林家の私塾が母胎である。

第五代将軍綱吉の時、この私塾と聖廟が神田湯島に移設されて「湯島聖堂」となる。さらに綱吉は林鳳岡を「大学頭」に任じ、幕府の教育行政を任せた。これで体制は整ったかに見えたが、その後、古義学や古文辞学の隆盛にともなって朱子学人気は衰え、林家からもこれといった学者が現れず、聖堂で講義する教官にも、さまざまな学派の学者が増えた。

このことに危機感を覚えたのが第一一代将軍家斉の時の老中、松平定信である。

定信は、柴野栗山（一七三六～一八〇六）、尾藤二洲（一七四七～一八一三）、岡田寒泉、古賀精里（一七五〇～一八一七）といった朱子学者を湯島聖堂の教官として送り込み、幕府直轄の教育機関として整備するよう尽力した。また、「寛政異学の禁」によって、そこで教える学問を朱子学に限定した。これは第六章で述べた通り、徳川幕府の基本的思考を身につけさせるためである。これに加えて、やはり朱子学の持つ、個別の状況を普遍的な理に還元するという思考訓練は、全体を俯瞰的に把握する能力を身につけ、主体的な判断と行動を行う幕府官僚を育成するために有効だったのである。この禁令が適用されたのは昌平坂学問所だけであり、藩校や私塾まで規制するものではなかったことも、あくまで幕府を担う人材にこそ、朱子学が必要だという定信の考えを表している。

こうした努力の結果、学則や職制が整い、「学問吟味」による学問奨励制度が付属されたことで、「昌平坂学問所」という公的教育機関が誕生したのであった。後になると旗本とその子弟の他、各地の希望者も入学を許可され、国立大学としての機能を果たすようになる。

ただ、禁令が持つ政治的効果は高く、各地の藩校でも、朱子学を中心に教育するよう規制する動きが出てきた。これが私塾の動向にまで影響してくると、当然反発する動きが出てくる。

学問の自主性と教育爆発

反発の中心は「折衷学」と呼ばれる学派に属する学者たちから起こった。この学派は、特定の学派にこだわらず、その良いと思うところを取り入れ、自分で学問を組み立てていこうとする性格を持っている。

折衷学が隆盛した背景には、やはり全国的な学問の隆盛が存在する。あらゆる人が学問に接し、それを自分なりに咀嚼していく中で、教育は上から与えられるものではなく、みずから進んで選び取り、取り組んでいくものに変質していた。したがって、幕府の教育行政によって、民間の私塾や寺子屋のあり方にまで影響が出ることは、折衷学派のみならず、より多くの人々にとって、警戒されることとなったのであった。

この反発で興味深いのは、人々が主体的に学問を行うという流れが出来ていることである。つまり、近代以降の「学校」における学習のように、画一的なカリキュラムにもとづき、用意された知識を習得するのではなく、学生がみずから課題を設定し、教育者に質問しながら解決の方法を探り出すことが学問であった。

このことを象徴的に表す事例として、『経典余師』というジャンルの書物の流行が挙げられる。これは、四書五経や朱子学のテキストを自学自習するための書物である。漢文の本文と和文の注釈が並記された体裁になっており、一人でも読解が可能となっている。

あるいは、日本独自の数学である「和算」でも、さまざまな書物が刊行された他、数学の問題を「算額」と呼ばれる絵馬に記してかけ、他の人がその解答をまた算額に記してかけるという、数学のコミュニケーションが発生し、空前の数学ブームが誕生している。

また、医学に代表される蘭学や洋学の広まりは、この教育文化を土壌として起こったものであり、教育の多様化と学問の自主性は、人々の教育水準を大きく引き上げていったのである。

ただ、折衷学そのものが、後述するように朱子学にその萌芽があることを考えれば、本質的に朱子学と対立するような性質のものではなかった。さらに言えば、崎門のように朱子学一尊というのが稀で、日本の朱子学そのものが、はじめから折衷的な性格だったのであり、むしろその性質を全開にして土着化した、一つの形態であると考えた方が自然である。

折衷学派の懸念をよそに、実は松平定信による昌平坂学問所の整備と寛政異学の禁の発令、そして文武奨励をきっかけとして、藩校、私塾、寺子屋の増加数は急速な上昇曲線を描いており、前に挙げたこれら教育機関の数は、ここにおいて誕生するのである。これは「教育爆発」ともいうべき現象である。

これが意味することは、朱子学の提供する基礎学力と基礎教養によって、他の学問が刺激されて活発化し、学問全体の流行が引き起こされるということであり、定信の施策は学問を抑圧するのではなく、むしろ活性化させていたことが分かる。

また、折衷学派は寛政異学の禁にこそ反発したが、普段の議論で批判対象としていたのは朱子学ではなく、荻生徂徠の古文辞学であった。これにはさまざまな理由がからみあっているものの、制度設計に道を限定し、心を問題にしない古文辞学の議論は、政策論以外に発展のしようがなく、それだけに多くの人にとって儒教を無関係なものにしていた。これが吉宗のプラグマティックな政治と連動して流行すると、古文辞学のもう一つの特徴である、漢文読解力をいかした文芸方面では多大な功績を残すものの、その本分である儒教では、学問を面白くないものにしていた。つまり、古文辞学は他の学派に批判されながらもそれを受容し、学問全体を豊かにする器量がなかったのである。

朱子学と折衷学が共存する状態は、朱子学の本来的な性格を際立たせることとなる。すなわち、格物致知や居敬による理の追求がそれであり、人倫における倫理の実現が、学問の目的として強く意識される。

藩校、私塾、寺子屋において朱子学が基礎教養として教育されるにつれ、この意識はあらゆる人々に浸透していくこととなる。さらに、定信が農村再建に尽力する中で、岡田寒泉のような朱子学者を代官として農村に派遣した他、「郷学」と呼ばれる教育機関を地方にも設置していったことは、全国的な教育の普及と、倫理意識の向上に大きく作用した。

こうして、世界の命運を一身に引き受けるという、朱子学の持つ切実な使命感と、日常生活をより豊かにしようとする折衷学の通俗性が、相互に補完し合いながら両極をなし、その間にさまざまな学派が展開することで、全国の多種多様な人々に、より安定して調和した社会をつくりだすための教育を提供していくこととなるのである。江戸時代の教育はこのようにしてつくりあげられたのであった。

ここでは、折衷学の巨魁であった細井平洲と、特徴的な私塾を設立した広瀬淡窓について、もう少し詳しく見ていきたい。

細井平洲「仁とは御身のうへはともかくもになされ候て、人のうへをあはれみ苦世話に持ち給ふことなり」（『嚶鳴館遺草』）

上杉鷹山の師として知られる細井平洲は、代表的な折衷学者である。

「折衷学」は学派の権威によりかからない分、一人一人の人物や能力が厳しく問われるが、それだけに詩や文学、言語、政治、歴史、天文、地理、暦など、ありとあらゆるジャンルに通じた、多種多様な魅力的人物が登場した。

折衷学の祖には、木下順庵門下で法律、制度や天文、暦に通暁していた榊原篁洲（一六五六〜一七〇六）、林家の高弟で古注疏（朱子学以前に権威を持っていた、儒教経典の注釈書）の校勘を行った、井上蘭台（一七〇五〜一七六一）がいる。

本格的な隆盛は、荻生徂徠の系統である片山兼山（一七三〇〜一七八二）、伊藤仁斎の系統である井上金峨（一七三二〜一七八四）の登場を待つ。兼山は徂徠の高弟である宇佐美灊水（一七一〇〜一七七六）の養子であったが、後に徂徠学に疑問を持ち、養子縁組を解消して自立。それからは中国古代の漢文を研究して一家を成す。金峨ははじめ古義学を学んだが、後に蘭台の弟子として研鑽を積む。

各学派を取捨選択して、みずからの生き方をつくることを明言したのはこの金峨であり、金峨以降、徂徠学の人気は急速に低下した。

彼らは、徂徠にはじまる古文辞学を強く批判することで一致している。その理由は、徂徠が持っていた、政策だけで社会や人生の問題を解決しようとする姿勢、あるいは他学派を揚げ足取りのように罵倒する口汚さ、独自の文章技法を墨守する頑迷さ、そして、権威に従順な俗物的気風のどれかにあった。

折衷学の性格として特に顕著なのは、朱子学以前の工夫や人物重視の伝統に回帰しようとする点である。細井平洲はその流れに位置づけられる。そして、その学風は米沢藩の「興譲館」をはじめ、久留米藩（現・福岡県）の「明善堂」、人吉藩（現・熊本県）の「習教館」など、各地の藩校に影響を与えた。

生家は、尾張国の豪農であった。若くして京都や長崎に遊学し、二四歳で江戸に上ると、私塾「嚶鳴館」を開き、武士や庶民など、身分を問わず学問を授けた。偶然、平洲の講釈を聞いた米沢藩医の藁科松柏（一七三七〜一七六九）が入門し、その縁で上杉鷹山の師範として招聘された。この時、三七歳。

鷹山に対して平洲は、常に「学問と生活が二つにならないように」と言っていた。つまり、言っていることとやっていることが違うということのないように、忠告していたのである。

平洲は米沢藩校「興譲館」の設立に関わったが、教育を畑仕事にたとえ、「個」の尊重を重視した。『嚶鳴館遺草』ではこのように説かれる。

「人を教え導く際は、菊好きの人が菊をつくるようにしてはいけない。そんな人は「形がそろった立派な花を咲かせよう」と、多くの枝をもぎ、過ぎた蕾は摘み取るなどし、思い通りに咲かない花を畑に一本もないようにする。それではいけない。むしろ、百姓が菜っ葉や大根をつくるような心得が大事である。

百姓は、畑の中で大きさも出来栄えもふぞろいなものをそれぞれ大事にし、食べられるように育てる。教育者は、学ぶ者一人一人に応じた世話ができる人でなければならない」。

平洲は、畑仕事にたとえて多様な個の尊重を説いたが、それはそう簡単なことではない。うまくやるためには「仁」という心持ちが必要だとする。

「仁とは、自分のことは脇に置いて、人の事情をしみじみと想い、世話苦労をいとわないということである」。

標題で引いた言葉にあるように、目の前の家族や部下、友人に対し、泥臭い世話苦労を惜しまないことで、その人自身が本当に必要とする「答え」を見つけだすのである。教育とは辛抱強い信頼に他ならないと平洲は教えている。

この平洲の教えを奉じた鷹山は、「伝国の辞」の考えにもとづき、米沢藩の改革を達成した。平洲はその後、さまざまな大名家に招かれて、改革の助言を行うようになる。五三歳で尾張藩に招かれて侍講に就任。また尾張藩校「明倫堂」の総裁も務めて教育に専念した。

この他にも地方をまわって農民に講話する「巡回講話」にも熱心に取り組み、岐阜では五万人の聴衆が集まったと言われるほどの人気を博した。

六九歳で再び米沢藩を訪れた際には、鷹山が国境付近まで出迎えにあがり、旅の疲れをねぎらった。師弟の心温まる交流は、後の世まで美談として伝わっている。

その五年後、七四歳で死去した平洲は、非常に多くの人からの哀悼を受けて旅立った。それは己の責任において学問を組み立て、その正当性を仕事における成果で証明していく、折衷学者ならではの人望を表していた。

広瀬淡窓「敬天の旨、天命を楽しむを以て主となす」（『約言』）

市井の学者であった広瀬淡窓は、生来病弱であった。長く目を使うと腫れてしまうため、大きな文字で書かれた本文しか読めず、小さな文字で書かれた注釈を読むことができなかったため、自力で漢文読解を進めた。その後、一六歳で福岡藩の亀井南冥（一七四三〜一八一四）に弟子入りした。南冥による上質な教育を受けた淡窓だが、病を患って帰郷。家督を弟、久兵衛に譲り、独学で研究を進めざるを得なかった。二四歳で私塾を開き、彦根藩（現・滋賀県）より招聘を受けたものの、妹が急逝したため、これを辞退する。二九歳で結婚するも子供はできなかった。

輝かしい学歴、良い就職、温かい家庭といった、現在人の幸福の尺度から見れば、淡窓は間違いなく不幸に分類される。

だが、淡窓は古典を読んでは瞑想黙考し、博覧を求めず、古典の精神を自家薬籠中の物にしようとした。また、儒教、老荘思想、仏教の区別なく、自分の関心にかかるものであれば、なんでも読み進めた。

「私は私の人生の疑問に答えてくれるものであれば読むし、そうでなければ聖人の書物であっても読まない。私は私のために学問しているのであって、古人を有り難がって学問しているのではない」。これが淡窓の生き方であった。

淡窓は、世の中とは理屈で割り切れる「理」と、割り切れない「天」によって支配されていると言う。淡窓の不幸は、「天」のなせる業であろう。それでも、淡窓は理不尽な「天」を無理に分かろうとはしなかった。「天」を敬いながら、「理」によって人生をより良くしようと努力した。与えられた条件で人生を楽しみながらつくっていく。これが「天命を楽しむ」ということであり、「天を敬う」具体的行為である。

この思想は、淡窓の私塾、咸宜園の教育にも反映された。「咸宜」とは五経の一つ『詩経』の言葉で、「咸く宜し（全て良い）」。すなわち、全ての人に開かれた塾であることを意味する。

門下生は寄宿舎で共同生活を営みながら、一級から九級までランク分けされ、「三奪の法」といって、学力、年齢、地位を問わず、まずは最下位から学問をはじめる。また、徹底的に学力を養うべく、学問の作法である確かな読書力を徹底的に鍛えられた。しかし、何のために、何を研究するかは人次第であり、研究分野は自主性に任せられた。そして、月ごとの「月旦評」で審査し、学力に応じて等級を定めることになるのだが、淡窓は毎日のように門下生に話しかけ、交流することで、彼らの状態をよく観察し、温かな雰囲気の中で、楽しく学問できるように配慮していた。

咸宜園は、江戸時代が終わって明治に入っても存続し、一八九七年まで続いた。そして、蘭学者の高野長英（一八〇四～一八五〇）をはじめ、明治維新最高の軍略家と言われた、大村益次郎（一八二四～一八六九）や、日本最初期の写真家となる上野彦馬（一八三八～一九〇四）、大正時代に第二三代内閣総理大臣となった清浦奎吾（一八五〇～一九四二）など、多種多様な人材を計四〇〇〇人輩出している。

このように長く続いたのは、天命を楽しむ淡窓の生き方がそのまま表れ、それが門下生の心に伝わったのであろう。天は不幸によって、淡窓にしかなしえない幸福を与えたのであった。

第Ⅱ部　守成の戦い——西洋化への抵抗

第一一章　西洋と江戸

キリスト教と神国思想

一八五三年、黒船来航によって、太平の夢の中にいた日本は騒然となり、西洋の進出に動揺した。この記述は半分正しくて、半分正確でない。何故ならば、徳川幕府は既に黒船が来航することを知っており、来るべきものが来たという感覚で迎えていたからである。

幕府がそれを知っていた理由は、「オランダ風説書」という、長崎のオランダ商館からもたらされる、定期的な海外情報を入手していたからであるが、この以前から、海外、それも西洋との対峙は避けられないものとして認識されていた。

徳川幕府の成立前、豊臣秀吉は「バテレン追放令」（一五八七）を出している。これは、キリスト教の宣教師を追放する命令であるが、ついで「サンフェリペ号事件」（一五九六）が起き、キリスト教の禁止は決定的となった。

キリスト教が狙われた理由はさまざまあるが、一つには他宗教との折り合いが著しく悪かったことが挙げられる。秀吉は宗教権力を支配するため、原則的に信仰の自由を保証していたが、キリスト教に入信した「キリシタン大名」は、領国内の人々を強制的にキリスト教に入信させ、寺社に対する破壊行動を行うことがあった。これは宗教が人々を分断する行為であるため、容認できなかったのである。

次に、秀吉の知らぬ間に、キリシタン大名が長崎をキリスト教会に寄進し、教会領になっていたことが挙げられる。これは日本の領地を海外に売り渡す行為であり、危機感を抱くに十分な行為であった。

最も脅威だったのは、キリスト教の教義そのものである。宣教師たちは、キリスト教に入信した者だけが天国に行けるとし、その祖先は天国に行けないとした。したがって、キリスト教徒の中には、祖先の位牌を焼いてまで、神への忠誠を示すものがあり、また入信しない者に対する迫害行為は苛烈を極めていた。

こうしたことから秀吉は、バテレン追放令を出したのだが、この時点ではまだキリスト教の信仰自体は否定されていなかった。しかし、これに追い打ちをかけるようにサンフェリペ号事件が発生し、漂着したスペイン人船員によって、宣教師を尖兵として布教を行い、信者を増やした後に内通者を育成して、侵略するという日本植民地化計画が語られた。

これに激怒した秀吉は、全面的なキリスト教攻撃を開始すると同時に、日本がキリスト教を受け入れいない理由は、日本が「神国」だからとした。すなわち、日本は天照大神の子孫たる天皇が君臨し、神道と仏教、儒教が融和する国であるという訳である。

こうして秀吉によって明示されたのが「神国思想」であり、日本は他の国と異なる独自な存在であるという観念が強まった。これ自体は中世の神道思想によって熟成されてきた思想であるから、秀吉はそれを国家理念として提示したと言うべきであろう。

秀吉の後を受けて成立した徳川幕府もまた、キリスト教徒による贈収賄事件と、政界における独自のネットワークを問題視して、全国に「禁教令」（一六一三）を出し、国内に潜伏する宣教師追放を厳命した。ついでキリスト教徒の逮捕、海外渡航の全面禁止，海外在住者の帰国禁止，貿易地の制限、ポルトガル人の追放、沿岸警備を矢継ぎ早に指令し、「鎖国令」（一六三三〜一六三六）と呼ばれる一連の法令を整える。この時の論拠もまた神国思想であり、キリスト教徒の大規模な反乱である「島原の乱」（一六三七）などが、日本社会に対する脅威に見えるにつけ、神国思想の説得力を一層際立たせた。

さらに中国や朝鮮、琉球（現・沖縄県）経由の貿易であっても、西洋の文献の漢文訳が混入しないように、徹底した規制がかけられた。ただ、オランダだけは、スペイン、ポルトガルとは違ってキリスト教の布教をしないと言ってきたため、長崎に限定することを条件に、これと貿易を行うことになった。

この結果、「オランダ風説書」が定期的にもたらされるようになり、幕府は海外情勢を知ることとなったのである。

朱子学と神国思想

神国思想は、主に対外的に日本のあり方を主張する際に用いられる。これが江戸時代になって朱子学と結びつくと、日本と西洋の対立軸は「人倫」に移っていく。

キリスト教が神と個人の関係に立脚し、神に対する信仰表現としての「博愛」を求めるのに対し、朱子学は君臣父子の関係に立脚し、人倫に対する倫理実現としての「理」を求める。

他者があくまで信仰表現の対象に過ぎないキリスト教では、相手の事情よりも、まず教義にもとづいた理想の言動が先立つため、その言動は常に一定しており、相手が博愛に感化されて信仰に目覚めるという、決まった未来に話を進めていく。ここには他者は実質的に存在しない。

これに対し朱子学では、他者との関係という個別状況における正しさを実現する中で、全ての状況に通じる理を追求しようとする。この場合、目の前にいる他者をよく観察せずに理は追求できない。したがって、他者の具体的な心情を推し量り、みずからの心に問いかけながら、日々の出来事を通じて共に成長していくことが求められる。

そうすると、キリスト教では人倫が限りなく軽くなるのに対し、朱子学では人倫が限りなく重くなる。正直や誠実、勤勉や倹約などという道徳は、一見すると両者に共通するが、それが信仰を強化するものであるか、人倫を強化するものであるかは、政治的に全く異なる結果を生み出す。

すなわち、信仰の強化は教会の指示に従順となり、時に異教徒や国家に対して激しい敵愾心をかき立て、みずからを正当化するはたらきをするが、人倫の強化は周囲の人々に対する信頼を醸成し、時にみずからの思想的な行き過ぎや、宗教的な孤立を防ぎ、国家や社会を調和させるはたらきをするのである。

こうした人倫を軸とする思想は、立場と役割分担の教えである神道によって、建国以来明示されており、天照大神の子孫である天皇が万世一系で君臨することで、この思想が天地と共に無窮であることを証明している。そして、その教えを体系化したものとして朱子学ほかの儒教が存在するのであって、ここに「神国」日本は「神儒一致」の思想によって、堂々独立するのである――。

これが朱子学によって強化された「神国思想」である。理の追求（立場と役割分担の追求）による倫理的な社会（立場と役割分担の社会）の実現を標榜する朱子学は、第四章で述べた通り、日本の心となる。そして、現代の日本人に見られる「宗教アレルギー」とも言うべき感覚は、ここにおいてつくられた。

この論理にもとづき、キリスト教徒との差異を強調した書物が刊行されると、それは『排耶書』というジャンルで流通する。これにより、キリスト教の排除と、神道、儒教の宣揚が、単に宗教的なレベルにとどまらず、東洋と西洋の本質的な対立点であることが自覚されるのである。

新井白石の文明論

朱子学が広まり、それに反発する陽明学や古義学、古文辞学が誕生する頃になると、人倫を軸とする思想は、ほとんど常識となって定着する。第六代将軍家宣の時、日本に潜入してきたイタリア人宣教師シドッチ（Giovanni Battista Sidotti）（一六六八～一七一五）に尋問し、『西洋紀聞』『采覧異言』という著作にまとめたのは、新井白石であった。

白石は、この尋問によって、西洋の科学が進歩していることに理解を示す一方、キリスト教の世界観がいまだに疑いなく信じられていることに着目した。彼はキリスト教の『聖書』で語られる世界創造神話が荒唐無稽であり、その倫理が根拠薄弱な神によって保証されていることを論理的に追及したが、白石の場合、日本神話に関しても、それはあくまで古代王朝の歴史を記したものであり、天皇が政治権力を握り続ける時代は終わったとしていたため、キリスト教に限らず、宗教的なものを合理的に排除したというのが真相である。

それよりも重要なのは、西洋人が科学技術における個別の物理に通じていても、それを人間社会の安定と調和のために、如何に役立てるかという倫理に欠けており、したがって、世界の理に通じることはできていないと判断していることである。

これは、物質文明の発達が、必ずしも思想や宗教の正しさと比例している訳ではなく、物質文明の高低は、思想宗教の高低と何ら関係がない、という思想が生まれたことを意味する。

こうした考え方ができたのは、そもそも朱子学の想定する理に物理と倫理が含まれており、倫理を実現するために運用されるのが物理、という発想が存在したからである。したがって、倫理が不安定であるにもかかわらず、物理だけに通じているということは、例えるなら危険人物に凶器を持たせるようなものであり、いかに物質文明に優れていたとしても、それは倫理を破壊するだけなので、理を全うしたとは言われない。

こうして白石は、西洋の物質文明の高さに対し、日本が人倫を軸とする思想を維持しながら、それと対峙する道筋を開いた。これは後に「和魂洋才」という発想を生み出す母胎となる。

松平定信の国防戦略

これに加えて、朝鮮との外交にも変化が訪れる。将軍の代替わりごとに朝鮮王朝から送られてきた「朝鮮通信使」の扱いについて、白石はその待遇を簡素化し、さらには将軍の呼称を「日本国大君」から「日本国王」に変更した。この目的は第五章で述べた通り、国際関係の秩序を正すことで、日本の独立性と中国との対等性をはっきりさせたのであった。

その後、第八代将軍吉宗の時代になると、異民族王朝である清王朝が安定し、漢民族王朝である明王朝の復興が絶望的であることが認識される。これにより、林鵞峰、林鳳岡の手によって、『華夷変態』という著作が生まれた。これは文明国であった中国が、野蛮国とされた異民族に征服されたことを強調し、文明が野蛮に逆行することの衝撃を表現したものである。

この衝撃は、中国と日本の違いを強調するきっかけとなり、中国を中心とする東アジアの文明圏から、日本が独立した存在となる意識をさらに強めることとなった。

こうして文明としての日本の独自性が、思想的に整備された頃、今度はロシアの脅威が迫ってくることとなった。

同じく吉宗の時代に「元文の黒船」と呼ばれるロシア船の仙台（現・宮城県）、安房（現・千葉県）来航が一七三九年にはじまると、時間をおいて一七七一年には阿波（現・徳島県）、一七七八年には松前（現・北海道）にロシア船が姿を見せるようになる。

ロシアは一七八九年にはカムチャッカ半島を占領し、そこから千島列島を南下して北海道を窺う動きを見せた。広大なロシアの版図を維持するためには、急増の植民基地では不十分なため、日本における通商と補給を確保することは、ロシアにとって急務となったのである。

こうして一七九二年以降、ロシアによる通商要求が頻繁に起こり、幕府では蝦夷地（現・北海道）を防衛するための策が練られることとなった。

これに対処したのは松平定信である。定信は、前任者の田沼意次がロシア交易と北海道開拓を進めようとしたのとは反対に、北海道開拓を停止し、ロシアとの交易は可能な限り先送りする方向に舵を切った。

この理由として、ロシアを軍事力で追い払い続けることは難しいと考えていたものの、安易な開国通商はかえってその脅威を高めることになるため、北海道を開拓せずに緩衝地帯とし、その間に寛政の改革による、都市と農村の調和、国民一人一人の経済的な自立を達成し、将来的な軍事改革を推進することで、抜本的に対処しようとしたためであった。

定信はこの方針にもとづき、最上徳内（一七五五〜一八三六）、近藤重蔵（一七七一〜一八二九）を蝦夷地探検に送り出し、情報収集を進めた。この情報収集は将来的な国防計画や、北海道開拓に活かされることとなり、間宮林蔵（一七七五～一八四四）による間宮海峡の発見（一八〇八）につながる。樺太と大陸の間に海峡が存在することは、ロシア陸軍の前進を食い止め、海軍力を増強する北方防衛構想を立てるにあたって、決定的に重要な情報であった。

定信の引退後、幕府の方針は再び変化し、ロシアに対して強硬路線をとるに至って、「文化露寇」（一八〇六）が発生。通商が不可能と見たロシアによる、千島、蝦夷地への上陸、攻撃、掠奪が行われた。

これに続き、イギリスの進出もはじまった。イギリス船が長崎に現れて幕府の役人を拘束し、湾内を捜索したあげく、人質を盾に水と食料を奪い取り、そのまま立ち去るという「フェートン号事件」（一八〇七）を起こした他、常陸国（現・茨城県）の大津浜に現れて測量行為を行う「大津浜事件」（一八二四）を起こし、幕府の警戒心を刺激することとなる。

一度は「薪水給与令」（一八〇四）により、漂着した西洋諸国の船に燃料と食料を供給することで、それ以上の進出をやり過ごそうとした幕府であったが、ここに至って「異国船打払令」（一八二五）を出し、海防対策に本腰を入れることとなる。

だが、その後に起こった「アヘン戦争」（一八三七）によって、世界最大級の帝国と言われていた清王朝がイギリスに敗北し、国土の一部を植民地化されたことは、日本中に深刻な衝撃を与えることとなった。これと同時期に「モリソン号事件」（一八三七）によってアメリカまでもが日本に接近をはじめたことは、この衝撃に拍車をかけることとなる。

ここにおいて幕府は、準備のないまま対決姿勢を見せることの不利を理解し、異国船打払令を撤回して抜本的な対策に乗り出すこととなる。この流れで国内の改革と連動して行われたのが「天保の改革」であり、その間にもアメリカからの度重なる通商要求が行われ、ついに黒船来航となったのであった。

かくて日本は、西洋による植民地化の脅威に対抗せねばならなくなった。この対抗は単に経済力や軍事力だけで成し遂げられるものではない。つまり、日本人が何故日本を死守せねばならないのか、日本は西洋に対して何故独立していなければならないのか、明晰に説明できなければ、やがて訪れる脅威に対し、精神的に立ち向かうことができないのである。

この時に現れたのが徳川光圀以来、営々たる学問的伝統を誇った水戸学の総師、会沢正志斎（一七八二〜一八六三）であった。

会沢正志斎と「国体論」

会沢は、大津浜事件において、イギリス人船員を尋問した経験を持ち、また彰考館に貯蔵されている漢訳洋書や、外国事情についての書物を広く渉猟していた。

また、師である藤田幽谷（一七七四〜一八二六）は、朱子学を基盤にして諸学派の議論を広く押さえつつも、読書においては注釈にたよらず、眼光紙背に徹して、意味が向こうから立ち現れてくるまで読み込む学習を推奨した学者であり、松平定信の諮問にあずかるかたわら、みずからも農村復興を重視し、数々の政策提言を行った学者であった。これに彰考館において養った歴史の知識が加わり、会沢の中で融け合った結果、彼は江戸思想の総決算とも言うべき、新しい水戸学を展開することとなる。

その思想が表されたのが『新論』である。

これは異国船打払令が出された年、会沢が外国と対峙するために必要な思想的基盤を提供しようと記したものであり、そこには日本神話によって示された国家理念と、これにもとづいて建設されるべき国家体制、国民精神が構造的に示されたのであった。

『新論』では、天照大神が群神と協力して国造りを行ったことと、天皇が群臣と協力して日本をつくりあげた関係とを対照する。この君臣関係は対称しており、天照大神と天皇は、全く同じ形で動いていることになる。すると、天皇は天照大神の事業を継承することになり、天皇が群臣と協力する行為は、そのまま祖先神である天照大神に対する「孝」となる。また、天照大神と天皇は血縁でありながらも、その事業継承における公的関係については主従となる。したがって、天皇が天照大神の事業を継承することは、「忠」でもある。

一方、日本人の血統を遡れば、誰もが神話に登場する群神を「氏神」として祀ることから、その子孫の関係をとっている。したがって、群臣が天照大神に仕えて国づくりを行ったのと同様、日本人が天皇に仕えて国を支えることは「忠」であり、祖先神の業務を継承することになるため「孝」にもなる。

通常、国家や主君に対する命がけの忠は、時として親よりも先に死ぬことで、孝を犠牲にしなければ成立しない。しかし、その忠によって祖先の業務を全うする場合、これは大きな意味で孝に該当するため、忠と孝の矛盾は解消される。これを「忠孝一致」と言う。

また、天照大神は瓊瓊杵尊を送り出すにあたって神勅を下し、「民命を重んじる」ことを第一とした。これはつまり、政治の目的は国民生活の安定にあり、上に立つ者は民の資産、すなわち「民富」を第一に考えなければならないことを意味する。

そして、群神にはそれぞれ司る分野があり、群臣にも司る職掌があったことから、日本人はそれぞれの立場と役割に応じて、その職責を全うすることが忠であり、農民は農業を、商工業者は商工業に励み、武士は大名に、大名は将軍に、将軍は天皇に忠勤を尽くしてその政治を全うすることこそ、忠の本質的なあり方だとする。この場合、全国民がその仕事や家を投げ捨てて、一気に天皇の下に馳せ参じて国事に奔走するというのは、忠としては間違っているということになるし、また天皇がその政治権力を委任した徳川幕府の下、階層的に存在する社会構造が、そのまま理想的な役割分担として機能することになるのである。

こうして天皇は国民生活を第一に考え、国民は天皇を支えて日本を守ることを第一に考えて、それぞれがそれぞれの立場と役割を全うし、その仕事と家を堅固につくりあげていくと、日本は精神的、物質的に強靱な国となり、永遠の繁栄が約束されるとする。

これこそが日本独自のあり方、すなわち「国体」である。

江戸の思想の総決算

会沢の国体論は、西洋と対峙する上で、日本の思想的な軸となるものであったが、ここにはさまざまな学派の影を見出すことができる。たとえば天皇が即位した年に、新穀を供えて五穀豊穣を祈る「大嘗祭」の説明において、会沢は天皇が五穀を供えるのは、国民生活を安定させることの象徴であり、天皇はそれを祖先神である天照大神と歴代天皇の霊に対し、公的な誓約を行うことになるから、この儀礼そのものが「民命の重視」と「忠孝一致」を表していると言う。そして、大嘗祭は、儀礼に参加する群臣はもとより、そこに随従する陪臣（臣下の臣下）、調度品や衣料品を作成、流通する商工業者、食物を栽培、収集する農民や漁民が、全て参加する祭祀であり、この祭祀に関わり、その意義を知ることで、みずからの立場と役割が祖先から悠久に続くことを再確認し、「忠孝」の意識をかきたてる。

儀礼によって国民精神を誘導するやり方は、政治と教化が同時に行われることから、「政教一致」を表すとされる。これは荻生徂徠の考えに通じるものがある。

また、立場と役割を確認した国民は、日常生活において、周囲の人々にまごころを込めて接し、誠実に仕事に取り組むことで、その立場と役割を全うし、日本を強靭な国にできるとする。その際、大切なことは、日々のあらゆることを疎かにせず、徳行に励むことであって、そこにおのずから日本の進むべき道が立ち現れてくるとする。これはまぎれもなく、伊藤仁斎の議論を踏襲している。

そして、西洋の科学技術は確かに優れているが、その思想は相変わらずキリスト教と大差なく、立場と役割分担を重視し、人倫の中で倫理を追求する日本の思想の方が合理的であるとする。したがって、その技術を学んで活用し、西洋の侵略から日本を守ることが可能であると説いた。これは新井白石の政策方針を引き継いでいる。

この他、熊沢蕃山の政策構想を利用したものも散見されることから、陽明学に対しても目配せしている。

一見すると日本神話に立脚して神国思想を踏襲したに見える国体論ではあるが、その実際は神の権威や奇跡に信頼するような、宗教的要素は限りなく低く、江戸時代に花開いた学派の議論を総動員し、人倫の中に倫理を追求していくという国の「心」を、徹底的に理論武装して文明論に格上げしたものであった。

国体論にもとづく戦略構想

国体論を整備した会沢は、それを活用した国防体制について、次のような提案を行う。

まず、天皇が将軍に政治権力を委任し、将軍が諸大名に各地の政治権力を委任し、諸大名は臣下の武士たちに政務を委任しており、武士たちは与えられた職務に精励し、武芸を磨いて、全国をきめ細やかに統治する。これは役割分担によって国を統治する神代以来のあり方であり、国家の統一を維持するために最適な統治システムであるから、継続して守られなくてはならない。

だが、国家統治の要となる武士たちは、長い太平に馴れ、ともすれば職務や武芸を疎かにし、農村と都市のバランスを崩している。

したがって、今こそ武士を国防の重要拠点に派遣して土着させるべきである。これは国防のみならず、農村に対する深い理解と農業の振興を引き起こす。そうして可能な限り食糧生産を整えた上で、戦時用の食糧備蓄体制を構築し、市場への食糧放出を操作することで、安定相場を実現する。

同時に、各大名家は軍事上の戦略物資をリストアップして流通を管理し、鉱業、製鉄、造船を中心とする各種産業育成に取り組む。また、国民生活に必要な物資統制を行い、景気変動による破産者の出現を極限まで抑制する。

これら国内産業の整備が進んだ上は、軍事体制を大改革する。すなわち、これからの戦争は火力と機動力が全てであり、砲弾、銃弾の射程距離と破壊力、それを任意の地点に素早く展開する組織力が戦力の実質となる。したがって、高火力の大砲を搭載した高速軍艦を建造して大艦隊を編成し、指揮官の号令に応じて縦横無尽に陣形展開し、一斉射撃で敵を制圧する戦列歩兵と砲兵隊を組織しなければならないとした。

これは戦闘員としての武士を否定しかねない議論だが、会沢は三〇〇年近く実戦に使われていない兵法や武器甲冑に頼るのはナンセンスであり、まして古の武士の美徳のような偶発的に現れる精神力を、はじめから戦力換算するのは非合理的であるとした。

むしろ会沢が期待したのは、国民全体の意識が変わることで、それぞれが生活を真剣に送り、人倫をつくりあげていくことであった。つまり、武士に限らず、倫理によって網の目のように組み上げられた人倫が国家をつくりあげ、その構成員である国民によって、産業、国防を一元的に強化していくことに期待していたのである。そうした中で武士は、より模範的な倫理の持ち主となり、政治においては指導者として、国防においては指揮官として、人々の先頭に立つことを考えていた。よって、武士が昔のように刀と甲冑というシンボルで自己主張をする必要はないのである。

右のような産業、軍事体制を説いた会沢は、最後のツメとして教育面における国防を説く。

尊王攘夷の総力戦体制

『新論』には、西洋の進出について表明された、当時の議論が残されている。そこには主に、西洋人は通商を求めているだけだから、特に脅威はないというものから、西洋人をいたずらに刺激すれば、かえって危険な事態を引き起こすといった、講和論が存在する。その一方で、仮に西洋諸国の侵略を受けたとしても、日本には武士がいるから、上陸した敵を撃破できるといったものから、敢えて戦うことで日本人の危機感を煽り、国内の団結をはかろうといった、主戦論も存在した。

会沢はこれらについて一つ一つ反論し、そのいずれもが不可であると言った。

西洋人が通商を求めているだけだという議論について。

これまでの西洋人のやり方を見れば、まず通商にはじまり、珍しい物産によって興味をかきたて、宗教なり思想なりを流布し、ついで紛争に乗じて戦争を起こすというパターンで一貫している。にもかかわらず、現在の日本にだけそれをしないという確証はどこにもない。

西洋人を刺激すれば、かえって危険な事態を招くという議論について。

これは相手を恐れ、その動向に合わせてこちらの動きを決める行為であり、主体性を喪失する。これに慣れると相手に合わせて常に後手に回ることとなり、主体的に状況をつくることができない。よって講和論は首肯できない。

武士による上陸戦について。

これは前述の通り、実戦経験が三〇〇年ない状況で、その戦力に期待することはできない。また、刀と甲冑は装備として脆弱である。

敢えて戦うことで国内の団結を図ることについて。

この議論はそもそも己の信じる正義のために、国家を死地に陥れ、国民を殺そうとしているのであって、国体に背く最も愚かなものである。よって主戦論は論外である。

以上のように述べた上で、会沢は日本には国力のみならず、精神的な国防体制が整っていないとした。

精神的な国防体制とは、国体論が普及していないこともさることながら、西洋諸国が進んだ物質文明とセットでその思想や宗教の正当性を主張してくるのに対し、何の思想的防衛体制も準備されていないことを指す。植民地化された国はいずれもその宣伝工作に敗れ、自国の思想や宗教が遅れているから植民地化されるのだと思い、むしろ進んで西洋化しようとしはじめる。その結果、その国の思想や宗教、果ては文化に至るまでが、自国民によって自発的に破壊され、精神まで奴隷となる。実際、洋学を奉じている学者の一定数は、既に洋学への傾倒が西洋への憧れとなり、日本の後進性を言い立てるようになっている。彼らは西洋の脅威を限りなく低いものに見積もり、むしろ日本の西洋化を推し進めようとすらしている。彼らはいざとなった時に、日本の政治体制を変えるため、西洋に内通する危険性が高い。

これを会沢は古代中国の兵法書である『孫子』の言葉「上兵はその謀を伐つ（優れた軍隊は、敵の抵抗意志そのものを破壊する）」を引き合いに出し、既に思想戦がはじまっているとした。そして、この思想戦を戦う準備がなければ、いくら国力を整えても勝ち目はないとしたのである。

したがって会沢は、国体論を国民に普及し、全ての国民が立場と役割分担、人倫の中で倫理を追求するという「心」を理解し、国民一人一人の自立した生活に支えられた「形」を活かすことで、物質、精神の全てを投入した総力戦体制を構築する必要を説いたのである。

国体論にもとづく統治体制、産業体制、国防体制、教育体制の全面的な整備。これは正に、徳川家康以来、江戸時代につくられた全ての政治的業績と思想的成果をまとめあげ、神国思想を軸に独自の「日本思想」としたものであった。会沢にはその自覚と使命感が濃厚に存在し、世界をかつての戦国時代に、日本をかつての徳川家にたとえ、三河の小大名であった徳川家が、武田家をはじめとする大大名にぐるりと囲まれ、常に滅亡の危機に立たされていた状況と現在は同じであると説いた。したがって、かつて家康が高い理想を持って臣下たちと結束して戦い抜いたように、現在は天皇と全ての国民が一致団結して戦い抜く危機感を持たなければ生き残れないとする。

そして、この戦いの目指す最終目標を、歴史に関する儒教の経書、『春秋』の言葉から取り、「尊王攘夷（天皇を尊び異民族を撃退する）」と定めた。すなわち、歴史に流れる「大義」を掲げることで、西洋への対抗を歴史的使命として権威づけたのである。ここにおいて徳川光圀以来の「大義」を重んじる水戸学は、江戸の思想を総動員して、国防の最前線に躍り出たのであった。

ここでは会沢正志斎と、その主君であった徳川斉昭（一八〇〇～一八六〇）についてみていきたい。

会沢正志斎「国にして体なくんば、何を以て国となさんや」（『新論』）

九歳で四書五経の素読を終えた後、一〇歳で藤田幽谷に入門した会沢は、そこで徹底的に儒教を叩き込まれた。

会沢は毎日約一キロの道を歩いて幽谷の家に通い、一日も欠かすことがなかった。ある日親戚が向こうからやってきた会沢に声をかけたが、会沢は気づかずに通り過ぎ、後になって「幽谷先生から節義についての教えを受け、気持ちが高ぶっていたため気づきませんでした」と詫びた。また、『孝経』（孝について書かれた儒教の経書）を学び、「忠孝を実行しない者は人ではない」と語ったという。

子供時代の会沢は、学問だけではなく、武芸や軍学にも熱心だった。毎日剣と槍の稽古をすることはもちろん、中国の兵法書（軍事学の書物）を読み、時に甲冑を身につけて坂道を走り込む訓練をしていた。

一七歳になると元服して彰考館に勤務するようになる。ここで後に水戸学を代表する人物となる俊英たちと切磋琢磨した会沢は、二〇歳の時、『千島異聞』を著した。

これは、ロシアの南下に危機感を覚え、ロシアの歴史を調査分析したレポートである。この中で会沢は、後の『新論』につながる戦略構想を披瀝しており、日本の思想を世界に輸出するくらいの覚悟がなければ、自国すら守ることができないと主張している。

二二歳の時、権勢を極めていた水戸藩の家老、中山信敬（一七六五〜一八二〇）に対し、礼装してその邸宅を訪れ、懇々と「大義」を説いて諫めた。これにより中山は以後、身を正すようになったことから、人々は会沢を「寸鉄先生」（「寸鉄人を刺す」という諺から）と呼んだ。

翌年には父が出張先の大坂で死去。その二ヶ月後には母が死去し、残された家族を一人で支えていく。

二六歳で藩主の子息たちの侍読となった会沢は、ここで幼少の徳川斉昭を教育することとなる。後年、斉昭が水戸藩第九代藩主となると、その教学事業を任されることになるが、それは二〇年先の話である。

ここから三〇代は、学問と教育に地道に取り組む日々が続いた。

転機が訪れるのは、四三歳になってからである。この年、大津浜事件が発生し、藩命でイギリス人船員を尋問した会沢は、イギリスに日本侵略の意思があることを肌で感じ取った。かくて、これまでの学問の成果を全て投入して書き上げられたのが『新論』である。この時会沢は四四歳。日本でも中国でも、儒学者は四〇歳を境に思想を完成させることが多いが、会沢もまた例外ではなかった。

この後、四八歳で彰考館教授となり、四九歳で郡奉行となって農村復興の指揮をとる。そして五〇歳で彰考館総裁に就任するのである。四〇代も終わりに差しかかって急に出世したのは、かつての教え子である斉昭が藩主に就任し、みずからの大改革を推進するために、満を持して会沢を抜擢したからであった。

会沢は『新論』で提示した改革プランを実行するためには、思想を共有する人材を育て、全藩一致協力して取り組まねばならないと考えていた。そこで、みずから農村復興の指揮をとるかたわら、本格的な藩校創設を構想し、具体的な学則、カリキュラム、設備などを整えるため、全国の藩校の前例を調べ、古来の教育制度と教育原理を分析し、さらには学問と武芸、思想と技術の統合的な学習方法に至るまで、一〇年の歳月をかけて研究を進めつつ、同時並行で藩校建設を指揮することとなった。

この結果、水戸城三の丸の広大な敷地を使い、政庁と学校が同居し、政府首脳と教授陣が政治と教育を一元的に指揮するという、空前絶後の教育機関、「弘道館」が誕生する。

弘道館では、江戸時代に誕生した全ての学問が習得可能であった。また、西洋の科学技術についても研究教育態勢を整え、各種武芸の鍛錬を行う道場、軍事教練用の練兵場も備えている。

政府首脳もここで教育を受けることが義務づけられ、国体論を共有した改革政治を推進していくことが求められた。そして、教授陣も政策決定に参加することで、みずからの学問を応用することが求められる。学生として入学が義務づけられた水戸藩の武士たちは、教育を受けつつ政治に参加し、国体論のさらなる実用化と、政治の合理化に取り組まねばならない。

弘道館はいわば、最高学府にして最高意思決定機関という趣を見せ、水戸藩は「思想の藩」として、完全にその機能を開花させた。会沢は「小姓頭兼弘道館頭取（官房長官兼大学総長）」に就任し、水戸学の錚々たる思想家たちが打ち揃って教授陣となり、斉昭の号令一下、弘道館の仮開館式が行われたのだが、改革がその成果を見せ始めた矢先、斉昭は幕府から謹慎を命じられ、水戸藩首脳陣が一斉に軟禁された。

これは、改革に反対する門閥勢力と、改革によって利権にメスを入れられた仏教勢力が結束し、江戸の大寺院を通じて大奥を動かし、水戸に謀反の嫌疑がかけられたからであった。

これにより改革は頓挫。会沢もまた隠居を余儀なくされ、その後軟禁状態に置かれる。この時、六五歳。

会沢の思想実現は夢と潰えたかに見えたが、満足に文房具も揃わない環境にありながらも、会沢は手に入る限りの書物を集め、覚えている限りの議論を動員し、『新論』のアップデート版となる『下学邇言』などを執筆した。その執筆作業は、月明かりの下、染料をかみつぶして墨に代え、竹の繊維をほぐして筆に代えながら行われたという。これは、みずからの思想によって、何が何でも祖国日本を守るという、執念以外の何ものでもなかった。

それから七年後、黒船来航が発生し、水戸藩の先見性が認められると、斉昭が藩政に復帰。さらには「海防参与」として幕政に参加することとなる。これに伴って会沢の再登板を望む声がわきあがった。

斉昭は会沢を再び「小姓頭兼弘道館頭取」に復職させ、中断されていた弘道館の整備と改革の理論的指導を期待する。この時七六歳。

　とっくに隠居していて当たり前の年齢でありながら、会沢はこの期待に応え、弘道館の整備を完成させる。さらに、ナポレオン戦争を分析して、近い将来、戦列歩兵を横一線に並べて撃ち合う時代は終わり、一人一人の兵が散兵として独立して行動するようになるとして、新しい戦術形態を提案した『銃陣論』などを著し、全く老いを感じさせない頭の切れを見せた。一通りの仕事を終えた会沢は、七七歳で一旦辞職し、以降は水戸藩長老として後進を指導することとなる。

　これにて水戸藩はいよいよ理想の体制に移行するかに見えたが、今度は諸外国との条約は一切認めず、即時攘夷戦争も辞さない朝廷と、現実的に条約締結はやむを得ず、国力を蓄えて時期を待つべきだとする幕府の争いに巻き込まれ、藩内が攘夷派と開国派で分裂抗争する事態となる。

　水戸藩には特に孝明天皇（一八三一〜一八六七）から攘夷戦争決行を促す「戊午の密勅」（一八五八）が下され、諸大名にもこれを回覧し、水戸藩が先頭に立つようにとの命令が下った。だが、『新論』で既に述べられているように、会沢にとって攘夷戦争を即時決行することは、日本を滅亡させる暴挙であり、この勅命を受けることは、尊王でもなければ攘夷でもなかった。

　幕府もこの密勅の存在を知り、この密勅が攘夷派によって作成されたものであると判断。水戸藩には密勅の差し止めを命じ、全国で「安政の大獄」（一八五八〜一八五九）と呼ばれる大弾圧を行う。

　こうして開国派と攘夷派の争いは殺し合いに発展し、水戸藩でも改革どころの騒ぎではなくなった。

会沢は、政治権力を幕府に委任している天皇が、政治的決断をすることは国体に反するものであり、日本を混乱に陥れるとして激しく反発。この密勅は無効であり、幕府に差し出すべきだとした。

また、攘夷派には、無批判に天皇を賛美し、その宗教的権威によりかかっているという問題があり、それは西洋の脅威を正確に認識せず、日本の国体を破壊するものであるとした。よって、彼らの根底にある、天皇を理想化した国学的論理を破壊すべく、一連の国学批判書を発表する。

標題の語、「国家に国体がなければ、国家などないに等しい」という言葉は、国体論を理解しない攘夷派にも向けられることになったのである。

だが、かつて会沢を攘夷の教祖的存在として持ち上げた攘夷派は、会沢を変節したものとみなし、激しく反発したばかりか、その命まで狙うこととなる。

この混乱を収拾しようとした斉昭が急逝すると、水戸藩はさらに混迷を極めるが、会沢は斉昭の息子にして「将軍後見職」となっていた徳川慶喜（一八三七〜一九一三）に「時務策」を上呈し、とにかく無謀な攘夷戦争はせず、政権をあずかる幕府の責任において開国を断行し、国体に背く天皇の非を堂々と正して、真の「尊王攘夷」を行うよう進言した。

かくて攘夷派の急先鋒であった長州藩が、京都御所の占拠をもくろみ、鎮圧されるという「禁門の変」が起こった一八六三年。会沢は水戸の自宅にてその生涯を終えた。享年八二。この年は、攘夷熱が最も高まった年であり、またその不可能が決定的に知られた年でもあった。この年を境に、時代は倒幕から明治維新へと進んでいくこととなる。

会沢正志斎の死は、江戸の終わりを象徴するものとなった。

徳川斉昭「弘道とは何ぞ。人、よく道を弘むるなり。道とは何ぞ。天地の大経にして、生民の須臾も離るべからざる者なり」（『弘道館記』）

会沢正志斎が「国体論」を確立しつつある頃、水戸藩第九代藩主、徳川斉昭が誕生した。長兄がいることから藩主となる見込みはなく、長兄に男子の跡継ぎがいない場合の予備として扱われた斉昭は、「部屋住み」と呼ばれ、何の役職も与えられない人生を決定づけられていた。しかし、侍読につけられた会沢に導かれ、学問にのめりこむ。

そんな斉昭にまさかの転機が訪れる。兄であり第八代藩主であった斉修（一八九七～一八二九）が亡くなり、遺命により第九代藩主に就任したのである。偶然世に出ることとなった斉昭は、会沢から学んだことをもとに、大改革を推進する。

当時、藩内は門閥派、穏健改革派、急進改革派といくつかの派閥が形成されていたが、それらから分け隔てなく優秀なブレーンを召集した。

この時に登用された戸田忠太夫（一八〇四～一八五五）、藤田東湖（一八〇六～一八五五）、武田耕雲斎（一八〇三～一八六五）、青山拙斎（一七七六～一八四三）らは、それぞれ藩の要職につき、斉昭の命令を忠実に実現するために奔走する。

こうして藩政を掌握すると、土地制度を改革し、税収の効率化に着手。また、藩士を都市から地方へと移住させて、武士の土着化を推し進め、きめ細やかな行政の実現を進めた。内政を整えつつ、海外事情も積極的に収集。技術導入による重工業育成構想や、国民皆兵制度による近代軍制の確立などを研究させた。

その斉昭が渾身の事業として打ち出したのが藩校「弘道館」の創設である。建学の精神を示した「弘道館記」で、斉昭は標題の言葉を掲げた。

「弘道とは何か。道を弘めるのである。道とは何か。天地と同じく絶対的な法則であり、人々が一瞬も離れて生きることができないものである」。

ここでの道とは、会沢が提唱した「国体」を指す。

一度は改革が頓挫し、謹慎を余儀なくされていた斉昭だが、黒船来航と共に名誉回復し、「海防参与」として幕政に参加すると、「天下の副将軍立つ」と日本中から歓迎された。改革に積極的な姿勢は、死後「烈公」と謚されたような激しい印象を残したが、実際の斉昭は人の心の動きに敏感で、あらゆる場面で人を集めて意見を聞き、皆の顔が立つように配慮するタイプの政治家であった。

すなわち、会沢の国体論にもとづき、「尊王攘夷」をスローガンに掲げるまでは、斉昭の仕事だが、それを実際に行う段になると、政策の優先順位や具体的方法の決定、幕府との折衝や藩内の根回しといった各種の作業が必要になる。

これに斉昭は直接介入せず、それぞれに担当者を割り当てて推進させ、異論や問題が起こった時は自分に報告させるようにし、それを担当者に面談して相談し、必要な修正を行わせる。

この時、自分は局外にいることで、対立を中和するはたらきをし、不満のガス抜きや少数意見の汲み上げを行うのである。

幕政においても斉昭は、西洋諸国との条約調印を可能な限り引き延ばし、その間に国防体制を整える「ぶらかし（引き延ばし）策」を提唱。低下した幕府の権威を回復するため、有力な外様大名を取り込み、将軍が彼らを調停しながら使いこなす体制を構築しようとする。

また、天皇以下の朝廷に対しては、みずからが急進的な攘夷論者であることをアピールしてその信頼を獲得。幕府を動かすことを期待させて沈静化を図り、必死の時間稼ぎをしていた。

この頃、第一三代将軍、徳川家定（一八二四〜一八五八）には後継者がいなかったことから、斉昭と外様大名らは、斉昭の第七子である一橋慶喜（徳川慶喜）を擁立しようと工作する。慶喜が将軍となることで、国体論にもとづく尊王攘夷の政治改革を、全国規模に拡大しようとした。

斉昭と会沢、この両名がいなければ、「弘道」はなされず、「尊王攘夷」が成し遂げられることはなかったのである。

第一二章　維新と江戸

幕府の外交的成功と攘夷運動

西洋の進出に対して幕府は対応できず、不平等条約を結ばされたことに危機感を持った人々が、天皇を中心とした統一国家を目指し、徳川幕府を倒して明治維新を起こした。この記述もまた、半分正しくて、半分正しくない。

何故ならば、黒船来航によるアメリカとの条約交渉において、交渉担当を命じられた林復斎（一八〇〇～一八五九）は、ペリー（Matthew Calbraith Perry）（一七九四～一八五八）との交渉において、下田と函館で物資を補給すること、アメリカ人の移動可能範囲を制限すること、そして貿易は行わないことを、全て飲ませているからである。ペリーとの論戦で復斎はその矛盾をことごとく論破したため、アメリカは期待した成果を得られないまま、「日米和親条約」（一八五四）を締結した。

その後、アメリカから来たハリス（Townsend Harris）（一八〇四～一八七八）との間に「日米修好通商条約」（一八五六）が結ばれるが、こちらは「不平等条約」として知られ、特にアメリカに「領事裁判権」を認め、日本に「関税自主権」が認められず、さらに日本だけがアメリカに対して「最恵国待遇」を認めていることは、強い非難の的になった。

しかし、関税自主権に関しては、当初、二〇パーセントの高税率で決定し、さらに条約締結から五年後には、日本の申し出によりこれを自由に変更できるようになっていた。さらに、最恵国待遇に関しては、この税率を維持するために譲歩したのであり、将来的にこれを改善する見込みを持ったものであった。

これは軍事的脅威を背景に半ば恫喝外交を行っているアメリカに対し、十分な外交的成功であると言って良い。

なお、この交渉に当たった井上清直（一八〇九～一八六七）、岩瀬忠震（一八一八～一八六一）は、共に幕府の人材抜擢によって選ばれた少壮官僚であり、井上の兄は「筆算吟味」（試験により勘定所に採用され、財政を取り扱うための試験）によって抜擢され、「日露和親条約」（一八五五）において、プチャーチン（Jevfimij Vasil'jevich Putjatin）（一八〇三～一八八三）から激賞された川路聖謨（一八〇一～一八六八）であり、岩瀬もまた「学問吟味」において好成績を修めたことで知られる。つまり、松平定信以来、着々と進められてきた人材育成が、確実に功を奏していたのである。

しかしながら、攘夷派による外国人襲撃などにより、幕府は一気に外交的立場を弱くする。加えて、朝廷の条約承認拒否によって、幕府は外交的信用を失い、大幅な譲歩をしなければならない事態となる。

この結果、一八六六年の条約改定において、折角の外交成果であった高関税率を失い、さらに関税率を植民地国なみの五パーセントまで引き下げられ、関税自主権を喪失したのである。

したがって、幕府が対応できなかったというのは正確ではなく、むしろ幕府の外交成果は攘夷運動によって失われ、その責任まで負わされた、というのが真相である。

攘夷運動を行った人々は、外国人を一歩も日本に入れないことを目的とした。そして、天皇が明確に攘夷戦争の即時決行を命じている限り、幕府はこれを履行することが「大義」であり、幕府を改心させ、「尊王攘夷」を実現することが自分たちの使命だと考えていた。ここには会沢の国体論をもとにした尊王攘夷のような、国の形と心に立脚した国防思想は存在しない。

彼らはやがて、攘夷戦争を決行しない幕府に業を煮やし、幕府を倒して天皇を中心とした新しい国をつくろうと考え始める。こうして明治維新がはじまるのである。

では、こうした攘夷運動は何故起こったのか。少し時間を遡って見てみたい。

徳川幕府による近代国家への道

新井白石が閑院宮家を創設して皇位継承を安定化させた一方、『読史余論』で幕府の政治的正統性を主張したのは、ひとえに将来的な反乱に備えたからであった。すなわち、幕府に不満を持つ人々が天皇を担ぎ出し、その権威によって幕府に対抗しようとするのを防いだのである。

ついで、吉宗から田沼までの政治で、一揆や打ち壊しが多発し、諸大名からの信用が低下している中、ロシアの南下までがはじまった。こうした状況下で政治を司った松平定信は、寛政の改革を推進して国内を整え、対外的な脅威に対抗するためにも、国内の人々の支持をとりつけ、強力な権威を早急に確立する必要があった。そのためには天皇からの信任を引き出して、権威を回復する必要に迫られた。

この時に定信を助けたのは、懐徳堂の朱子学者である中井竹山と、彰考館の水戸学者である藤田幽谷であった。

彼らは、天皇が将軍に政治を委任し、将軍は天皇にかわって日本に秩序と安寧をもたらしているとする「大政委任論」を構築した。大政委任論の普及は、天皇の権威を損なうことなく、幕府の権威を回復することにつながる。これにより、幕府は政治権威を回復することに成功した。

こうして朝廷と幕府の関係は、大政委任論によって思想的に整備され、重要な政治決断を形式的に承認してもらうかわり、朝廷の意向も尊重するという形に落ち着いたのである。

ただ、定信のブレーンの一人であった柴野栗山は、これに反対し、むしろ幕府の強権体制を構築した方が後顧の憂いがないと進言した。栗山の懸念はやがて現実のものとなる。

定信の引退後も「寛政の遺老」と呼ばれた人々によって、その路線は継承されていた。しかし、第一一代将軍である徳川家斉が「大御所政治」と呼ばれる専権政治を開始すると、この状況が一変する。

家斉は、諸大名との婚姻を推し進め、血縁関係を強化した。また、万事において華麗を好んだことから、あらゆる出費が増大し、全国的な浪費傾向を生んだ。

これは、江戸を中心として「化政文化」と呼ばれる、文化的な最盛期を出現させることとなったが、都市と農村の調和は崩壊し、格差社会に突入していくこととなる。これに追い打ちをかけるように「天明の大飢饉」（一八三三〜一八三七）が発生すると、餓死者が急増し、ついに「大塩平八郎の乱」（一八三七）が発生することとなる。幕府の役人が起こし、かつ幕府領内の大坂で発生したこの乱は、幕府の信用を大きく失うこととなった。

そのような中、第一二代将軍に就任した徳川家慶（一七九三〜一八五三）は、水野忠邦（一七九四〜一八五一）を老中に任命し、「天保の改革」を実行させた。

この改革は、享保、寛政の改革を継承するもので、倹約令、上知令、株仲間解散、物価引き下げ令、人返令、風俗矯正令など、名目としてはこれまでと大差ないものの、都市と農村でそれぞれ独立した商工業単位に組織化しようとしたこと、飛び地で構成されていた幕府領を一箇所に集中し、行政と産業の効率化を図ったことなど、より中央集権的な政治体制を志向していた。

ただ、この方針自体は合理的なものであったが、定信が回復しかけていた政治権威を、家斉が濫費によってご破算にしていたため、それを推進するだけの支持を得られず、改革は中途半端な形で終了する。

しかし、天保の改革で抜擢され、実務経験を積んだ少壮官僚たちは、黒船来航以降の幕府政治を牽引することになる。

尊王傾向の発生と朝廷の台頭

この頃になると、思想の方でも変化が生じていた。

藤田幽谷と同時期に活躍した本居宣長は、『古事記』や『源氏物語』の研究によって、「国学」を確立していた。国学は基本的に、政治に関して直接的な主張をする傾向にはない。しかし、これによって古代から平安時代に対する関心、さらには憧れが高まると、天皇と貴族たちが京を中心として政治を行い、日本文化を育んでいた「物語」が人々の心を捉える。

加えて、ひな祭りに代表される年中行事や、和歌などの古典には、そこかしこに王朝文化を宣伝する要素が満ちていた。国学がこのイメージをさらに増幅することで、人々には無意識的な尊王傾向が発生し、天皇や朝廷は手堅い支持基盤を獲得することになるのである。

後になると、広島藩から脱藩した儒学者、頼山陽（一七八〇～一八三二）の『日本外史』が大ベストセラーとなって流通する。これは一八二七年に完成した歴史書で、平安時代から当時までの武士の歴史が記されていた。

この書物の特徴は、天皇が日本の正統な統治者であることが強調され、その権力が武士に移行していった様子を「勢」として描写する一方、白石などと異なり、その批判が徳川幕府にも向いていることである。

これは、天皇が政治権力を取り戻す可能性を持つ、という主張を切り拓く端緒となり、かつ民間に流行することで、政治的にも尊王傾向が強まることとなった。

こうした思想的な変化に先立つこと約五〇年前、「宝暦事件」（一七五八）、「明和事件」（一七六六）という、尊王を掲げて幕府転覆を目論んだとされる、クーデター計画が発覚する。

宝暦事件や明和事件に関しては、崎門の思想的影響が言われるが、明和事件の首謀者とされた山県大弐（一七二五〜一七六七）は冤罪にかけられただけで、実際にはクーデター計画などなく、また宝暦事件の首謀者である竹内式部（一七一二〜一七六七）にしても、幕府に怨みを抱く貴族たちの不満のはけ口として、過激な尊皇思想を説いていたに過ぎない。

むしろここで注目すべきは、特定の思想家や書物が人々を動かしたのではない点にある。崎門にしても国学にしても、あるいは水戸学においても、確かに天皇の政治的正統性にもとづいた尊王論を説く思想家は存在したが、それが社会を席巻する力を持った訳ではなく、その影響力は極めて限定的だった。そうではなくて、この時期の文学、歴史、思想における尊王傾向が、そのまま政治的な天皇と朝廷への期待へとスライドしたのであって、天皇をはじめとする朝廷もまた、人々の無意識的な尊王傾向に乗って政治的主張を行い、みずからの権威回復をはかったのである。

そして、この尊王傾向は、それから五〇年と経たない内にやってきた、西洋との対峙において、「明治維新」という体制の大転換を引き起こすのである。

江戸時代の終焉

黒船来航によって開国が現実味を帯びてくると、尊王傾向は熱狂的な攘夷派を形成することとなる。

これに加えて、孝明天皇が攘夷を強く望んでいることが知れ渡ると、西洋に対する危機感とあいまって、人々は一気に攘夷を唱えはじめ、みずからのアイデンティティーを守ることと、天皇の意志に従うことを同一視しはじめるのである。

こうして各地に脱藩して攘夷運動を行う人々が現れ、彼らはやがて「志士」と呼ばれるようになる。この潮流を国民運動にまで高め、ある程度コントロールすることで改革の推進力にしようとしたのが藤田東湖であった。東湖は、会沢正志斎のような国体論と異なり、日本が天皇の国であることを「国体」のポイントとして強調し、天皇と国民の間に存在する愛情を訴えかけることに長けていた。また、東湖は全国の志士とネットワークを構築し、大名を説得して幕政を動かす活動にも手腕を発揮していた。この結果、水戸藩は攘夷派の急先鋒として認識されるようになり、全国の攘夷派が「水戸詣で」を行うという現象を起こす。

ただ、東湖が「安政の大地震」（一八五五）で家屋の倒壊に巻き込まれて圧死すると、この運動を制御できる者がいなくなり、運動は過激化の一途を辿るようになる。

また、黒船来航以来、老中であった阿部正弘（一八一九～一八五七）は、幕府の外交方針について、広く全国から意見を集め、衆論の力によって政治力を確保し、将来的な攘夷に備えようとした。この結果、大名による幕政への関与が活発化した他、志士たちによる攘夷運動を後押ししてしまう状態になる。

さらに、阿部以降の幕府は、朝廷と幕府の融和をはかる「公武合体策」を進めたが、これも逆に孝明天皇や朝廷の攘夷要求を強めることになり、条約締結について朝廷の許可を得る慣例を作ったことは、朝廷の政治権力奪還に現実味を帯びさせた。

これを強権的に押さえようとしたのが井伊直弼であるが、井伊が「安政の大獄」（一八五八～一八五九）で大弾圧を決行した結果、攘夷派の反発が強まり、井伊は「桜田門外の変」（一八六〇）で暗殺される。

井伊の後を継いで開国と公武合体策を推し進めた安藤信正（一八一九～一八七一）にはこれを回復する手立てはなく、ついに薩摩藩の島津久光（一八一七～一八八七）が朝廷を動かして大原重徳（一八〇一～一八七九）を勅使とし、外様大名と貴族が共に江戸に乗り込んできて、「文久の改革」という統治機構改革を迫ってきた。

さらに「第一次長州征伐」（一八六四）では勝利したものの、ついで起こった「第二次長州征伐」（一八六六）に失敗した幕府は、朝廷や大名に対する支配力を喪失した。これを潮目と見た薩摩藩が長州藩と結び、朝廷と協力して倒幕を決行。かくて江戸時代はその幕を閉じるのである。

維新の思想

幕府崩壊の原因は、新井白石が用意した政治史や、松平定信が整備した大政委任論を利用しきれず、むしろ無意識的な尊王傾向に引っ張られる形で、これをことごとく解除してしまったことにある。会沢正志斎の国体論は、これを取り込みながら大政委任論を強化することを目的としていたから、攘夷派を煽る藤田東湖の運動理論に批判的で、両者は緊張関係にあった。会沢は水戸藩の改革を通じて朝廷と幕府の双方にアプローチし、日本に強力な中央政府を誕生させようとしていた。したがって、会沢が水戸藩の中枢にいる内に、その改革を支援していた場合、徳川斉昭のカリスマ性に助けられて、過激な攘夷論は国体論に吸収され、穏健化する道が残っていたのだが、それも水戸藩の改革をつぶしたことによって実現不能になってしまった。

これはあくまで後づけの可能性に過ぎないが、少なくとも新井白石、松平定信、会沢正志斎は、国内の混乱に乗じた朝廷の台頭と、それを利用する勢力による反乱を予見し、深刻な懸念を持っていたことだけは確かである。

また、禁門の変を境として攘夷派は倒幕派に転換していくが、それより以前、幕府に見切りをつけた人物に吉田松陰（一八三〇〜一八五九）がいる。

松陰は、軍学の専門家として西洋の脅威と向き合う中、それが単に軍事的な問題にとどまらず、戦争当事国の持つ思想や民族性が戦力となることに着目した。

当初は会沢の国体論に接近した松陰であったが、次第に国民運動としての攘夷論に傾斜していき、天皇に対する忠誠心をかきたて、日本国民が等しく攘夷のために立ち上がる「草莽崛起論」を提唱するようになる。

これは、立場や役割にかかわらず、全国民が政治運動に参加し、攘夷を遂行しようとするものであるが、その心理的一体感によって、国内改革や近代化を図ろうとする冷静な視点も備えていた。

結果的に松陰の思想が倒幕派の理論的な支柱となるのだが、これは自然発生的に起こった尊王傾向が、思想として結実したものと考えられる。

ともあれ、全国民が一律に忠誠を尽くし、その上に天皇が君臨するという思想によって、政治体制と思想の全面的転換、すなわち「明治維新」が達成されたのである。

もう一つの可能性

「大政奉還」の後も、徳川家の完全消滅を求めた倒幕派は、「王政復古の大号令」(一八六八)によって新政府を樹立すると、徳川家を「朝敵」に指定した。これに対し、第一五代将軍になっていた徳川慶喜は、あくまで恭順を貫き、江戸城を開城することで対処した。

ただ、徳川家と会津藩の朝敵指定解除を求めた東北地方の大名家二五、他の地域の大名家六、そして水戸藩の有志たちが「奥羽越列藩同盟」を結成し、新政府軍と激しい戦いを繰り広げる。これが「戊辰戦争」である。

彼らは新政府誕生には反対しなかったものの、徳川家に対する追及に異議申し立てを行ったのだが、それが新政府に対する反乱だと解され、戦争に発展した。

特に会津藩は、保科正之の遺言として「将軍家を第一に考えよ。二心を抱く者はわが子孫と認めない」と言われていたから、全藩を挙げての激しい抵抗となった。

また米沢藩は、既に鷹山以来の改革に成功し、近代軍備を整えつつあった。新政府のやり方に反発した米沢藩は、上杉謙信以来の精強さを発揮し、新政府軍を終始圧倒する。

これらは、保科正之、上杉鷹山の精神がなお生きており、それが徳川幕府を守ろうとした思想現象と言って良いであろう。

また、実は幕府本体にも、日本で最も優れた西洋軍備を備えた「幕府歩兵隊」と海軍艦隊が存在していた。これらは旗本の小栗忠順（一八二七～一八六八）によって整備された「横須賀製鉄所」などの近代的工場を基盤にして組織されており、近代国家としての国力を、既に幕府は整備しつつあったのである。

これに加えて、前述の川路、井上、岩瀬などに代表される少壮官僚たちは、幕府の統治機構を利用して、日本型の近代化を推し進めており、朝廷を占拠して天皇を幕府で戴き、強力な中央集権国家を作ることまで考えていた。つまり、倒幕からの新政府という近代化以外に、幕府による近代化の道筋が存在していた。

これには、松代藩（現・長野県）の藩士であり、かつ朱子学者であった佐久間象山（一八一一～一八六四）の影響も大きく、象山は日本の倫理によって西洋の技術を使いこなすという「和魂洋才」を提唱し、朱子学の格物致知で鍛えた頭脳で、西洋の技術をすさまじい勢いで咀嚼、応用し、電気技術や大砲製造などで一頭地を抜いていた。その他、各地の儒学者が西洋技術の取得と応用に成功しつつあった。

こうした背景には、朱子学によって培われた基礎学力があり、昌平坂学問所においても洋学の研究がはじめられ、多様な人材を輩出していたのである。彼らの抵抗はあえなく失敗するものの、江戸時代につくられたものは、その後も継承されて生き続け、歴史を動かすことになるのである。

ここでは、幕府側を代表する人物として川路聖謨を、倒幕側を代表する人物として吉田松陰を、それぞれ取り上げてみたい。

川路聖謨「天津神に　背くもよかり　蕨つみ　飢えにし人の　昔思へば」（『川路聖謨之生涯』）

川路聖謨は、豊後国、日田の内藤家に生まれた。父は代官所の下級役人だったが、江戸に出て「御家人株」（困窮した御家人が、家格を商品化して売り出したもの）を取得。正式に幕府の御家人となる。

一二歳で川路家に養子に入り、一七歳で幕府の官吏採用試験である「筆算吟味」に及第してからは、会計畑を歩みつつ、その才能を買われて旗本に出世した。その後、三五歳で幕府の財政監査を担当する「勘定吟味役」につき、四一歳で「小普請奉行」、四三歳で「普請奉行」に就任して、天保の改革に参加している。

天保の改革が挫折したことに巻き込まれ、四五歳で「奈良奉行」に左遷されたものの、当地では囚人の待遇改善に着手。五〇万本の植樹による景観整備や、本居宣長の神武天皇陵推定に異議を唱え、みずから調査した上で『神武御陵考』を著している。

五一歳で復権した川路は、「大坂町奉行」を経て、五二歳で「勘定奉行」へと昇進。再び幕政に参加することとなる。

この翌年、ペリー来航に伴い、「海岸防禦御用掛」を兼任することとなる。略して「海防掛」と呼ばれるこの役職は、西洋諸国との交渉に備えて新設されたもので、幕府の優秀な官僚が集められ、対外戦略と国内政策が一元的に立案された。いわば、幕府の「参謀本部」とも言うべきエリート機関である。ここには後に岩瀬忠震、永井尚志（一八一六～一八九一）、大久保忠寛（一八一八～一八八一）、水野忠徳（一八一〇～一八六八）、井上清直といった、後に各方面で活躍する若手官僚が集まっており、川路は彼らと共に精力的な政策立案を行い、財政と外交に大きな成果を残している。前述の「日露和親条約」での活躍も、その一つである。

だが、条約調印の許可をとるべく京に向かうも、天皇と攘夷派の理解が得られず窮地に陥る。また、井伊直弼に嫌われ、安政の大獄のあおりを受けて隠居に追い込まれる。この時五九歳。

当時の混沌とした政局を前に、川路は、日本の意志決定が朝廷と幕府で二分されているばかりか、せっかくの外交成果を攘夷論によって拒否する朝廷に、強い危機感を覚えていた。

川路だけではない。水野や小栗忠順ら幕臣は、京都御所に幕府軍を突入させ、「承久の変」（倒幕戦争をはじめた後鳥羽上皇（一一八〇～一二三九）を、北条義時率いる鎌倉幕府が迎え撃ち、京を占拠して政治権力を事実上掌握した事件）を再現するほか、統一国家日本の道はないとまで考えていた。

彼らは重要な局面において、天皇の意思がこれまでの流れを全て覆す構造を、日本のアキレス腱だと認識していたのである。

ただ、川路自身は隠居の身として後進の活躍を期待しつつ、静かに暮らしていた。その生活は、起床と共に朱子学の入門書である『近思録』の通読と、刀と槍の素振り二〇〇〇回からはじまる。根明で多趣味な川路は、養父母にもよく仕え、家族全員で囲む食卓を何よりの楽しみとし、家庭には笑いが絶えなかったという。

脳卒中で倒れてからも、最後まで現役の備えを欠かさずにいた川路は、一八六八年、江戸城が開城した日に短刀で腹を突き刺し、拳銃で自害する。

「伯夷・叔斉が大義に殉じて王を非難し、首陽山で蕨だけを食べて餓死したことを思えば、私が「理」に殉じて神に背き、天皇に楯突く人生を歩んだことも、またやむをえまい」。

これが標題の辞世である。

吉田松陰「余、寧ろ人を信ずるに失するとも、誓って人を疑ふに失することなからんと欲す」（『講孟劄記』）

長州藩士の家に生まれた松陰は、五歳で山鹿流の兵学（軍学）師範であった叔父の養子となり、九歳で長州藩の兵学師範に就任。

二二歳で江戸に出ると、佐久間象山の塾に入門。他に山鹿素水（生年未詳～一八五七）、安積艮齋（一七九一～一八六一）などから、軍学や政治について学ぶ。ここまでの松陰は、兵学師範として軍事的な関心が強かったことが伺える。

したがって、象山から経書をよく読むよう諭されたものの、この段階ではそれを拒否している。しかし、後に象山の意図を知り、経書を読み込むようになる。

西洋の脅威に敏感だった松陰は、同じく熊本藩の兵学師範だった宮部鼎蔵（一八二〇～一八六四）と親交を結ぶが、宮部には攘夷派の活動家としての顔があり、軍学の技術的方面に関心があった松陰に、体制変革への関心を与えてった。

その後、諸般の事情で藩の許可なく東北に旅立ち、途中の水戸では会沢正志斎らに面会する機会を得た。この翌年、ペリー来航に衝撃を受けた松陰は、翌年の黒船再来航の際、これに乗船を企てて捕縛。萩に送還され、野山獄に収監される。この時二五歳。

獄中において松陰は、象山の言っていた通り、国防のためにこそ、より深い世界観や人間観が必要であることを悟り、経書を読み込むようになる。もともと読書家であり、濫読傾向のあった松陰は、すさまじい勢いで思想を構築していった。こうして読書と思索を重ねるかたわら、囚人らに『孟子』などの古典の講義を行い、独自の攘夷論を展開していくこととなる。

獄中生活は一年で終わり、自宅謹慎となった松陰は、叔父の主宰していた「松下村塾」を引き継ぎ、二年ほどを教育活動に費やす。そうこうしている間にも、日本は開国に向けて進み出し、それに対する攘夷派の行動も過激化していた。

幕府の条約交渉を弱腰だと考え、また朝廷の意向を無視していると考えた松陰は、当時の老中であった間部詮勝（一八〇四～一八八四）の襲撃を計画するが、これが幕府に漏れて処罰されることを恐れた長州藩によって、野山獄に投獄される。この頃、幕府にも長州藩にも、攘夷の意思がないことに失望した松陰は、「草莽崛起論」を提唱しはじめた。

安政の大獄がはじまると、別件で事情聴取を受けた際に、聞かれてもいない間部襲撃計画を暴露し、処刑された。享年三〇。

この三〇年の生涯は、火の玉のように苛烈であるが、家族から見た松陰は、めったに怒ることもなし、出世やお金や女性にはまるで関心がなく、温厚で、家族になんでも話す素朴な人柄であった。言い方を変えれば、およそ俗っぽさのない人間であった。

こうした人間が、国事を自分のこととして考え、全ての時間をそのための学問に投入し、喜怒哀楽をむき出しに議論し、自身の考える理想的人物としてふるまおうとする様子は、それが常人には追いつけない努力に裏打ちされているからこそ、否応なしの敬意、あるいは畏れを生み、それにひっぱられる形で、感情が聞き手に浸透してくる。

「私は人を信じて失敗したとしても、誓って人を疑って失敗するような、情けない生き方だけはすまい」。本来は人間の親しみやすさを作る俗っぽさを、極限まで排除したこの純粋さこそ、感情レベルで人々を突き動かし、時代を変えたエネルギーの源泉である。

第一三章　江戸と近代

「和魂洋才」の終わりと西洋化のはじまり

江戸時代の終焉は、武士の時代の終わりでもあった。明治新政府は、強力な中央集権政府をつくるべく、「廃藩置県」（一八七一）によって、大名家の領地所有を停止。また「金禄公債条例」（一八七六）によって、俸禄の支給を停止した。ここに封建制度は終わりを告げることとなる。

さらに「廃刀令」（一八七六）によって刀を取り上げたことは、「士族」という戸籍上の身分が残っていたとはいえ、武士の終わりを象徴する出来事であった。

新政府は新しい国防体制を構築するため、「富国強兵」をスローガンに掲げ、国内の近代化を強力に推し進めた。この結果、商工業における近代化が進み、人々の生活様式にも変化が訪れる。

これは実に不思議な現象であった。何故ならば、新政府をつくったのは、かつて過激な攘夷論を唱えていた薩摩藩、長州藩を中心とする人々であり、彼らはそのために「王政復古の大号令」を出したはずだった。

蓋を開けてみれば、幕府以上に西洋化を推進し、あらゆる伝統的体制が崩れていく。

これに不満を持った武士たちを中心に、各地で大規模な反乱が発生する。最大規模のものとして「西南戦争」（一八七〇）があり、これを率いたのは明治維新最大の功労者であった西郷隆盛（一八二七〜一八七七）であったことからも、この矛盾は明らかであった。

このことは、ある種の必然だったとも言える。何故ならば、天皇を中心とした政府をつくろうとしても、京の朝廷はかなり初期の頃から律令制をくずし、地方に政治を丸投げしていたから、政治経験などないに等しかった。

また、国体論は立場と役割分担にもとづき、大政委任論を前提としていたから、日本国民全体を平準化して、天皇に直接的に忠誠を向けていくという尊王傾向とは相性が悪い。

そうすると、政治的にも思想的にも、新政府は日本の統治機構をつくりあげていく基盤が存在しないため、ほぼゼロからの出発となる。

加えて、西洋の脅威に対する早急な対応が必要となると、残る方法は一つしかない。それは積極的に西洋の文明を取り入れ、まるごと西洋化することで近代化を達成することである。

かくして、「和魂洋才」の看板は下ろされ、新政府は全面的な西洋化を目指す「欧化政策」を推進することとなる。

これは、日本の急速な近代化にとって、とても有効な手段であり、結果的に、日本は世界でもまれに見る速度で西洋近代化を達成するのである。そうした意味で明治維新は成功だったと言えるだろう。

西洋化と朱子学

全面的な西洋化を進めていく上で、避けては通れないのが思想の西洋化である。これは、幕府が旧態依然たる儒教に凝り固まり、適切な近代化ができなかった、という議論にもつながるため、新政府の正当性を強める意味でも、精神のレベルから西洋化することが必要であった。

だが、新政府を構成したメンバーは、いずれも若年から攘夷運動に参加していたため、政治課題に直感的に対応する胆力はあっても、思想的な基礎学力に不足があった。また、倒幕派に与した学者には、西洋の学問を使いこなす人材は少なかった。

一方で、幕末に西洋と対峙して、その理解を進めてきた幕府官僚たちは自害、憤死、刑死、隠遁によって、ほとんど姿を消しており、幕府方の学者たちは、林家を筆頭として、一斉に野に隠れていた。さらに、戊辰戦争によって「朝敵」とされた大名家の人材は、いずれも公職から追放されていた。

新政府は外国から教師を雇い入れ、日本語を経由せずに、外国語で直接西洋にアクセスできる人材を育てようとしたが、それだけでは即効性がない。そうした中、西洋の学問を取り入れて咀嚼し、これを日本語の文脈で理解できるようにしたのが、「明六社」に集まった学者たちである。

彼らは、その多くが幕府系でも薩摩長州系でもなく、昌平坂学問所や佐久間象山の塾で朱子学を学び、優等な成績を残していた。したがって、今日でも残っている「物理」「哲学」などの訳語は、いずれも経書をはじめとする漢籍からとられた言葉であり、かつその内容理解においても、朱子学で養った思考様式を基礎として、これを咀嚼することに成功していた。彼らの活躍によって、日本人は日本語で研究、教育ができるようになったのである。

したがって、思想の西洋化は、朱子学によって培われた基礎学力によって行われるという、何とも奇妙な現象が起こるのだが、ここにはもう一つ興味深い原因がある。

それは、朱子学が江戸時代の学問を支配したのは、一つには人倫の中に倫理を追求し、立場と役割分担による社会をつくろうとしたからであるが、一方で、日本における朱子学は総合学問の様相を呈しており、教育機関で朱子学を学ぶことは、基礎学力の養成に力を発揮する反面、倫理の追求が閑却される場合があったということである。

したがって、西洋の学問を朱子学で養った基礎学力によって咀嚼するという現象は、江戸時代における朱子学が、一貫して総合学問としての性格を持っていたことの裏づけとなるが、それだけに崎門などの純粋朱子学の特殊性を際立たせた。

こうして、明六社で活躍した学者たちが、西洋の文献を翻訳する際に経書の言葉を用い、その内容理解において、朱子学で養った思考様式を用いたとしても、彼らは倫理を追究するという点において、はじめから朱子学者ではなかったのである。故に、彼らの中に矛盾は存在せず、むしろ先進的な学問を追究するという点で、常に第一線にいるという意識を持っていたのである。

福沢諭吉という存在

彼らが思想の西洋化を推し進めていく中で、江戸時代の思想、なかんずく朱子学的倫理に対する態度はまちまちであった。西村茂樹（一八二八～一九〇二）のように、西洋哲学と儒教を統合し、日本の道徳を確立しようとした者もいたが、多くは西洋化を妨げるものとして、これを排除しようとした。

ここにおいて最も特徴的なのが福沢諭吉（一八三四～一九〇一）である。福沢は、人間が経済的にも精神的にも独立し、個人がその生存に全力をあげてこそ、国家は独立を保ち、文明は繁栄すると考えていた。そこで問題になるのが、人倫によって倫理を追求する、朱子学をはじめとした儒教である。福沢から見れば、それは他者の社会的立場に応じて規範を変えていく、極めて他律的な道徳であり、そこには身分制をつくりだす母胎があった。

したがって福沢は、儒教全般に対して罵詈雑言に近い批判を浴びせかけ、西洋化の障壁となる宗教として、神道をやり玉にあげた。

『学問のすゝめ』や『文明論之概略』といった彼の主著では、こうした議論が盛んに行われ、一方で西洋では人々が自立して文明的な社会をつくり、相互の競争によって発展してることを強調している。彼の著作に共通しているのは、イギリスの哲学者であるミル（John Stuart Mill）（一八〇六～一八七三）や、スペンサー（Herbert Spencer）（一八二〇～一九〇三）らの議論を、みずからの言葉で展開し、一方で儒教に関しては特定の思想家の議論を引かず、福沢の儒教理解を披瀝して、それを批判していることである。

福沢は、英語も漢文もあまり得意ではなかったと言われるが、英語はさておき、儒教に関しては、基本的な思想理解があまりなかった可能性が高い。

というのも、彼の回想録である『福翁自伝』において、福沢は『春秋左氏伝』を一一回読み返し、儒教については一通りの理解があると述べているが、「五経」の中でも『春秋』は、江戸時代においても、ほとんど中心的な役割を果たしていなかった。それは朱子学が誕生した近世の中国においても同様で、朱子は『春秋』に注釈すらつけていない。したがって、『春秋』を最も愛読したという述懐そのものが、それ以外に対する無理解を象徴しているのである。

加えて、福沢は『春秋左氏伝』『国語』『史記』『漢書』『詩経』『書経』『老子』『荘子』を読んだことを以て、自分は漢学者に対しては「獅子身中の虫」(彼らの仲間であるような顔をして、実は敵であること)であり、その議論を論破できると豪語しているが、これは、完全に初等教育の素読で使われるラインナップである。つまり、福沢は恐らく朱子学以下の思想について、ほとんど知らなかった可能性が高いのである。故に彼の儒教批判には、不思議なほど中国の儒学者も、日本の儒学者も登場せず、それらの議論もまたほとんどとりあげられないまま、彼の言う「儒教」なるものがめちゃくちゃに叩かれる。

だが、福沢の儒教理解は、思想的な議論が存在しないアジテーションに近かったから、その分、生き生きとした説得力を持った。

そして、これに引き合う程度に単純化され、平面的な西洋理解を対置すれば、西洋に触れる機会のない、大多数の人々に分かりやすいレベルの内容となり、その魅力を最大限宣伝することができる。

思想的な基礎学力のない福沢がいればこそ、ゼロから西洋を摂取しなければならなくなった日本人は、ゆるやかにアクセスすることが可能となったのであった。

西洋化と「立身出世主義」

福沢は、全ての身分差別がなくなり、人々は平等になるべきだと主張した。「天は人の上に人を作らず」という有名な言葉である。そのかわり、新しい時代では、学問によって経済的な力をつけ、自由を実現する人間こそが偉いのだと言った。つまり、人は学識と財力によって格差がつくものであり、人々がより自由で豊かな生活を目指して競争することこそ、文明が発達する原動力になるのである。

これは、この当時流行していたスペンサーの「社会進化論」を、福沢一流の言葉で世俗化したものだが、「学歴」と「収入」を尊ぶ「立身出世主義」が、これによって日本の形と心をつくる。福沢はこのことを、これからの結婚は財力によって決まるから、たとえ出雲の神でもどうにもできない、と表現している。

後に禅の哲学を広めて国際的に有名となった、仏教哲学者の鈴木大拙（一八七〇～一九六六）は、明治時代中期頃に教育を受けているが、その回想である「東洋と西洋」において、自発性がなく、人民を愚にしておく儒教とは異なり、ミルや福沢の著作にはじまる自由の思想に魅力を感じていた、と回想していることから、この思想はある種の教義として定着していたことが伺える。

この教義は、立ち遅れていた近代化を推進するために、大変有効であった。何故なら、近代化にまず必要なのは工業化であるが、工業化がある程度進むにつれて、今度はそれを経営し、市場に製品を供給するための、商業の近代化が必要となり、そのためには、民間における「会社組織」の育成が急務だからである。

したがって、人々の意識を学歴と収入に向け、進んで西洋の会社組織を摂取し、商工業に参加することを促すためには、こうした思想的誘導が必要だったのである。

この結果、「日本資本主義の父」と呼ばれた渋沢栄一（一八四〇～一九三一）などの活躍もあって、日本の商工業の近代化は、目を瞠る速度で達成されていった。会社組織ではたらく人間は、福沢の「慶應義塾」や、急進的な西洋化を唱えた森有礼（一八四七～一八八九）が設立に尽力した、「商法講習所」（現在の一橋大学）において育成され、教育面でも西洋化が進んでいった。

他のアジア諸国がその近代化において、伝統的な思想や慣習との折り合いで難渋したのに対し、日本の場合は徹底的な破壊を終えていたから、これがスムーズに進んだのである。丸の内や銀座のレンガづくりの建築物、石畳にガス灯がともる街路は、驚異的なその思想の有効性を象徴しており、たちまちの内に人々には、新しい時代への希望と野心が根づいていた。

「日本型経営」の萌芽

渋沢栄一は『論語と算盤』で知られ、儒教と会社経営を結びつけようとした人物として有名である。彼が設立に関わり、また経営した会社は数知れず、その本となる銀行まで設立したのだから、「日本資本主義の父」と言われるのは、誇張でも何でもない。

ところで、渋沢は江戸が東京に変わり、近代的な街へと変貌していくことに尽力し、銀座の市街地整備をはじめ、さまざまな建築、インフラを整えたのだが、その資金源は松平定信が「七分積金」で江戸の町会に貯蓄させていた積立金であった。

これは幕府の財政が逼迫した時であっても、一切手がつけられていなかったが、ここにおいて七分積金を廃止して積立金を接収したのである。積立金は莫大な額にのぼり、東京府市庁舎、養育院（救貧施設）、墓地、商法講習所などを整えた東京は、その面目を一新した。

渋沢は七分積金の財源をつくっていた松平定信に深く感謝し、『楽翁公伝』という伝記を作っている。ただ、これにより、行政から独立して、自治的な共同体の財源をつくるという、社倉法の精神は消滅した。

渋沢は「大阪紡績会社」の設立によって、日本の紡績業を進展させ、海外に対する主力商品にまで育て上げる道筋を拓いた。この時もやはり、貧窮した人々を集めて過酷な労働環境に置いており、その改善はずっと後になる。

つまり、渋沢の目的は国富の充実に置かれていたのであって、その点で当時の富国強兵路線を推進する立場であり、また初期資本主義の忠実な実践者であった。したがって、ここには都市と農村の調整や、民富の充実といった考えはない。

後になると渋沢は、盛んに慈善事業や海外親善に取り組むが、これもまた、西洋の資本家が行う社会貢献を踏襲したものであり、市民自身が生産によって資産を増やす仕組みをつくるというよりも、資本主義の進展によって生じる格差に対し、救貧事業を行うことで少しでもそれを和らげようとする立場であった。

すなわち、渋沢もまた自由経済の下で自力救済を求めるスタンスに立っていたのであって、この点において福沢と同じ立場だったのである。

このことは、『論語と算盤』と『福翁自伝』の記述に類似の表現が見られることからも分かる。渋沢も福沢も、成功を求めて努力することが大事なのであって、そこで失敗したとしても、できる限りのことをしたのなら、あとは運命に安住すれば良いと述べているが、これは、人生の成功を経済的豊かさに置く限り、必ず生じる挫折に対する態度について説明したものである。つまり、経済的な豊かさを基準にした社会に起きる、救いがたい絶望に対し、両者は社会を変えるのではなく、国民一人一人が諦めることによって解決しようとしたのであった。

この諦めは、福沢においてはそこで話が終わるものの、渋沢の場合、そもそも経済的豊かさの追求（私益）は、社会の幸福と公共の福祉（公益）という崇高な目的のために行うとすることで、私益の追求に失敗したとしても、それが巡り巡って公益になっていると考え、人々の存在意義を、何とか確保しようとしたのである。

この時、福沢において儒教は排除すべきものであったのが、渋沢においては人倫重視の儒教を西洋的な公共精神の代わりにすることで、利益と公益の一致という理屈をつくりあげたのであった。

こうして、企業の営利活動は社会貢献となっていなければならない、という「日本的経営」の理念が生まれたのである。

倫理の守護者、明治天皇

渋沢は、昌平坂学問所教官であり、後に東京裁判所判事や東京大学教授を歴任した陽明学者、三島中洲（一八三一〜一九一九）から儒教を学んだ。とはいえ、それはかなり後になってからの話であり、渋沢自身は若い頃に攘夷派として攘夷運動を行い、その後徳川慶喜に仕えてフランスに渡ったりしていることから、福沢と同様、その思想理解は本質的なものではない。渋沢にとって儒教は、西洋的な公共精神の代わりとすることに価値があったのである。

また渋沢は、徳川慶喜から聞き取りを行い、『徳川慶喜公伝』を作成しているが、ここで慶喜が述べた回想は、自己弁護と責任転嫁に満ちており、およそ史実とは言い難いものであった。これにより、何より国民の安寧を願った慶喜が、家臣たちの反対を押し切り、死を覚悟して恭順を貫いたことで、内戦が避けられ、平和裡に政権委譲を行ったという「維新神話」がつくられるのだが、渋沢はこの神話によって慶喜への忠義を果たしつつ、江戸と明治の連続性を確保した。

しかし、実際に江戸と明治の連続性は、その国家観、国民観においてほとんど存在せず、そこにかぶせられた儒教もまた、西洋における公共精神を説明するための方便でしかなかった。

この矛盾は、社会におけるモラルの低下と混乱という形で表出する。すなわち、行き過ぎた西洋化によって、自由競争が過激化し、成功のためなら何をしても良いという空気が広がるにしたがって、人倫の崩壊が進み、凶悪犯罪や汚職が蔓延したのである。これを憂いた明治天皇（一八五二〜一九一二）の命により、「教学聖旨」（一八七九）が出され、スキルや知識を競うことよりも、人としての道徳こそ重んずべきである、という教育方針が示された。

明治天皇はこの当時、最も儒教に造詣の深い人物であり、みずからを倫理的に理想的な「聖天子」にすることで、何とか日本人の倫理意識を維持しようと考えていた。

その明治天皇が社会の倫理的荒廃を直接的に問題視したことから、状況は大きく変化することとなる。「教学聖旨」が出された年は、「教育令」が出された年でもあり、教育制度が全面的に変更される流れが存在していた。

この時から学科の筆頭に立ったのは「修身」であり、そこには日常のマナーから古今の偉人の徳行がずらりと並び、子供たちはまず道徳教育を受けることとなる。

これは、西洋化を国是とする新政府にとって、その正当性をおびやかす危険を孕んでいたことから、伊藤博文（一八四一〜一九〇九）をはじめとする政府首脳は強い反対を示した。福沢諭吉もまた『徳育如何』を著し、道徳は人間に備わった本能的な社交能力であるから、これを教育するのは如何なものか、まして儒教色の強い人倫や倫理を強調する教育などもってのほかである、と批判した。

しかし、明治天皇の意志は固く、「教育勅語」（一八九〇）の渙発によって、この方針は不動のものとなった。

近代に残った江戸

教育勅語は、家庭における孝道と、国家における忠誠とを二本柱にしており、「忠孝一致」を強調した内容になっている。それは学業に励んで知識をたくわえ、技能を磨いて産業に参加し、国力を増強する母胎となる精神とされた。いわば国の心を江戸時代のものに引き戻そうとしたのである。ただ、それによってつくられる国家は、天皇を中心として、全ての国民が国家建設に直接参加することを求めており、重層的な立場や役割分担によってそれぞれが生活をつくり、国家を下支えしようとするものではない。つまり、国民が一元的に国家の支配に従い、直接奉仕することを求めるという、「近代国家の形」を維持することが主目的となっているのであって、「忠孝一致」の考え方では水戸学に接近するものの、本質的には異なる考え方をしている。こうして、天皇を中心とした一元的国家支配と、国民の全面的参加が「国体」という言葉で表現されるようになった。

この考え方の相違は、国民生活における民富の育成を重視しないという形で現れる。すなわち、依然として貧富の差は開き、都市に人が集まって労働力の過剰供給を生み、農村は衰退して貧困が増大していくのである。

日露戦争（一九〇四～一九〇五）以降になると、社会問題が頻発するようになり、これに対応するように「個人主義」や「社会主義」といった西洋由来の思想が流行する。

これに対して明治天皇は、「戊申詔書」（一九〇八）を渙発して再度の風紀引き締めをはかるが、維新によって達成された国体を強調するという説得方法は、さらなる西洋化を求める人々や、目の前の貧困にあえぐ人々にはほとんど届かなかった。

しかし、政府やメディアにおける華々しい動きとは別に、江戸は「個」の人格の中に、確かに存在していた。

たとえば、両替商から身を起こし、一代で金融財閥をつくりあげた安田善次郎（一八三八～一九二一）は、渋沢のように言論表現こそしなかったものの、松平定信の資産運用の精神を引き継ぎ、天引き貯金による資産増加方法である「分度法」を提唱して、手堅い産業育成を行った。そして、七分積金のような国民の生活防衛策として、民間保険会社である「安田共済」を設立する。さらに東京大学「安田講堂」のような寄付を通じて、社会基盤を着実に整備しようとしたのである。

また、日露戦争における最大の激戦、「旅順攻略戦」と「奉天会戦」を勝利した陸軍大将、乃木希典（一八四九～一九一二）は、吉田松陰の叔父である玉木文之進の弟子でもあったが、謹厳実直を絵に描いたような生活を送り、日露戦争後は「学習院」（現・学習院大学）院長を務めて教育に専念するかたわら、時間の許す限り戦死者の遺族を慰問し、人々に「武士」のあり方を示し続けていた。

ここでは西郷隆盛と乃木希典について、もう少し深掘りし、江戸が一人の人格に生き続けた様子を見てみたい。

西郷隆盛「国に尽し、家に勤むるの道明らかならば、百般の事業は従って進歩すべし」（『南洲翁遺訓』）

鹿児島出身の作家、海音寺潮五郎は、歴史を単なる娯楽や知識ではなく、失われた日本人の品性を問い直す素材にしようと試みる、「史伝文学」の大家であった。『天と地と』など多くの名作を著した海音寺は、西郷隆盛を書くことを、畢生の業と心に決めていた。

絶筆となった長編史伝『西郷隆盛』で海音寺は、西郷を通じ日本人のあるべき姿を追い求めた。

西郷は、島津斉彬（一八〇九～一八五八）の薫陶を受け、藤田東湖や橋本左内（一八三四～一八五九）と交際。一橋慶喜擁立に失敗して自殺未遂。島津久光（一八一七～一八八七）との確執で沖永良部島に流され、復帰しては禁門の変、薩長同盟、王政復古の大号令、戊辰戦争、そして西南戦争と、幕末維新史の年表にことごとく登場する。

そんな西郷は、「清濁併せのむ」人物として人口に膾炙する。幕府方の人士と交流を深め、会津藩と共に過激攘夷派と戦ったにもかかわらず、一転して長州藩と電撃的な同盟を結んで倒幕を推し進めたかと思いきや、戊辰戦争で東北諸藩を苛烈に攻め立てた一方、終戦後はそれらの藩士に対して温情をかけて登用を試みるなど、目的のためには手段を選ばないイメージがわきやすいのは事実である。しかし、海音寺はそんな理解を「不潔」と断じ、義憤に駆られるように創作に没頭する。

西郷研究家としても優れていた海音寺は、西郷の言動と動機を、一点の私欲なき「天道」という観点から説明していく。海音寺は、西郷は一貫して日本を一つの家として結びつけ、天に与えられた役割分担によって、日本人全員で日本をつくるという思想を持っていたとする。つまり、「天道」とは西郷流の「国体」理解であろう。西郷は、幕府に「天道」実現の期待をかけて尽力したが、徳川慶喜がはじめこそ評論家的な情勢分析を見せ、武断的な発言をするものの、いざ動くとなると支離滅裂な言動をくりかえし、味方にすら敢えて嘘を吐き、あまつさえ部下に責任をなすりつけ、周囲に部下のせいで失敗したと吹聴する、典型的な小物然とした態度に失望し、みずからそれを成し遂げようとした。つまり、西郷の政治判断は思想的に一貫していたと言うのである。

こうした慶喜評価は、川路聖謨をはじめ幕府方にも広く存在しており、松平春嶽（一八二八～一八九〇）、勝海舟（一八二三～一八九九）など、慶喜の取り巻きはいずれも派手好みで大見得を切るものの、蓋を開ければ自分だけ生き残ろうとする「佞臣」だと思われていた。須坂藩（現・長野県）藩主、堀直虎（一八三六～一八六八）は、江戸城内で切腹して抗議しているほどであるから、海音寺や西郷の判断は、明治維新正当化のためのプロパガンダとは言えない。

標題にあげた言葉、「国家に尽くし、家庭を良くすることを心の底から願ってこそ、数多の事業は進歩する」は、西郷の口癖である。目の前の人をまるごと愛し、天が万物をいかすように、家庭を調和させるような国造りをすれば、どんな事業も自然に成し遂げられる。これが西郷流の「敬天愛人」だった。

しかし、維新が成った後、政府高官は口を開けば西欧を賛美し、洋風の装束で華美を競い、あまつさえ江戸が守ってきた「国体」すら野蛮とあざける。そんな姿を目の当たりにした西郷は、「今となっては戊辰戦争も倒幕派が私益を求めて起こした戦争に過ぎない」と泣き、西南戦争に死んだ。

近代日本の行く末に破滅を見て、維新は間違っていたと思想的に断じ、みずからを育んだ江戸の思想に殉じた西郷は、清濁併せのむどころか、潔癖な男だったのである。その死は、日本に不潔さを招来したことへの贖罪でもあった。

西郷の葛藤は、近代以後の日本人に共通するジレンマとなる。

すなわち、人倫と役割分担によって、ゆるやかな一体感をつくってきた家や故郷のなつかしい風景を守るべく、海外の知識や技術を取り入れるたび、日本人は日本を遅れていると考え、本来守るべきものであったそれを、緩慢に破壊していくようになるのである。

何気ない家庭の常識や、つつましい生活習慣になじんだ感性や価値観は、学校やメディアに登場する、「世界最先端の学術」を学んだエリートたちによって、「因習的、封建的で個人を抑圧するもの」として、いちいち社会問題として叩かれる。しかし、攻撃されている家や故郷も、立身出世主義に毒され、エリートになることを期待して子を社会へと送り出す。子は帰らず、親は叩かれ、家と故郷は寂しく滅んでいく。

一つの社会、一人の中に内攻する二つの価値観は、社会や人生から一貫性を奪い去り、破壊と孤独のむなしさだけを残すのである。ここには既に、漢学も洋学も自己本位に取り入れた、江戸の覇気はない。

ただ、このジレンマが思想を学術の枠から飛び出させることもある。例えばそれは、乃木希典の殉死であり、後述する永田鉄山の高度国防国家論であり、安岡正篤の人物学であり、小林秀雄の批評であり、佐橋滋の特定産業振興臨時措置法である。このような人々は、みずからの仕事や人生そのものを場として、各界で戦っていくのである。

乃木希典「われゆかば　人もゆくらむ　皇国の　たゞ一すぢの　平けき道」（『乃木将軍詩歌集』）

長府藩（現・山口県）藩士の子として生まれた乃木希典は、朱子学者の結城香崖（一八一七〜一八八〇）や、玉木文之進に教えを受け、一六歳の時には学者の道を志して家出したほど、文才に恵まれた少年だった。しかし、一七歳で第二次長州征伐を迎えると、長州藩側として小倉城一番乗りを果たした後は、「秋月の乱」（一八七六：二八歳）、「萩の乱」（同上）、「西南戦争」（一八七七：二九歳）などに従軍。軍人としての道を歩む。

一八八七年、三九歳でドイツに留学し、帰国後は「日清戦争」（一八九四：四六歳）、「台湾出兵」（一八九五：四七歳）、「日露戦争」（五六歳）を戦う。

日露戦争では第三軍を率い、戦史に名高い旅順攻略戦、奉天会戦を勝ち抜いて、陸軍軍人としての勲功を重ねる。その後は現職のまま学習院長を兼務して皇族子弟の教育に従事。一九一二年、明治天皇大喪の礼当日、夫妻で殉死した。享年六四。

この殉死は日本中に衝撃を与え、賛否両論を引き起こしたが、「文士」と呼ばれる作家たちを中心に、強い反発と批判が巻き起こった。志賀直哉（一八八三〜一九七一）は、日記で「馬鹿な奴だ」「下女が考えなしにした行動のようなもの」と断じ、武者小路実篤（一八八五〜一九七六）は、乃木を肯定するのは「不健全な理性」だとした。芥川龍之介（一八九二〜一九二七）も、小説『将軍』でこきおろしている。

この憎悪にも似た批判は何なのか。それを読み解くヒントは、乃木が殉死の直前、裕仁親王（昭和天皇）（一九〇一〜一九八九）に手渡した、『中朝事実』『中興鑑言』にある。この二書は第九章で既述の通り、立場と役割になりきってこそ「徳」が養われ、わがままや自我などは日本を崩壊させることを懇々と説いている。

乃木がこの二書を託した理由は、「教育勅語」「戊申詔書」が渙発されたことに代表されるように、倫理的退廃への危機感であろう。

乃木自身も時流に戦いを挑み、みずからを「乃木希典」という思想的人格として洗練させていった。日露戦争からの凱旋にともない、明治天皇に復命書を奉読した際には、戦勝の理由を前線で戦った将兵の勇戦奮闘とし、自分はその将兵を数多く失ってしまった責任があると述べ、涙をこらえて声を震わせた。これを憂慮した明治天皇は、乃木に自害を禁じ、自害するなら自分が死んだ後にせよと慰留した。乃木はこの後、一切の講演依頼を断り、部下の将兵の慰霊につとめることとなる。

乃木を心配した明治天皇によって、学習院長に任命された乃木は、学生と寝食を共にし、武芸を叩き込んで厳しく指導するかたわら、学生たちにまじって冗談を飛ばした。学生は乃木を実父のように慕ったという。

また、戦没者遺族の慰問のみならず、戦傷者への支援にも積極的に取り組み、「乃木式義手」を開発してこれを贈り続けた。乃木にとって、学生や部下は、立場と役割分担になりきり、人倫の中で心を通わす存在だったのである。

精神の自由を追い求め、「近代的自我」を確立しようとした文士たちからすれば、乃木は明治以前の人倫に囚われた、伝統と因習の権化であり、その言動はいちいち鼻についた。文士たちは乃木批判によって、日本の中に今なお存在する「武士」と人倫社会を撃ち、「文士」による自由社会をつくりだそうとしていたのである。

「皇国の行くべき道は、誰の生活にもある日常卑近な道である。私がまず行けば、人もあとに続くであろう」。この和歌を残した乃木希典は、明治天皇の言葉を守り、大喪の日に自害した。それは、率先して倫理的な人格となることで、日本人を守ろうとした、明治天皇と乃木希典の、二人三脚の闘いの終わりであった。

第一四章　江戸と現代

地方の衰退と倫理の頽廃

新政府に対する不満は、「自由民権運動」という形で現れた。これは板垣退助（一八三七〜一九一九）ら、非薩摩長州系で倒幕に参加した人々に主導されており、新政府内の内部抗争の性格が強かったものの、薩摩長州系による「藩閥政治」を批判し、「憲法制定」「議会設置」「地租軽減」「不平等条約撤廃」を掲げることで、国民運動として発展した。

この運動の特徴は、新政府が富国強兵路線を推進するあまり、増税によって国民生活を圧迫し、またその自由を制限していることに対する反発にあった。また、欧化政策を重視するあまり、不平等条約の撤廃が後回しになり、また日本の国際的地位が低いことに対する批判もあった。

したがって、彼らは新政府が「国富」を重視するのに対抗して「民富」の充実を説き、また憲法制定と議会開設によって、国民を国家建設に直接的に参加させようと企図した。そうして、全国民が参加した近代化を達成し、国際的地位を上げようとしたのである。

この運動は一八九〇年の「大日本帝国憲法」公布と「帝国議会」設置によって、その政治目標を一応達成した。

自由民権運動の思想的背景には、江戸時代から続いている、農村を重視する政治風土や、一揆による農民の自己主張、あるいは儒教の影響があると言われる。それが運動を主導した人々の感性に根づいていたことは認められるものの、これも「教育勅語」と同様、その基本が天皇を中心とした一元的国家支配と、国民の全面的参加にあり、本質的な連続性を言うことは難しい。

日露戦争後、増税による市町村財政の悪化、それに連動した地方共同体の荒廃が著しくなり、風紀が著しく頽廃的になった。そこで政府は、「地方改良運動」（一九〇八）を行う。これは「戊申詔書」と連動するもので、地方共同体の財政再建と道徳振興を図ったものであった。

明治が終わり、大正に入ると、「第一次世界大戦」（一九一四〜一九一八）で日本は「大戦景気」による好況を迎えるが、これは日本の重工業化の推進に大いに貢献し、京浜、中京、阪神、北九州に工業地帯を生んだ。また、三菱、三井、住友、安田の「四大財閥」を筆頭とする強力な財閥を生み出し、日本の商工業は飛躍的な進化を遂げた。

この頃になると、企業の中には「終身雇用」「年功序列」を導入する動きが見られるが、これが本格的になるのは第二次世界大戦（一九三九〜一九四五）後を待たなければならない。

こうした商工業の隆盛に比べ、一般国民の生活は困窮した。経済成長率が上昇して物価が高騰したにもかかわらず、賃金の据え置きによって実質的な減収になったため、生活苦が一気に進み、経済格差が極端に開くこととなったからである。街には「成金」と呼ばれる人々がいる一方で、スラム街が形成され、児童ははたらきに出て家計を助けるようになる。

インフレーションの昂進による物価高騰は農村も直撃し、「米騒動」（一九一八）が起こる。大戦景気の揺り戻しで「戦後恐慌」（一九二〇）が起こると、新興財閥や中小企業の連鎖倒産が相次ぎ、社会はさらに不安定になる。この不況は一九二〇年代を通して続き、慢性的な不況は、社会に新たな動きを生むこととなる。

大正デモクラシーと西洋化の達成

日露戦争後から大正時代を通じてはじまった、社会の全方面における民主化と自由化を求める動きを「大正デモクラシー」という。これは、「普通選挙の実施」「海外派兵の停止」「男女同権の推進」「自由教育の確立」などを求めた各種運動の総称であり、明確な期間などは定まっていない。いわば社会の潮流とも言うべき現象である。

この現象は、近代国家としての形が整った日本において、その西洋化を完全に達成し、さらに日本ならではの社会的進歩を追い求めることに特徴があった。

中でも「民本主義」が掲げられたことは、これまでの富国強兵路線を転換し、国民生活を軸に置いた姿勢をとった点で、画期的だったと言える。

ただ、西洋諸国、なかでも「列強」と呼ばれた各国が、世界中の植民地獲得競争をひとまず終え、大規模な市場の囲い込みと重工業化の推進を行っている中、後発の近代国家である日本はそうした大規模な市場を持たず、かつ重工業化も立ち遅れているという問題があった。

列強が植民地獲得競争を緩めたのは、単に中国以外はほとんど取り尽くしたからに過ぎず、また、第一次世界大戦後の「パリ講和会議」（一九一九）において、「人種差別撤廃提案」が、アメリカの反対によって否決され、後に「排日移民法」（一九二四）によって狙い撃ちされたことからも分かるように、日本の近代化は必ずしも西洋世界から歓迎されるものではなかった。

こうした中、日本はさらに西洋化を進め、「帝国主義」的な権益確保に努める必要があり、そのためには無理をしてでも富国強兵路線を推し進める必要があったことも事実である。会沢正志斎が、近代は戦国時代だと言っていたのは、正確な情勢認識だった。

しかし、そのために国民生活が圧迫され、強権的な政治が行われると、その分、大正デモクラシーは本格的な抵抗運動として、力を持つようになったのである。

この運動は、全てを統括する運動組織や方針がなかったことから、あらゆる思想が混在することとなる。

その内の一つ、「女性解放運動」の思想的リーダーであった山川菊栄（一八九〇〜一九八〇）は、水戸学者であり弘道館教授頭取代理であった青山延寿（一八二〇〜一九〇六）の孫として、幕末の水戸藩における人々の暮らしを、古老からの聞き取りによって保存している。

そこで山川は、イデオロギー的な解釈を加えず、師であった柳田国男（一八七五〜一九六二）の手法に則り、できる限り当時の生活の息づかいや、人々の思いを掬い上げようとしているが、そこに登場する人々と、山川の価値観との間には、ほとんど断絶がない。

むしろ山川は、明治維新によって、九州的な「男尊女卑」が過剰な「父権主義」を普及させたと考えており、江戸時代の人々が、男性と女性とでそれぞれの世界を持っていた側面に着目して、新時代の女性は経済的に誰の世話にもならずに自立することで、さらにその精神的な自律を達成できると考えていた。

ここには彼女の信ずる社会主義思想に加えて、その著書である『武家の女性』『おんな二代の記』ににじんでいるような、「個」の厳しさに立脚しているという特徴があり、江戸が確かに残っていることを覗わせる。

帝国陸軍と西洋化の矛盾

大正デモクラシーが海外派兵の停止を求め、かつ第一次世界大戦後に反戦思想が広がったことで、最も非難の対象となったのは軍隊であった。軍隊は国家予算を圧迫するばかりか、戦争によって国際平和を脅かす存在とみなされ、各地で反軍的な運動が行われる。時代が昭和に入ってすぐに中国で発生した、「南京事件」「漢口事件」（一九二七）、そして「済南事件」（一九二八）は、日本人居留民に対する大規模な虐殺事件であったが、居留民保護のために派遣された陸軍部隊は非難の対象となり、国内でも一般庶民に兵隊が罵倒され、殴打されるという状況になる。要するに、海外に権益を求めなければ事件は起きないし、軍隊がいるから戦争が起こるという理屈である。

だが、近代日本の矛盾をひときわ反映し、それを解決しようとしたのもまた軍隊であった。大日本帝国憲法が公布されて、「大日本帝国」が正式な国号になると、軍隊もまた「帝国陸軍」「帝国海軍」と呼称されるようになったが、そこに求められていたのは、天皇に対する絶対服従であり、政治に対する独立であった。これに先立って下された「軍人勅諭」（一八八二）では、日本の歴史において武士が朝廷をないがしろにして、幕府を開いたことが否定され、軍隊は「天皇の軍隊」として国防の任に当たることが強調された。

ただ、軍人に求められる徳目は、「忠節」「礼儀」「武勇」「信義」「質素」の五つであり、これは正しく武士の美徳そのものであった。つまり、「帝国軍人」に期待されたのは、武士の美徳を持ちながら、武士の行動原理を否定する国家に仕えることであり、本質的にそれは矛盾していた。

領地も持たず、政治にも関わらない武士など存在すべくもない。なぜなら、戦争とは戦闘のみならず、経済力や組織力の全てを投入して行う、政治的抗争だからである。つまり、政治に無関心で国防を考えることは、不可能なのである。

武士であることを期待された軍人、なかんずく多くの一般庶民を徴兵して、地域ごとに「郷土聯隊」として組織し、彼らと擬似的な主従関係を結んでいる帝国陸軍の将校において、この問題は切実なものがあった。すなわち、入営してくる新兵や、親しく接している古参兵らは、社会の空気を如実に反映している上、彼らの経済的困窮は、そのまま軍隊における兵隊の質に直結していたのである。

さらに、政党政治の抗争が激しさを増し、対外政策が二転三転するにつけ、現地に派兵された軍隊は大きな被害を蒙り、あまつさえ国民から怨嗟の声を受けることとなった。

一九二四年には「国民精神作興に関する詔書」が出され、倫理復興の呼びかけが行われる。わずか五〇年で四回も倫理的な頽廃が問題にされ、詔勅まで引き出す羽目になったのは、西洋化に伴う人倫社会の解体が、かなりの速度で進展したことを示す。これは新政府の国是でもあったため、むしろこうした詔勅類の方がイレギュラーな立場のはずだが、それだけに西洋化によって、日本社会が疲弊するという矛盾を露呈した格好となった。

第一次世界大戦における「総力戦」のはじまりや、「世界恐慌」（一九二九）による国内経済の大打撃が引き金となり、青年将校を中心として、この矛盾を解決するために、国家を変革しなければならないという危機感が高まった。

ここにおいて軍隊は、大正デモクラシーとは全く異なる道を歩み始める。

帝国陸軍の「物語」

帝国陸海軍は、もともと薩摩長州閥で占められていたが、一方で公職から遠ざけられていた旧幕府方の人材が、比較的出世できる場所でもあった。大正時代末期になると、定年に伴う大きな人事異動がはじまり、長老クラスの将軍や提督たちが引退するにしたがって、若手の将校たちが重要なポストにつきはじめる。

彼らの中でも、「陸軍大学校」を卒業し、参謀教育を修了した佐官クラスの人々は、政治と軍事の間に抜きがたい相関性があることを重視し、新しい軍隊のあり方をつくろうとしていた。

その一方で、「天皇大権」を行使して「戒厳令」をしき、「天皇親政」による全面的な国家改造を目指す派閥が形成された。これを「皇道派」と言う。皇道派は、一九一七年にロシアに成立したソビエト連邦が、急速な勢いで重工業化を進め、軍備を整えていることに警戒を強め、その精神的母胎である「共産主義」に対抗すべく、「尊王」を再び掲げ、天皇の下に国民が団結して対抗するべきだと考えていた。

しかし、日本は議会の汚職、財閥の寡占、農村の衰退などによって、国家の団結は崩れており、統治機構と国民精神を改造しなければ、その達成は見込めない、と考えた皇道派は、「昭和維新」をスローガンとして、北一輝（一八八三～一九三七）ら右翼活動家と結びつき、近代化に伴う各種の矛盾を一気に解決しようとしたのである。

だが、多くの将校たちはこれに反発し、別に勉強会を開いて国家問題を研究するようになる。それらは個々の勉強会、個人個人の思想にばらつきがあったものの、おしなべて現体制下で可能な限りの国防体制構築を考えていた。これは後に「統制派」と呼ばれるが、皇道派のように組織だった派閥形成はされていない。

しかしながら、統制派の主要メンバーの出身地を見ると、リーダー格の板垣征四郎（岩手：一八八五～一九四八）、永田鉄山（長野：一八八四～一九三五）をはじめとして、多田駿（宮城：一八八二～一九四八）、東条英機（岩手：一八八四～一九四八）、岡村寧次（東京：一八八四～一九六六）、今村均（宮城：一八八六～一九六八）、鈴木貞一（千葉：一八八八～一八八九）、石原莞爾（山形：一八八九～一九四九）、武藤章（熊本：一八九二～一九四八）、田中新一（北海道：一八九三～一九七六）、池田純久（大分：一八九四～一九六八）、片倉衷（宮城：一八九八～一九九一）など、明らかに東北を中心とする旧幕府系の地方出身者が多いことに気づく。

彼らは議会政治を通じて国民の支持を得ることを前提に、現行憲法下における軍部の権限をフルに行使して、政府の施政方針を動かし、産業、経済、教育、軍事における全面的な国防体制を構築することを企図していた。

こうした考え方は、西洋化に伴う「自由」を推進することが国是であった大日本帝国において、明らかに異質であり、それは社会主義や共産主義と接近するようにとられても仕方のない考え方であった。しかしながら統制派は、明確にそれらとの違いを意識し、黒船来航以来、絶えず西洋の脅威と対峙してきた日本が、その国力と思想を挙げてこれに対抗するという「物語」を掲げるのである。

大日本帝国の変質

昭和に入ると、「三月事件」「十月事件」（一九三一）、「血盟団事件」「五・一五事件」（一九三二）といった、クーデター未遂事件や暗殺事件が頻発し、永田鉄山もまた凶刃に倒れる。そして「二・二六事件」（一九三六）によって皇道派の実力行動が失敗に終わると、帝国陸軍は統制派が主流となった。

一九三一年は、石原莞爾のグループが中心となって「満州事変」が引き起こされた年でもある。石原らは、終わりの見えない日中間の紛争に終止符を打つべく、かつて清王朝皇帝であった溥儀（一九〇六〜一九六七）を擁立して「満州国」を建国し、日本と中国の緩衝地帯にすることで、これ以上の紛争を止めようとした。また、「五族協和」（日本、漢、朝鮮、満洲、蒙古民族の共存共栄）をスローガンに、満洲（中国東北部）を基盤として、東洋と西洋の最終決戦に備えようとした。

しかし、これは統制派の内部でも批判が強く、満州国への開発援助に伴う支出の増大は、むしろ日本の重工業化を大きく遅れさせる原因となった。

また、もともと中国における「門戸開放」（後発進出国たるアメリカにも、中国市場を平等に開放せよという要求）を出していたアメリカは、日本に対し警戒心を強め、満州国を国家として認めず、「国際連盟」を通じて日本への非難を強めた。

満州国成立後も中国各地では紛争が発生し、日本人居留民への迫害がやむことはなく、中国国民党、中国共産党、そして大小さまざまな軍閥によって分断されていた中国において、中国国民党による統一を支援すべきと考える人々と、軍閥との個別の関係を重視すべきと考える人々の間で、日本の外交姿勢は二転三転し、また中国側諸勢力の対日姿勢も一定しなかったため、全く解決の糸口を見つけ出すことができなかった。

そうこうする間にも、「抗日」を旗印に結束した中国の敵愾心は、その政治的要請に比例してふくれあがり、度重なる紛争の末に、一九三七年には「日中戦争」が発生。日本はこれを、正規の国家を相手とした戦争と認めず、「支那事変」と呼称した。支那事変は長期戦に陥り、泥沼の様相を呈してくる。

一九三三年に国際連盟を離脱していた日本は、ソビエト連邦と満洲国の国境を巡って大規模戦闘が起きた「ノモンハン事件」（一九三九）によって、さらに国防の負担を増し、共産主義国の脅威に対処する必要に迫られた。結果、イギリス、フランスによる世界秩序を塗り替えようとする、ドイツ、イタリアと「日独伊三国同盟」（一九四〇）を結ぶこととなり、英米は日本との対決姿勢を鮮明にしていく。

この間、中国での戦いが大規模化したことによって「大本営」が設置され、戦時体制構築のための産業統制機関である「企画院」（一九三七）が設置されたことで、戦時色が濃くなってくる。そこに所属する「革新官僚」と呼ばれる人々は、国内改革の好機と見て、統制派に協力する姿勢を見せた。統制派は石原一派が失脚した後も、満州国において、統制経済による産業力の大幅な増強実験を行っており、この時に、陸軍、官僚、新興財閥の協力関係がつくられていた。

また、反軍思想によって軍隊を攻撃していた、新聞をはじめとする輿論は、徐々に親軍姿勢に傾いていき、議会は近衛文麿（一八九一〜一九四五）を中心に、「新体制運動」と呼ばれる国民運動を起こし、ついに全ての既成政党が合流した「大政翼賛会」が誕生。近衛が首相に就任する。ここにおいて、明治以来の欧化政策の影はなりを潜め、「大日本帝国」は全く異なる国家へと変貌を遂げたのであった。

最終決着としての「大東亜戦争」

一九四一年、前線の将兵に向けて「戦陣訓」というパンフレットが配付され、軍人としての死生観、国家観が示された。「戦陣訓」は「軍人勅諭」を詳細に解説したという体裁をとるものの、そこでは「家門郷党の面目」や「戦友同士の信頼」、つまり人倫における倫理が強調されており、内発的な美徳を軍人精神に昇華しようとしている。これは明らかに「士道」に傾斜した表現であり、「軍人勅諭」に比べ、むしろ思想的な矛盾が解消されている。

しかし、「戦陣訓」は全軍に配付された割に、あまり反響がなかった。自身も前線で戦っていた、戦記作家の伊藤桂一（一九一七〜二〇一六）は、『兵隊たちの陸軍史』において、それが至極当たり前のことを美文調で述べており、大上段から説教する態度が気に入らないと言っている。

「戦陣訓」は明治から活躍した、文学界、思想界における長老とも言うべき、井上哲治郎（一八五五〜一九四四）、島崎藤村（一八七二〜一九四三）、和辻哲郎（一八八九〜一九六〇）、土井晩翠（一八七二〜一九五二）らによって作成されており、思想を表現する人材としては最高の布陣であった。

にもかかわらず、このような反応に終わったのは、むしろ一般庶民の方が、こうした思想を「当たり前」に持ち続けていたことを意味する。

アメリカは、対日制裁を強め、各種資源の輸出禁止を行った上で、日米交渉における最後通牒「ハルノート」を手交してきた。

ここには日本に対し、満州国の否認、中国大陸からの全面撤兵、日独伊三国同盟の破棄が要求されており、全てを飲んだ場合、国内の騒擾による革命や、経済恐慌の発生は必至であった。

当初は強気だった近衛だが、日米交渉も終盤にさしかかって突如辞職を表明。ついで首相に任命された東条英機は、ハルノートの撤回が不可避であると知ると、開戦を決断。かくして第二次世界大戦へ参戦することとなる。

日米間の戦争は、日本側の呼称として「大東亜戦争」（一九四一～一九四五）とされた。これは、この戦争の「大義」が、黒船来航以来の西洋の脅威に対する、自存自衛の最終決着をつけること、そして、日本のみならず、アジアの全ての民族を、西洋の植民地から解放することにあるとしたためである。

一九四二年には「近代の超克」と銘打ったシンポジウムが、民間で自主的に開催され、西谷啓治（一九〇〇～一九九〇）、河上徹太郎（一九〇二～一九八〇）、小林秀雄（一九〇二～一九八三）、菊池正士（一九〇二～一九七四）、鈴木成高（一九〇七～一九八八）といった、文学、思想、史学、物理学、音楽の専門家たちが、「西洋化の総括と超克」を目標に掲げ、日本独自の新しい思想を打ち出そうと活動する。

この運動の特徴は、西洋化の洗礼を受け、江戸の思想の文脈ではない思想の持ち主たちが、西洋の文脈で西洋を超えようとしていたことである。それは一つの新しい日本思想を生み出す可能性を秘めていたが、会沢正志斎のような「思想戦」を戦うには、あまりにも遅すぎる動きであった。統制派の重鎮となった武藤章が『比島から巣鴨へ』で、『論語』をもっと早く読んでいれば良かったと述べたことは、思想戦における日本の弱さを象徴している。

政治的にも軍事的にも、そして思想的にも全く意図しない状況下での戦争は、足かけ五年、約七〇〇万の将兵を動員した大戦争となったが、一九四五年、日本は「ポツダム宣言」を受諾して降伏した。

かくして「大日本帝国」はここにその歴史を終えたのである。ここでは、永田鉄山と東条英機について見ていくことで、統制派が何を目指していたのか、もう少し探ってみたい。

永田鉄山「愛国心は日本人の占有物にあらず」（『講義録』）

従来の戦争とは異なり、これまで歴史上の戦争に投入された銃弾を、一日で使うほど苛烈な戦争となった第一次世界大戦は、全世界で約三七〇〇万人という戦死者を出して終結した。戦後の一九二〇年代、国際連盟の発足や、ワシントン、ロンドンにおける「軍縮条約」「パリ不戦条約」の締結など、世界は強く平和を希求していた。

しかし一方で、ソビエト連邦の誕生以来、国際共産主義運動の指導組織、「コミンテルン」の使嗾する労働争議が世界各地で激化。共産主義者による暴力革命の危険が高まった。並行して、中国における排日運動も激化。アメリカも日本や欧州列強による中国権益の拡大を非難する一方、自国は排日移民法を制定するなど、矛盾した政策を進めた。

こうした中、大正デモクラシーを謳歌する日本では、永井荷風（一八七九～一九五九）が『墨東奇譚』で活写したように、あちこちで倫理が崩壊し、教師の淫行や学級崩壊などが社会問題化した。

つかの間の平和を享受しているとはいえ、米、ソ、中の明白な敵意にさらされた当時の国際情勢は、戦争を想定しない選択を許さない。それ故、帝国陸軍では、一人一人の国民が国家方針を理解し、社会的な持ち場に自主的に参加するような倫理意識を育み、政治、経済、教育文化、倫理の全てを戦力として考える「総力戦」構想の研究に着手した。

そこで大きな役割を果たしたのが永田鉄山である。永田は、一五歳で陸軍幼年学校に入学してから、陸軍士官学校（一六期）を経て、陸軍大学校（二三期）を二八歳で卒業するまで、常に首席か二位の成績を残した秀才であった。

軍人としての優秀さに加え、永田は若年の頃から「孔子のように永遠に残る思想を打ち立てる」という思想的な志を持っていた。

「日本人は愛国心が強いと言うが、集団主義で自分で考えることなく、周りに同調するだけだから、いつも熱しやすく冷めやすい。その点で共和制国家の愛国心に劣るとも言える。粘り強く強靭な本当の愛国心は一人一人の考える力から生まれ、それは職務に対する自覚からしか生まれない」。

つまり永田は、「個」の確立による総合的な国防体制の実現を目指したのである。これが標題の言葉、「愛国心は日本人の占有物ではない」の意味である。

三七歳で研究成果をまとめた「国家総動員に関する意見」と題する論文を発表。三八歳の時、「陸士一六期の三羽烏」と呼ばれた岡村寧次、小畑敏四郎（高知：一八八五～一九四七）、そして後輩の東条英機と共に、帝国陸軍の長州閥排除と、国家総動員体制の確立を目指す「バーデンバーデンの密約」

を交わす。帰国後は中堅将校を集めた勉強会、「二葉会」「一夕会」を結成し、軍人による本格的な政治研究を開始した。

四三歳で、これまでの研究成果が認められ、内閣の「国家総動員機関設置準備委員会幹事」となり、内閣に「資源局」が設置されたことで、永田の思想は国家から承認された形になった。

四七歳になると「陸軍省軍事課長」、五一歳で「陸軍省軍務局長」に就任。陸軍の軍政を掌握する。永田はみずからの思想とは別に、上司の意向をよく聞き、その意図をプラン化して実行することに長けており、そのけじめがはっきりした人物であった。それが彼の出世を後押ししていた。

この間、みずからを支持する将校を引き立て、同年には池田純久を使って「国防の本義と其強化の提唱」と題するパンフレットを配布。みずからの思想を国民に向けて訴えかけていく。

永田は、政治家たちとも駆け引きを行い、総力戦体制の構築を目指した。陸軍として軍縮に積極的に応じつつ、政界には学校教育における軍事教練や思想教育を推進させ、全国民の「武士」化を促した。

また、軍縮で浮いた予算を重工業育成にふりむけ、日本の基礎工業力を向上させることで、経済力育成と軍の機械化促進を図った。

ただ、天皇への忠誠以上に人倫を重視し、一時的な軍事力低下をも容認した永田の行動は、右翼や皇道派青年将校の反発を買う。軍務局長としていよいよ本格的な国家改造に乗り出そうという時、皇道派将校の相沢三郎中佐（山形：一八八九〜一九三六）に斬殺される。享年五二。永田の思想は、かれの同志たちに引き継がれていく。

東条英機「真骨頂とは何ぞ。忠君愛国の日本精神是れのみ」(「遺書」)

東条は、陸軍大学校を首席で卒業した戦術の専門家、東条英教（一八五五〜一九一三）を父に持つ。東条家は、戊辰戦争を佐幕派で戦った盛岡藩（現・岩手県）に仕えており、根っからの武士の家系であった。東条自身は要領があまり良くなかったが、そのことを率直に認めて几帳面なメモ取りと反復をくり返し、「努力即権威」という標語を掲げて補う、超がつく真面目人間であった。正面突破型の勉強を象徴するものとして、後年に陸軍の六法全書とも言うべき、『成規類聚』という法令集を丸暗記し、みずから秩序になりきろうとした事例が挙げられる。

かくして陸軍幼年学校、陸軍士官学校、陸軍大学校を卒業。優等な成績を残していく。

陸軍大学校卒業後は、陸軍兵器本廠附陸軍省副官（三三歳）、スイス駐在武官（三六歳）、陸軍大学校教官（三九歳）、陸軍省整備局動員課長（四五歳）、歩兵第一連隊長（四六歳）などを歴任。連隊長時代は指揮下の全将校の経歴を把握し、また将校に対しても、部下の兵隊の家庭訪問をさせた。兵隊の家族と会うことで、一人一人を人間として扱うようにさせたのである。みずからもまた兵営に入って一人一人の兵に声をかけ、上官のビンタやしごきをことごとく禁止。私的制裁を根絶することに成功した。

東条は理不尽を強要することで根性をつけるという、いわゆる「体育会」的な精神主義を嫌い、倫理と合理が合わさることで、強い精神力を生むという思想を持っていた。

この合理性は、早くから軍の機械化を説き、現代戦は航空戦となると主張したこと、関東軍憲兵司令官（五一歳）、関東軍参謀長（五三歳）時代に、諜報網を構築してソ連のスパイを大量検挙したこと、ナチスドイツの迫害から満州国に逃げてきたユダヤ人を保護したことなどで発揮された。前線指揮官としての東条は、チャハル作戦における高機動攻勢の成功などで、その手腕が知られている。この時も将校用の食事はとらず、兵と同じものを食べることで、末端に負担が強いられていないかチェックしている。

一九三八年には陸軍次官、陸軍航空本部長に就任（五五歳）。航空戦力の近代化と拡充に取り組み、やがて航空戦略のトップとなる陸軍航空総監に就任する。

一九四〇年、五七歳で陸軍大臣に就任した東条は、アメリカと抜き差しならなくなった状況で、日米開戦となった場合の対応策を練ることとなる。一九四一年には陸軍きっての思想家でもあった今村均と協力して、「戦陣訓」を示達し、軍人を「武士」にしようとしている。

そんな中、一九四一年に後継の首班指名を受けて内閣総理大臣に就任。東条は開戦を避けたい宮中の意向を受け、英米協調派の東郷茂徳（一八八二～一九五〇）を外務大臣に起用。さらには近衛内閣で作成されていた、対米戦前提の「帝国国策遂行要領」を白紙撤回し、日独伊三国同盟の形骸化まで踏み込んで、日米開戦回避に動くものの、結果的に開戦を避けることはできなかった。

大東亜戦争を戦った東条は、明治政府以来の体制が権力分散型で、首相といえども各省庁にほとんど関与できず、閣議の議長にすぎないために、何かにつけて意志決定が遅れ、足の引っ張り合いになっていることを問題視した。そこでみずから内務大臣や陸軍大臣、外務大臣、商工大臣、軍需大臣、参謀総長を兼任し、一方で陸海軍の合同会議を開催し、海軍への予算優遇までして国内の統合を推し進めようとした。

また、一九四三年にはアジア諸国の独立を宣言し、首脳会談となる「大東亜会議」を開催。そこで出された「大東亜共同宣言」では、自立と役割分担の思想をアジア全域に拡大した。大東亜戦争は黒船来航以来の自存自衛、そして西洋のアジア侵略に対する総決算であるという「物語」が仕上がったのである。

ただ、メモ魔かつ微細にわたって把握しなければ気が済まない事務屋の気質は、完全に裏目に出た。朝晩となく細密に資料を精査し、方針に異を唱える者を排除して、徹底的な合理化を進めようとするやり方は「東条幕府」と揶揄されるまでになる。

また、戦局の悪化にともなって外務省と海軍を中心に倒閣運動が発生し、一九四四年に東条は辞任することとなる。

これで東条の出番は終わったかに見えたが、本当の大仕事は一九四五年の敗戦からはじまる。一九四六年から一九四八年にわたって開廷された「極東国際軍事裁判」(東京裁判)において、東条はA級戦犯として訴追された。この裁判は、第二次世界大戦の世界観を争う裁判であり、民主主義国が侵略的な独裁国から世界を解放するという「物語」を決定づけるものであった。

ここにおいて東条は、昭和天皇に戦争責任はないこと、大東亜戦争は日本の自存自衛とアジア解放を目的とすることの二点を主張した。つまり、日本の「物語」を全力で弁護しようとしたのである。東条自身ははじめから、国民に対する敗戦責任をとって、刑死することを主張していたから、ほとんど捨て身の戦いとなった。

メモ魔東条の本領発揮と言うべきか、潤沢な資料を駆使した東条は終始優勢で、裁判を傍聴した日本人は、みずからの戦争に「大義」があったことに希望を見いだした。作家の山田風太郎（一九二二～二〇〇一）は「態度、口述書内容天晴といわんか堂々といわんか、最大の日本人の讃辞にそむかない。これで東条は永遠に日本人の胸中深く神となった」（『戦中派闇市日記』）としている。裁判を主導したＧＨＱ（連合国軍最高司令部）は、東条人気が日本で再燃していることに危機感を覚え、急遽検閲強化と宣伝工作を指示している程である。

だが、勝者による裁判が覆ることはなく、東条は一九四八年、絞首刑となった。

東条は、強靱な「個」をテーマとして『宮本武蔵』などを著した作家、吉川英治（一八九二～一九六二）に添削を依頼し、遺書を作成していた。

そこには今後英米式の「物語」にそって、日本人がみずからの道徳倫理を否定し、物質万能の西洋化に邁進していくことへの憂慮が記された他、日本国民に対する敗戦責任への謝罪が述べられている。

だが、日本人が三〇〇〇年にわたって培ってきた精神を「忠君愛国」とし、それがそれぞれの家庭や職場で役割に徹することで、必ずや再び倫理的に自律し、大東亜戦争の「大義」を復活するはずだとする。

その日が一〇〇年後に来ると考えた東条は、「国家最後の望みは、かかってひとえに青年諸君の頭上にあり」とした。統制派にもまた、北畠親房以来の思想の戦いが、確かに存在したのである。

終章　それからの日本

戦後の「物語」

大東亜戦争の敗戦は、西洋化に邁進してきた日本の矛盾を解消することに失敗し、むしろ、明治以来の西洋化をさらに徹底する方向に意識を向かわせた。つまり、西洋化以前の「前時代的な思想」が、残滓として日本にこびりついており、これを徹底的に除去しなければ、日本はいつまでも非文明的な後進国であるという考えに切り替わったのである。

占領軍として日本を統治したＧＨＱ（連合国軍最高司令部）は、日本人による自主的な「民主化」を促し、「五大改革指令」（一九四五）を出して「選挙権賦与による婦人の解放」「労働組合の結成奨励」「学校教育の自由主義化」「圧制的諸制度の廃止」「経済機構の民主化」を命じ、翌年には「日本国憲法」が公布され、「農地解放」（一九四六～一九五〇）、「財閥解体」（一九四六～一九四九）などが行われた。

ＧＨＱは、日本の重化学工業を破壊し、研究施設を閉鎖。焼け残っていた工場設備は接収して、中国や東南アジアの西洋植民地に提供した。その目的は、日本を農業と水産業、そして繊維業だけに限定し、世界恐慌時の経済レベルを維持させ、二度と西洋諸国に対抗できない国にするためである。

こうした命令を実行したのは、時の首相であった幣原喜重郎（一八七二～一九五一）である。幣原はもともと親英米派の外交官で、日本は英米に協調するべきだと考えていたから、ＧＨＱの指令に従うことに抵抗がなかった。また、ＧＨＱの指令の中には、既に大正デモクラシーで主張されていた内容も存在したため、幣原は昭和天皇の「人間宣言」（一九四六）をはじめとして、積極的に「民主化」に協力した。

その後首相となった吉田茂（一八七八～一九六七）も同様に親英米派の外交官出身であり、時にＧＨＱと激しくぶつかりながらも、大筋で占領政策に協力していく。

彼らが英米に対して親和性が高かったのは、もともと明治以来の国是が「自由」を確立することにあり、政治的な自由社会、経済的な自由競争、思想的な自由主義を推進することは、日本の伝統を守る「保守本流」だったからである。

これに対して戦前の帝国陸軍などで進められた国家改造は、国是に対する反動的行為に異ならず、それは経済生活の安定や人倫社会の再建によって、社会主義や共産主義と同様、天皇と上流階級をおびやかす、危険思想に映ったのである。

したがって、学校教育における修身の廃止や、いわゆる「墨ぬり教科書」と呼ばれる教科書の書き換え、日本神話の記載がある出版物の発行停止、戦前に出版された書籍約八〇〇〇冊の没収、剣道や歌舞伎（「忠臣蔵」などの公演）禁止、皇室と神道の分離などは、むしろ歓迎すべき指示だった。

また、日本国憲法第九条において、一切の軍備を放棄することが明言され、「公職追放」（一九四六～一九五二）によって二〇万名以上の政敵を排除できたことは、社会から前時代的な思想を一掃できる絶好の機会だった。

そうした占領政策最大の象徴が「極東国際軍事裁判（東京裁判）」（一九四六～一九四八）である。これによって東条英機以下、七名の「A級戦犯」が「文明に対する罪」によって裁かれ、死刑となった。この「物語」を認めた日本は、アメリカ型の民主主義国家へと変化していくのである。

戦後日本の形と心

吉田茂が長期政権を維持する中、日本の経済復興は「朝鮮戦争」（一九五〇～一九五三）を境に大きく進み出す。「朝鮮特需」と呼ばれた需要の急激な上昇により、日本の産業は復興の速度を速めた。

また、それまでの占領政策によって国民生活が困窮すると、共産主義が伸長して労働争議が多発したため、GHQは「レッドパージ」と呼ばれる共産主義者を対象とした公職追放を実施。逆にそれまで公職追放された人々の追放解除がはじまった。

一九五二年に「サンフランシスコ講和条約」が発効すると、日本はアメリカなどいわゆる「西側」と呼ばれる資本主義国家と国交を回復し、独立を回復する。

ただ、ソビエト連邦や、一九四九年に建国した中華人民共和国などの「東側」と呼ばれる共産主義、社会主義国家は講和を拒否したため、日本はいきおい西側陣営に属することとなった。

同年、「日米安全保障条約」を締結した日本は、引き続きアメリカ軍の駐留を認め、これにより国防費を気にすることなく、経済復興に取り組むこととなった。

世界は東側と西側のイデオロギー対立で二分され、いわゆる「東西冷戦」がはじまっていた。日本はその中で、東アジアの「防波堤」としての役割を期待され、またその代わりに大規模な経済援助を受けることとなる。

こうした世界の動きは、そのまま日本の政界に反映され、一九五五年には「自由民主党」と「日本社会党」の二大政党で議会が構成される、いわゆる「五五年体制」が成立した。自由民主党には吉田以来の「保守本流」もいたが、公職追放の解除によって、大政翼賛会で活躍した議員や、革新官僚の系譜を継ぐ議員、果ては帝国軍人だった議員も含み、「保守」の概念が大きく広がってしまう。

本来であれば、全ての分野において「自由」を追求すべき保守党が、前時代的な思想を再評価し、経済的な統制、保護を求める人々を許容したことは、いわゆる「右」と「左」の区別を分かりにくくした。その反面、戦前回帰を求める右翼勢力の支持を取りつけたことはもちろん、イギリスの「ケインズ経済学」を援用することで、自由民主党が農村や労働者を大切にし、公共事業を中心とした富の分配を行うイメージを普及させ、また「民主化」を唱えて前時代的な思想を否定する姿勢も崩さなかった。これが結果的に、社会主義政党の強みである「格差解消」や「平等実現」の主張を薄くさせ、歴史的な長期政権を誕生させたのであった。

保守本流であった吉田自身、みずからの軍事顧問として、元陸軍中将であった辰巳栄一（一八九五

〜一九八八）を通じて「警察予備隊」（一九五〇）から「保安隊」（一九五二）、「自衛隊」（一九五四）へと再軍備を進める準備をし、自衛官に対する影響力を保持しようとしたし、また、「マルクス経済学」（共産主義経済学）の理論家であった有沢広巳（一八九六〜一九八八）を経済顧問に迎え、鉄鋼と石炭産業に注力することで、急速な産業復興を目指す「傾斜生産方式」を導入し、経済力の進展による労働者の不満解消に余念がなかった。もちろん吉田自身は強固な「自由」の信奉者であり、西洋化を追求した。

つまり、吉田がつくった新しい国の形とは、右から左までを全て取り込んで、経済に全力を投入する体制であり、国の心とは、ゆっくりと時間をかけて前時代の思想を消し去り、日本全体を「西洋化（英米化）」していくことだったのである。

高度経済成長期と「日本型経営」の完成

一九五五年からはじまった「高度経済成長」とは、日本の「実質経済成長率」が年平均一〇パーセントを記録し、一九六八年には「国民総生産」（GNP）において世界第二位となり、一九七四年の終息まで、実に一九年の長期にわたって続いた現象である。

ここでは、技術革新と設備投資に全力が傾けられ、造船、鉄鋼、電気機械、石油化学などの重工業が再び整備された。高い教育水準を背景とした生産性向上と技術革新、国民一人あたりの高い貯蓄額にもとづく大規模な財政投融資、石油価格の下落にともなう資源獲得、賃金の上昇に連動した国内需要の増加、そして、「固定相場制」を利用した輸出量の増加がそれを後押ししていた。また、金融における「護送船団方式」、解体されていた旧財閥系企業の結集、官民協調路線、労使協調体制も大きな力となった。

「終身雇用」「年功序列」が固定していったのもこの頃からであり、これによって企業は公共性が強く、社会的役割を担っているという意味づけがされるようになる。「日本的経営」が、ようやく完成したのである。

実は、これより以前、高度経済成長と同様の経済成長率を達成し、日本的経営を確立した経験があった。それは、一九三七年から一九四四年の戦時中であり、これを誘導したのは、鈴木貞一ら統制派と「企画院」を中心に活躍した革新官僚であった。彼らは、強力な統制経済と「産業報国運動」（労使関係調整運動）によってこれを成し遂げていたが、戦後の高度経済成長もまた、産業保護、官僚指導の側面が強く、ここには連続性が存在した。

こうした好景気の背後では、一九五五年の「日米繊維交渉」をはじめとして、日本の輸出規制、内需拡大、産業構造転換がアメリカから要求されていた。これは対日貿易赤字が深刻となった一九六八年からさらに強くなり、アメリカは日本が十分な経済力を持ちながら、為替と輸入の規制を続け、産業保護のために外国資本を参入させないことに強い不満を抱いていた。

これ以前、日本は西側諸国の一員として、「ＩＭＦ（国際通貨基金）」と「ＧＡＴＴ（関税及び貿易に関する一般協定）」に加盟し、国際収支を理由とした為替と輸入の規制を、どちらからも認められていたが、その期限が切れる一九六三年と一九六四年には、貿易自由化と資本自由化を行わなければならなかった。

これは、貿易の自由化と外資の参入によって、復興したばかりの日本企業を世界の巨大企業相手に戦わせるということであり、特に日本の場合、ようやく成長の端緒についた自動車やコンピューター産業を、アメリカ相手に守り切ることは、到底難しいものと思われた。

加えて、その他の産業にしても、格安の海外製品が流入してきた場合、値下げ競争で対抗せざるをえなくなり、その結果、品質の維持や社員の賃金を維持し、中小の下請け企業を守ることも不可能となって、折角築き上げた「日本的経営」による社会の一体化が崩壊してしまう。

ここで立ち上がったのが、高度経済成長の旗振り役であった「通商産業省（通産省）」である。

「日本型経営」の牙城

通産省は、日本の貿易と産業に関わる、あらゆる分野を担当する巨大省庁である。ここでは、鉱工業の生産や流通調整はもちろんのこと、貿易に関わる為替の調整、中小企業の振興、電気やガス事業の調整など、日本経済全般を俯瞰して戦略が立てられた。

高度経済成長を指揮した岸信介（一八九六〜一九八七）の「新長期経済計画」（一九五七）、池田勇人（一八九九〜一九六五）の「所得倍増計画」（一九六〇）、佐藤栄作（一九〇一〜一九七五）の「新経済社会発展計画」（一九七〇）など、その具体化には常に通産省が関わっており、「日本株式会社」をつくりあげて世界と渡り合っていくための、言わば「経済の参謀本部」とも言うべき存在であった。

その役割に応じた権限も強大で、政府系金融機関の融資割り当てや補助金、各種事業の許認可を通じ、企業の過当競争を防止して安定した産業育成を図り、そこに下請けの中小企業を接続することで、岩盤のように堅固な雇用を守り、高い生産力と技術力を確保したのである。

だが、それは規制を濫用した官僚支配を嫌う財界や、自由経済の推進による国際協調を求める政界からは評判が悪く、通産省内でも「統制派」と「自由派」に分かれていた。

そんな中、通産省を率いて自由貿易と外資参入に対抗したのが、統制派のリーダーであった佐橋滋（一九一三〜一九九三）である。

「重工業局次長」に就任した佐橋は、「公正取引委員会」に鉄鋼大手による価格カルテルを認めさせ、日本の重工業の基盤となる鉄鋼業を強靭化させた。また、日本の情報産業を育成するため、アメリカの大手コンピューターメーカーＩＢＭの日本進出を阻止しようとしたが、繊維貿易にからめて圧力を強めるアメリカに対し、特許公開を条件にこれを許可する。これによって、事実上、日本のコンピューターメーカーは、ＩＢＭから特許侵害で訴訟を起こされる心配がなく、自社開発と生産を独自で進めることが可能となった。

こうした業績により、佐橋は「ミスター通産省」と呼ばれ、「日本株式会社」を全力で守る姿勢を明らかにし、「佐橋聯隊」と呼ばれるグループを形成した。

佐橋聯隊の目的は、佐橋の著書『異色官僚』に述べられている通り、自由放任主義でも統制経済でもない第三の方法を提唱することであった。その方法とはフランスのド・ゴール（Charles André Joseph Marie de Gaulle）（一八九〇～一九七〇）政権が推進していた、政府の市場介入と労使協調による「混合経済」の日本版となる、「新産業秩序」の実現であり、その具体策として「特定産業振興臨時措置法案」（一九六三）が提出された。

これは、自動車、石油化学、鉄鋼などの国際競争力をあげるために、これらを「特定産業」に指定して、そこに携わる企業の整理統合を行い、かつ政府系金融機関である「日本開発銀行」から長期の融資を行うことで、これらを基盤とするその他の産業全体を保護するというものだった。加えて、官、民、労が平等に協議を重ね、一体となって方針決定できる仕組みも提案した。

しかし、これは戦前の官僚統制を復活するものだと捉えた政財界から大きな反発を浴び、法案は審議未了で廃案となる。その後は、自由派によって、貿易自由化に積極的に参加するための、産業構造の転換が行われるものの、佐橋が残した「体制金融」と「官民協調」は、バブル崩壊までの日本経済を根本から支え、自由経済を推進するアメリカから「日本的経営」を守る牙城を形成するのである。

再びの「敗戦」

田中角栄（一九一八～一九九三）は「日本列島改造論」（一九七二）を掲げ、さらなる高度経済成長の促進を図ったが、インフレの過剰な進行に加え、「オイルショック」（一九七三）の打撃によって、高度経済成長期は終わりを迎える。

田中の「金権政治」が批判されるのと合わせ、「行政改革」「財政改革」が進むと、一九八〇年代には国営企業の民営化がはじまり、「規制緩和」による自由経済の振興が既定路線となった。また、政府の支出を賄うために「消費税」（一九八九）が導入されるなど、「日本的経営」は解体の方向に進み出す。

アメリカからは、一九七〇年代には繊維の輸出規制、一九八〇年代には農産物や自動車を筆頭に、全品目を対象とした輸出規制と貿易自由化が求められ、経済制裁や日本製品の締め出しが公然と行われた。最大のものはレーガン（Ronald Wilson Reagan）（一九一一～二〇〇四）政権の際にかけられた、パソコン、テレビに対する一〇〇パーセントの関税（一九八七）であるが、これは通産省主導で育成されていた、日本の強固な半導体産業を破壊し、将来的な情報産業の芽を摘むことが目的であった。

さらにアメリカは、対日貿易赤字を解消するため、日本円を切り上げて円高に持ち込むことで輸出を削減し、内需拡大を促進することを要求するが、「プラザ合意」（一九八五）による世界共同のドル安路線実行後も、日本の貿易黒字は伸び続け、「バブル景気」（一九八六～一九九一）へと突入する。

しかし、これは高度経済成長とは異なり、実体のない好景気であった。バブル崩壊後は長期にわたる不況に突入し、それを解消するために「構造改革」が行われたものの、そこで繰り広げられたのは、高度経済成長期に整った「日本株式会社」の徹底的な解体と、際限ない規制緩和であった。国営企業や公益事業を民営化し、護送船団方式と言われた金融の保護を撤廃し、「既得権益」と見なされる規制を緩和し、さらに「終身雇用」「年功序列」を廃止して企業の「生産性向上」を奨励した結果、日本は地滑り的に経済力を低下させ、二〇〇〇年代以降は中国の台頭もあって、外資による日本企業の合併がはじまり、雇用不安と格差拡大が問題となる。政府は「財政再建」を掲げて増税を行い、「民富」の重視から「国富」の重視に舵をきった。

それでもなお、アメリカは一九八九年からの「日米構造改革協議」、一九九四年からの「年次改革要望書」によってさらなる規制緩和や「自由化」を求め、それに対して自由民主党をはじめとする政権政党は、これを受け容れて推進する立場をとっている。

特にこの傾向は、ソビエト連邦の崩壊（一九九二）によって、共産主義の脅威が大幅に低下した頃から顕著となった。つまり、吉田茂の頃は、社会主義や共産主義にも目くばせしたスタンスをとる必要があったが、そうした脅威が低下したことで、明治以来の「自由」を国是とする、本来の「保守本流」に帰ったということである。

したがって、こうした流れをいわゆる「対米追従」と一口にくくることは難しい。

ともあれ、バブル崩壊以降は「失われた三〇年」と呼ばれ、「新自由主義」や「リベラリズム」というイデオロギーの下、保守政党もリベラル政党も関係なく、あらゆる方面での「自由」と「平等」が強力に推進されているのである。これは言わば、欧化政策、敗戦期に続く「第三の西洋化」、言い換えれば「第三の敗戦」である。

西洋化への抵抗

明治以来の日本をつくってきたのは、江戸とはほとんど関わりのない、西洋の文脈である。興味深いことに、いわゆる「右」でも「左」でも、江戸を貧しく閉鎖的な時代と捉え、江戸の思想を、前時代的な「封建思想」とみなして批判していた。どちらにせよ、明治維新や欧化政策の正当性が崩れることを嫌がるのだから、当然と言えば当然である。したがって、江戸時代の再評価が行われるのは、二〇〇〇年代に入ってからとなる。

江戸時代にあれほどの隆盛を見せていた朱子学以下の儒教は、明治に入るとあっという間にその影響力を失った。それは、これまで儒教を支えていた人材が、そのまま西洋の学問にスライドしていったからではあるが、一方で、「人倫の中で倫理を追求する」という心までもが失われたのは、やはり欧化政策が一つの革命的要素を持っていたからだと思われる。

つまり、「朱子学で生きる」「士道で生きる」といった人生観を持った人が消えたことで、儒教は一つの教養に過ぎなくなったのである。したがって、明治天皇や乃木希典などを例外として、「〇〇は朱子学の影響があった」とか「〇〇は水戸学の影響があった」というのは、ほとんど信憑性を持たない。そうした人物の書き残したものや、その言行、業績を見ても、そこには江戸の思想の思考様式の跡が見られないからである。我々はその例として、忠実な自由経済の旗手であった、渋沢栄一を見つけることができる。

逆に、全く関係のなさそうな人の言動や仕事の中に、江戸の痕跡を見つけることもできる。それは安田善次郎や山川菊栄のような人物が該当し、生まれ育った環境の価値観が、見知らぬ土地で芽吹く花のように、時代の言葉や事業を借りて現れるのである。

また、永田鉄山や佐橋滋のように、それを時代の政治体制として表現する例もあった。

これは西洋化に違和感を覚える人の言動に広く表れる現象であり、いわゆる右、左の別を問わない。あるいは保守主義者や社会主義者の、あるいは軍人や官僚の言動に登場することもある。

そしてそれらは、常に西洋化に対する抵抗として姿を現すのである。

安岡正篤と小林秀雄

中国思想研究者や日本思想研究者の多くは、江戸の思想を外側から研究するのであって、それの有効性を信じている訳ではないが、学界とは別に、「昭和の儒学者」として日本を動かした学者に、安岡正篤（一八九八〜一九八三）がいる。

安岡は陽明学研究を起点として、広く儒教に通じ、儒教で生きることを選択した珍しい例である。彼は戦前から宮中や政界、官界、財界、軍部とつながりを持ち、戦後は吉田以下、歴代首相や政界、官界、財界に相談役として存在感を放っていた。安岡はその著書『東洋思想と人物』のように、儒教をはじめとする中国古典を解説し、その文脈を通して自己の思想表現を行うことに長けていたが、最も際立ったのは、その時々における「出処進退」のアドバイスが絶妙に時宜を得ており、人々の決断に役立ったことである。

「人物学（人間学）」と題したその学問は、人倫の中における倫理の追求を求め、人格と能力の一致を説いたものであった。

人物学は特に財界に流通した。彼の思想を愛好する経営者が、人格陶冶を通じて日本的経営を洗練させた結果、企業を疑似家族、疑似国家として、戦後社会の人倫と倫理を維持することに大きく作用した。

戦後になっても「反省」を拒否した小林秀雄は、日本古典の研究に向かっていき、代表作である『本居宣長』を書き上げた。本居の批評を通じて展開された小林の思想は、日本人の言語化しがたい物の捉え方、感じ方を表現したものとされ、人々の心を捉えた。

これはある種の日本思想であるが、実は小林の表現技法は、若年に翻訳したヴァレリー（Ambroise Paul Toussaint Jules Valéry）（一八七一～一九四五）の言語操作方法を強く意識しており、またその形式をはぎとって生の運動に迫る思想は、ベルクソン（Henri-Louis Bergson）（一八五九～一九四一）の「生の哲学」をそのまま継承したものである。

したがって、小林は「江戸っ子」としての遺伝的な感性によって、日本人の物の捉え方や感じ方のイメージをつかみ、みずからの持つ西洋文学と西洋思想の基礎学力をもって、再度西洋的文脈でそれを語るという、いかにも難しい方法を採ったのだが、それは西洋思想の基礎学力しかなくなった人々にとって、かえって魅力的に映った。人々は、『学生との対話』といった講演録に端的に表現されている、「生活」をキーワードとした日本独自の文脈に魅了された。

小林と安岡はその手法こそ異なるものの、江戸の思想を直接的に捉え、江戸の思想に生きようとした点で共通しているのである。

戦う江戸の思想

日本の高度経済成長が脅威になり、また台湾やシンガポール、韓国の経済成長を目の当たりにしたアメリカでは、儒教がその成長を後押ししているのではないか、と言われるようになった。つまり、ヨーロッパにおける「プロテスタンティズム」の世俗内禁欲が、資本主義発展の基盤となったように、儒教倫理が東アジアの資本主義発展の母胎となっていると言うのである。

しかし、日本の高度経済成長は、これまで見てきたように、通産省による行政指導が直接的な原因である。したがって、中東におけるイスラムの脅威のような文脈で、儒教を語ろうとするこの手のレッテル貼りには、あまり意味がない。

ただ、自由経済における競争や格差の加速化、自由社会における倫理や規範の相対化に違和感を覚え、産業の組織化による社会的な連帯を求める感性そのものに、「前時代的な思想」の影を見いだすことはできる。それは必ずしも江戸の思想と直接つながるものではないが、その根底には人倫に対する愛着と、倫理を社会に反映し、規範をつくりたいという欲求が存在している。そこに存在する経済的に自立し、倫理的に自律した「個」は、確かに高度経済成長を牽引するであろう。

そうした意味で、東アジアに共通する「儒教」というよりも、江戸の朱子学や、武士の美徳といったものが、家族を中心とする地域共同体や、個々人の「生活」の中に潜んでいると考えることはできる。

したがって、かつてGHQが「前時代的な思想」を尽く排除しようと考え、剣道や「忠臣蔵」を禁止し、神道を国家の管理から切り離したようなことは、全くの的外れではない。

それと同じ文脈で、日本の「封建的」価値観が、さまざまな社会問題を通じてクローズアップされ、「自由」や「平等」の名の下に、大幅な修正を求められ続けるのは、明治以来の国是であり、これを乗り越えようとする動きに対し、さまざまな政治勢力の登場によって、常に抵抗が起きるのもまた、どこかに「江戸の思想」が流れ、形を変えて戦い続けているからだと考えることができる。

文化人類学者のトッド（Emmanuel Todd）（一九五一〜）は、家族形態と文明構造の関連性から近未来を予測した。そして『帝国以後』などの著作において、日本人がその伝統的な家族形態からくる価値観において、グローバリゼーションの進捗と、平等の推進にストレスを感じ、それが限界まで達した時に、また新しい変化を起こすであろうと予測している。

江戸の思想は明治維新で姿を消したかに見えたが、現代まで人々の心に生き続け、時代の表現を通してその影を現してきた。欧化政策、敗戦期、失われた三〇年という三度の「敗戦」にもかかわらず、戦う江戸の思想は、遠くない未来、新たな時代や人物の姿を借りて現れ、次こそは勝利することを目指すのであろうと思う。

おわりに

全人口の八五パーセントを占める、農民の経済的自立をうながし、農村の自治を確立する。農村を都市に接続して安定した物資供給を行う。都市と農村のバランスを調整して、長期的な成長を実現する。これが江戸時代に目指された政治、経済の基本線である。

そこに朱子学を筆頭とする儒教が加わることで、日常生活にフォーカスした倫理が普及し、人々は生活上の工夫を通じて社会の発展に参加する。立場と役割が人に居場所を与え、他者との関わりの中に自己表現と安らぎを得るというのは、もともと神道に流れていた思想であり、儒教はそれを理論化した。経済的に自立し、精神的に自律した「個」の幸福が、そのまま社会の安定と発展につながる。これが江戸時代に展開された思想、教育の基本線である。

政治、経済と思想、教育における基本線が交錯するところに、「戦う江戸思想」の「物語」が誕生する。それは政治史であり、経済史であり、教育史であり、思想史である。もっと単純に言えば、国民の大多数を中間層とし、平準的な人生モデルの中で安心して生活し、生活の余裕を利用してちょっと冒険することで、ゆるやかに発展することを目指した「物語」である。

本書をまとめると実にこの数行で事足りる。

だが、それはいきなり実現できたことでもなければ、完璧に実現できたものでもない。実際には、そんな理想すら持ち得ない時代が何百年も続き、多くの摩擦や困難を経験しながら、ようやくつくられてきた時代の物語なのである。そしてその物語は、それ自身が否定された近代以降も、ある人物の事績や人々の生活の中に、断片的に受け継がれ、生き続けている。

したがって、どこか特定の時期を指して理想化することもできないし、またするべきでもない。一本足しかないコマが、一カ所に立って安定しているのは、不断に回転しているからであり、本書に登場した人物たちのように、一人一人の人生の成功や挫折の繰り返しにしか、それは立ち現れないのである。

江戸時代に活躍した人物をすべて数え上げれば、膨大な数にのぼる。彼らの大多数が本書に登場しないのは、紙幅の関係もさることながら、「戦う江戸思想」の物語に関係しないか、その人物が他の人物と似た役割を果たし、重複するためやむなく割愛したからである。

それは裏を返せば、この物語とは全く別の物語を生きていた人物が、大勢存在していたことを意味する。つまり、本書の物語はそうした多面的な物語を持つ「江戸時代」の一部を切り取ったに過ぎず、これが全てであると言うつもりは毛頭ない。

江戸以前と江戸以降の歴史については、大急ぎで批判的にまとめているものだから、とりわけ異論が出るであろうことは、覚悟の上である。まして現代社会では高い評価を受けている福沢諭吉や渋沢栄一をあげつらい、なかばタブー視されている永田鉄山や東条英機にスポットを当てたことは、それが近い時代、それも直接、間接的に生々しい経験となっている人々には、受け容れがたい拒否感を抱かせたかもしれない。

ただ、そうした現代の物語から離れ、あくまで「戦う江戸思想」の文脈からながめた場合、そこにはまた違った流れが見えることを確認したまでであり、そうした試みは、知らず識らずに特定の物語を生きている自己をふりかえり、自分の物語を自覚的に選択することを可能にするだろう。要するに、神のごとき完璧な視野を持てない人間にできるのは、過去をさまざまな角度からながめ、自分の物語をつくってそれを生ききることしかない。そうでなければ、人間は何一つ決断できず、その弱さを補うため、誰かのつくった物語によりかかってしまうはずだ。

多面的な歴史の一面にすぎない「戦う江戸思想」であるが、やはり筆者はこれを、「日本」をつくった主流の物語だとしたい。なぜならば、この流れは、政治、経済、教育、思想において、常に第一線を駆け抜けた人物たちによってつくられたものであり、またこの物語が目指すのは、大多数の中間層の、人倫を場とした倫理的で穏やかな生活だからである。したがって、この物語を生きた場合、多くの日本人が立場と役割に生き、そこに立ち現れる倫理を「当たり前」と信じて、堂々と、明るく生きることができると思うのである。もちろん、その倫理は生活上に間断なく立ち現れるものであって、観念的に定義づけできるものではない。

話は少しずれるが、この考えを補強する例を紹介したい。

一九四四年、ナチスドイツ占領下のフランスを解放した、シャルル・ド・ゴール将軍は、アルジェリア危機によって国内が大混乱におちいった一九五八年、再び国民の前に現れた。大統領に選出されたド・ゴールは、「諸君の考えは分かった！（Je vous ai compris!）」と演説して国内の騒乱を収拾し、植民地独立の承認、混合経済の実施、高等教育の充実を矢継ぎ早に行い、長く経済的低迷にあえいでいたフランスを立て直した。また、資本主義をかかげるアメリカと、共産主義を奉じるソ連という二大超大国のはざまにあって、どちらにも従属せず、フランスの都合でどちらとも協力するという「全方位外交」を展開し、フランスの国際的地位を高めた。

こうして再び存在感を取り戻したフランスだが、ド・ゴールはその回顧録である『希望の回想』において、フランスはどの時代にあっても、フランスに必要な行動をとり、栄光の歴史をつくってきたと述べた。したがって、フランスはいかなる時代のいかなる思想にも拘束されず、常にフランスが求める「偉大さ」をその時代に打ち立てるだけであるとする。それは、資本主義も共産主義も、あらゆるイデオロギー（「はじめに」参照）に「ノン」をつきつけ、フランス以外の何者かがつくりだした「物語」に生きることを拒否する態度である。それを象徴する言葉が「右翼は国家を裏切り、左翼は国民を裏切った」であった。つまり、真に自立し、また自律した国家や国民を守るためには、常に誰かの用意した物語によりかかってはならないのである。

ひるがえって、「戦う江戸思想」の物語は、経済的自立と精神的自律が全ての日本人に求められ、そのための政治、経済、教育、思想における格闘が展開されている。そして、グローバリゼーションこそ世界の進むべき道だという物語が、便利さや豊かさの恩恵を与える一方で、生活の「当たり前（倫理）」に脅威を与えているとすれば、大多数の日本人がみずからを守る物語は「戦う江戸思想」から生まれるであろうし、その物語はまた、グローバリゼーションに対して取るべき利益と拒否すべき実害を判断させるだろう。そこにはかつて目指された「武士」のように、世界の主体は自分自身であり、他の誰にも脅かされないという、強靱な「個」が出現しているはずである。

天地を尽しても、武士の有らんかぎりはこの道理すたるまじ
神儒を尊んで神儒を駁し、仏老を崇めて仏老を排す
国にして体なくんば、何を以て国となさんや

という言葉を、昔の話とうち捨ててしまう勿体なさを、ド・ゴールは気づかせてくれるのである。日本人は人倫の中で培われた倫理、すなわち「当たり前」で現代を堂々と生きて良い。むしろ我々が心がけるべきは、生活の中でむすびつく人々、取り組んでいる仕事に誠実に向き合い、より良い関係をつくっていくことであり、そこに有意義な人生、豊かな社会が立ち現れてくるのであって、「人類を救済する教え」「世界普遍の進歩」にかかずりあっている暇はない。

本書は、資料読解と分析において、学術研究の手法を用いながら、テーマと人物の採用には明確な主張を込めている。そうした意味で「読み物」だと断った。これは、本書を読んで欲しいと思った社

会人や学生の読みやすさや、入りやすさを考慮した結果である。見知らぬ読者の人生の、ほんの一日でも、明るい気持ちにすることができたら、それで本書の目的は達成される。そんなつもりで読んでもらえれば、望外の幸せである。

最後に、本書の出版を勧め、丁寧な編集作業をして下さったばかりか、いつもこの本は読みやすいと励ましながら、辛抱強くつきあって下さった、ミネルヴァ書房の水野安奈さんに、この場を借りて御礼申し上げたい。本書が少しでも多くの人の手にわたることで、水野さんのご尽力に応えることができれば、この上ない喜びである。

二〇二四年六月

大場一央

引用・参考文献

引用文献（明治以降活字になっていないものは割愛）

倭姫命世記
『中世神道論』（大隅和雄校注、『日本思想大系』一九、岩波書店、一九七七）
天照坐伊勢二所皇太神宮御鎮座次第記
『神道大系』論説篇五（西川順土校注、神道大系編纂会、一九九三）
伊勢二所皇太宮御鎮座伝記
『神道大系』論説篇五（西川順土校注、神道大系編纂会、一九九三）
豊受太神宮御鎮座本紀
『神道大系』論説篇五（西川順土校注、神道大系編纂会、一九九三）
造伊勢二所太神宮宝基本記
『神道大系』論説篇五（西川順土校注、神道大系編纂会、一九九三）
類聚神祇本源
『神道大系』論説篇五（西川順土校注、神道大系編纂会、一九九三）
神皇正統記

『神皇正統記』（岩佐正校注、岩波文庫、岩波書店、一九七五）
職原抄
『神皇正統記　職原抄』（谷口雅博・松尾葦江編、國學院大學貴重書影印叢書大学院開設六十周年記念第二巻、大学院六十周年記念國學院大學影印叢書編集委員会、二〇一四）
元元集
『神道大系』論説篇一八（平田俊春・白山芳太郎校注、神道大系編纂会、一九九一）
佐竹義昭宛書簡
『越佐史料』巻四「福王寺文書」（高橋慶彦編、大形村、一九二八）
日本外史
『日本外史』上中下（頼成一・頼惟勤訳、岩波文庫、岩波書店、一九七六〜一九八一）
上杉謙信公家訓
『名将言行録』二（岡谷繁実著、岩波文庫、岩波書店、一九四三）
上杉家御年譜
『上杉家御年譜』一（米沢温故会著、原書房、一九八八）
名将言行録
『名将言行録』三（岡谷繁実著、岩波文庫、岩波書店、一九四三）
茶道太閤記
『茶道太閤記』（海音寺潮五郎著、学芸社、一九四一）
本多平八郎聞書
『近世政道論』（奈良本辰也校注、『日本思想大系』三八、岩波書店、一九七六）

本佐録
『藤原惺窩　林羅山』（金谷治・石田一良校注、『日本思想大系』二八、岩波書店、一九七五）
治国家根元
『近世政道論』（奈良本辰也校注、『日本思想大系』三八、岩波書店、一九七六）
大学逐鹿評
『藤原惺窩　林羅山』（金谷治・石田一良校注、『日本思想大系』二八、岩波書店、一九七五）
吟風弄月論
『藤原惺窩　林羅山』（金谷治・石田一良校注、『日本思想大系』二八、岩波書店、一九七五）
千載之松
『岩磐史料叢書』上巻（岩磐史料刊行会編、岩磐史料刊行会、一九一六）
佐久間洞巌宛書簡
『新井白石全集』第五巻（国書刊行会編、国書刊行会、一九七七）
折たく柴の記
『折たく柴の記』（松村明校注、岩波文庫、岩波書店、一九九九）
藩翰譜
『新井白石全集』第一巻（国書刊行会編、国書刊行会、一九七七）
東雅
『新井白石全集』第四巻（国書刊行会編、国書刊行会、一九七七）
六諭衍義大意
『近世町人思想』（中村幸彦校注、『日本思想大系』五九、岩波書店、一九七五）

政談
『政談』（辻達也校注、岩波文庫、岩波書店、一九八七）
日本政治思想史研究
『日本政治思想史研究』（丸山真男著、東京大学出版会、一九五二）
伝国の辞
『近世政道論』（奈良本辰也校注、『日本思想大系』三八、岩波書店、一九七六）
夏の夕
『近世政道論』（奈良本辰也校注、『日本思想大系』三八、岩波書店、一九七六）
甲子夜話
『甲子夜話・二』（松浦静山著、中村幸彦・中野三敏校訂、東洋文庫、平凡社、一九七七）
自教鑑
『楽翁公遺書』上巻（江間政発編、八尾書店、一八九三）
国本論
『楽翁公遺書』上巻（江間政発編、八尾書店、一八九三）
物価論
『楽翁公遺書』上巻（江間政発編、八尾書店、一八九三）
文会筆録
『山崎闇斎全集』第一～二巻（日本古典学会編、ぺりかん社、一九七八）
大学或問
『熊沢蕃山』（後藤陽一・友枝龍太郎校注、『日本思想大系』三〇、岩波書店、一九七一）

翁問答
『中江藤樹』（山井湧・山下龍二・加地伸行・尾藤正英校注、『日本思想大系』二九、岩波書店、一九七四）
童子問
『童子問』（清水茂校注、岩波文庫、岩波書店、一九七七）
仁説
『伊藤仁斎　伊藤東涯』（吉川幸次郎・清水茂校注、『日本思想大系』三三、岩波書店、一九七一）
大疑録
『貝原益軒　室鳩巣』（荒木見悟・井上忠校注、『日本思想大系』三四、岩波書店、一九七〇）
養生訓
『養生訓　和俗童子訓』（石川謙校注、岩波文庫、岩波書店、一九六一）
和俗童子訓
『養生訓　和俗童子訓』（石川謙校注、岩波文庫、岩波書店、一九六一）
甲陽軍鑑
『甲陽軍鑑』（佐藤正英訳、ちくま学芸文庫、筑摩書房、二〇〇六）
復讐論
『近世武家思想』（石井紫郎校注、『日本思想大系』二七、岩波書店、一九七四）
赤穂義人録
『近世武家思想』（石井紫郎校注、『日本思想大系』二七、岩波書店、一九七四）
四十七士論
『近世武家思想』（石井紫郎校注、『日本思想大系』二七、岩波書店、一九七四）

独行道
『五輪書』（佐藤正英訳、ちくま学芸文庫、筑摩書房、二〇〇九）
五輪書
『五輪書』（佐藤正英訳、ちくま学芸文庫、筑摩書房、二〇〇九）
武教小学
『山鹿素行全集』思想篇第一巻（広瀬豊編、岩波書店、一九四二）
中朝事実
『山鹿素行全集』思想篇第一三巻（広瀬豊編、岩波書店、一九四〇）
四書諺解
『四書句読大全』第一～六巻（山鹿素行先生全集刊行会編、国民書院、一九一九～一九二二）
兵法神武雄備集
『山鹿素行全集』思想篇第一巻（広瀬豊編、岩波書店、一九四二）
修教要録
『山鹿素行全集』思想篇第二巻、第三巻（広瀬豊編、岩波書店、一九四二）
聖教要録
『聖教要録　配所残筆』（土田健次郎訳、講談社学術文庫、講談社、二〇〇一）
配所残筆
『聖教要録　配所残筆』（土田健次郎訳、講談社学術文庫、講談社、二〇〇一）
武家事紀
『山鹿素行全集』思想篇第一三巻（広瀬豊編、岩波書店、一九四〇）

葉隠
『定本　葉隠』（佐藤正英・吉田真樹訳、ちくま学芸文庫、筑摩書房、二〇一七）
本朝通鑑
『本朝通鑑』首巻、第一～第一七（国書刊行会、一九一八～一九二〇）
梅里先生墓誌銘
『水戸義公全集』（徳川圀順編、角川書店、一九七〇）
大日本史
『大日本史』第一～第一六、後付及索引（義公生誕三百年記念会編、大日本雄弁会、一九二八～一九二九）
読史余論
『読史余論』（村岡典嗣校注、岩波文庫、岩波書店、一九九〇）
大日本史論賛
『近世史論集』（松本三之介・小倉芳彦校注、『日本思想大系』四八、一九七四）
保建大記
『近世史論集』（松本三之介・小倉芳彦校注、『日本思想大系』四八、一九七四）
現人神の創作者たち
『現人神の創作者たち』上・下（山本七平著、ちくま文庫、筑摩書房、二〇〇七）
中興鑑言
『水戸学大系』第七巻（高須芳次郎校注、水戸学大系刊行会、一九四一）
庭訓往来
『日本精神文献叢書』第一五巻（加藤咄堂編、大東出版社、一九三九）

実語教
『日本精神文献叢書』第一五巻（加藤咄堂編、大東出版社、一九三九）
童子教
『日本精神文献叢書』第一五巻（加藤咄堂編、大東出版社、一九三九）
嚶鳴館遺草
『日本倫理彙編』九（井上哲次郎・蟹江義丸編、臨川書店、一九七〇）
約言
『近世後期儒家集』（中村幸彦・岡田武彦校注、『日本思想大系』四七、一九七二）
西洋紀聞
『西洋紀聞』（宮崎道生校注、東洋文庫、平凡社、一九六八）
采覧異言
『西洋紀聞』（宮崎道生校注、東洋文庫、平凡社、一九六八）
華夷変態
『華夷変態』上中下（榎一雄編、東方書店、平凡社、一九五八〜一九五九）
新論
『水戸学』（今井宇三郎・瀬谷義彦・尾藤正英校注、『日本思想大系』五三、一九七三）
下学邇言
『水戸学大系』第二巻（高須芳次郎校注、水戸学大系刊行会、一九四一）
時務策
『水戸学』（今井宇三郎・瀬谷義彦・尾藤正英校注、『日本思想大系』五三、一九七三）

弘道館記
『水戸学』（今井宇三郎・瀬谷義彦・尾藤正英校注、『日本思想大系』五三、一九七三）
川路聖謨之生涯
『川路聖謨之生涯』（川路寛堂著、世界文庫、一九七〇）
神武御陵考
『川路聖謨文書』第八（日本史籍協会編、東京大学出版会、一九六七）
講孟箚記
『講孟箚記』上下（近藤啓吾訳、講談社学術文庫、講談社、一九七九～一九八〇）
南洲翁遺訓
『西郷南洲遺訓』（山田済斎編、岩波文庫、岩波書店、一九三九）
天と地と
『天と地と』上中下（海音寺潮五郎著、朝日新聞社、一九六二）
西郷隆盛
『西郷隆盛』全四巻（海音寺潮五郎著、学習研究社、一九六九～一九七七）
学問のすゝめ
『学問のすゝめ』（岩波文庫、岩波書店、一九四二）
文明論之概略
『文明論之概略』（松沢弘陽校注、岩波文庫、岩波書店、一九九五）
福翁自伝
『新訂　福翁自伝』（富田正文校注、岩波文庫、岩波書店、二〇〇八）

東洋と西洋
『鈴木大拙全集』増補新版、第二一巻（久松真一・山口益・古田紹欽編、岩波書店、二〇〇〇）
論語と算盤
『論語と算盤』（国書刊行会、一九八五）
楽翁公伝
『楽翁公伝』（岩波書店、一九三八）
徳川慶喜公伝
『徳川慶喜公伝』一～四（東洋文庫、平凡社、一九六七～一九六八）
徳育如何
『福沢諭吉全集』第五巻（慶應義塾編、岩波書店、一九五九）
乃木将軍詩歌集
『乃木将軍詩歌集』（中央乃木会編、日本工業新聞社、一九八四）
武家の女性
『武家の女性』（岩波文庫、岩波書店、一九八三）
おんな二代の記
『おんな二代の記』（岩波文庫、岩波書店、二〇一四）
兵隊たちの陸軍史
『兵隊たちの陸軍史　兵営と戦場生活』（番町書房、一九六二）
比島から巣鴨へ
『比島から巣鴨へ―日本軍部が歩んだ道と一軍人の運命』（実業之日本社、一九五二）

講義録
『永田鉄山軍事戦略論集』(川田稔編、講談社選書メチエ、講談社、二〇一七)
遺書
『東条英機　封印された真実』(佐藤早苗著、講談社、一九九五)
戦中派闇市日記
『戦中派闇市日記』(山田風太郎著、小学館、二〇〇三)
宮本武蔵
『宮本武蔵』全六巻(吉川英治著、大日本雄弁会講談社、一九三六〜一九三九)
異色官僚
『異色官僚』(徳間文庫、徳間書店、一九八五)
東洋思想と人物
『東洋思想と人物』(師友選書、明徳出版社、一九五九)
学生との対話
『学生との対話』(国民文化研究所編、新潮文庫、新潮社、二〇一七)
帝国以後
『帝国以後』(石崎晴巳訳、藤原書店、二〇〇三)
希望の回想
『希望の回想』(朝日新聞外報部訳、朝日新聞社、一九七一)

参考文献

近世日本思想史の全体像

『日本政治思想史研究』（丸山真男著、東京大学出版会、一九五二）
『日本封建思想史研究』（尾藤正英著、青木書店、一九六一）
『徳川思想史研究』（田原嗣郎著、未来社、一九六七）
『近世日本思想史研究』（平重道著、吉川弘文館、一九六九）
『徳川思想小史』（源了圓著、中公文庫、中央公論社、一九七三）
『近世初期実学思想の研究』（源了圓著、創文社、一九八〇）
『江戸時代とはなにか』（尾藤正英著、岩波書店、一九九二）
『東アジアの王権と思想』（渡辺浩著、東京大学出版会、一九九七）
『日本政治思想史―近世を中心に』（平石直昭著、放送大学教育振興会、二〇〇一）
『近世日本社会と儒教』（黒住真著、ぺりかん社、二〇〇三）
『日本思想史ハンドブック』（片岡龍・苅部直編、新書館、二〇〇八）
『日本政治思想史　十七世紀～十九世紀』（渡辺浩著、東京大学出版会、二〇一〇）
『江戸の思想史―人物・方法・連環』（田尻祐一郎著、中公文庫、中央公論社、二〇一一）
『日本思想史への道案内』（苅部直著、ＮＴＴ出版、二〇一七）
『概説　日本思想史』増補版（佐藤弘夫・平山洋編、ミネルヴァ書房、二〇二〇）

朱子学理解

『儒教入門』（土田健次郎著、東京大学出版会、二〇一一）

『朱子学入門』（垣内景子著、ミネルヴァ書房、二〇一五）
『朱熹の思想体系』（土田健次郎著、汲古書院、二〇一九）
『朱子学のおもてなし――より豊かな東洋哲学の世界へ』（垣内景子著、ミネルヴァ書房、二〇二一）

中国儒教と日本儒教の関係
『陽明学の研究』成立編、展開編（山下龍二、現代情報社、一九七一）
『近世日本社会と宋学』（渡辺浩著、東京大学出版会、一九八五）
『儒教と日本』（山下龍二著、研文社、二〇〇一）
『江戸期の儒学』（岡田武彦著、『岡田武彦全集』二一、明徳出版社、二〇一一）
『江戸の朱子学』（土田健次郎著、筑摩選書、筑摩書房、二〇一四）
『武器としての「中国思想」』（大場一央著、東洋経済新報社、二〇二三）

人名索引

あ 行

か 行

さ 行

た行

な行

は行

ま行

や行

わ行

事 項 索 引

あ 行

か 行

さ 行

た　行

な　行

《著者紹介》

大場一央（おおば・かずお）

1979年，生まれ。2002年，早稲田大学教育学部卒業。2009年，早稲田大学大学院文学研究科博士後期課程満期退学。博士（文学）。現在，早稲田大学非常勤講師，国士舘大学非常勤講師，國學院大學非常勤講師。著書に『心即理——王陽明前期思想の研究』（汲古書院，2017年），『武器としての「中国思想」』（東洋経済新報社，2023年）。

戦う江戸思想

——「日本」は江戸時代につくられた——

2024年10月1日　初版第1刷発行　〈検印省略〉
2025年6月20日　初版第2刷発行

定価はカバーに
表示しています

著　者　大　場　一　央
発行者　杉　田　啓　三
印刷者　坂　本　喜　杏

発行所　株式会社　ミネルヴァ書房
607-8494　京都市山科区日ノ岡堤谷町1
電話代表（075）581-5191
振替口座 01020-0-8076

冨山房インターナショナル・吉田三誠堂製本

ISBN 978-4-623-09761-6

Printed in Japan

朱子学入門　垣内景子著　四六判二三二頁　本体二五〇〇円

朱子学のおもてなし　垣内景子著　四六判二四〇頁　本体二二〇〇円

水戸学事始　松﨑哲之著　四六判三三〇頁　本体二五〇〇円

インド哲学入門　ロイ・W・ペレット著　加藤隆宏訳　A5判三九二頁　本体三五〇〇円

ミネルヴァ書房

https://www.minervashobo.co.jp/